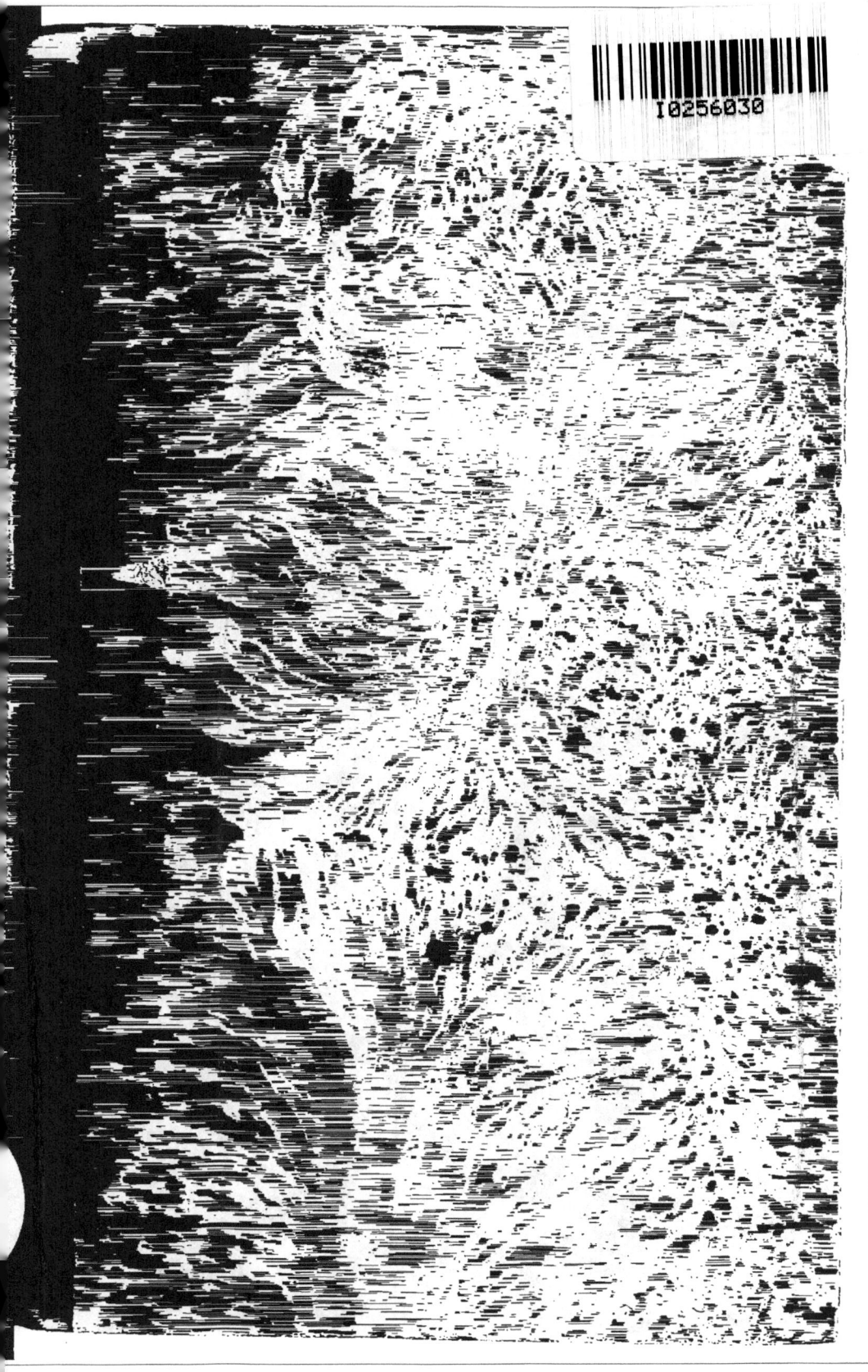

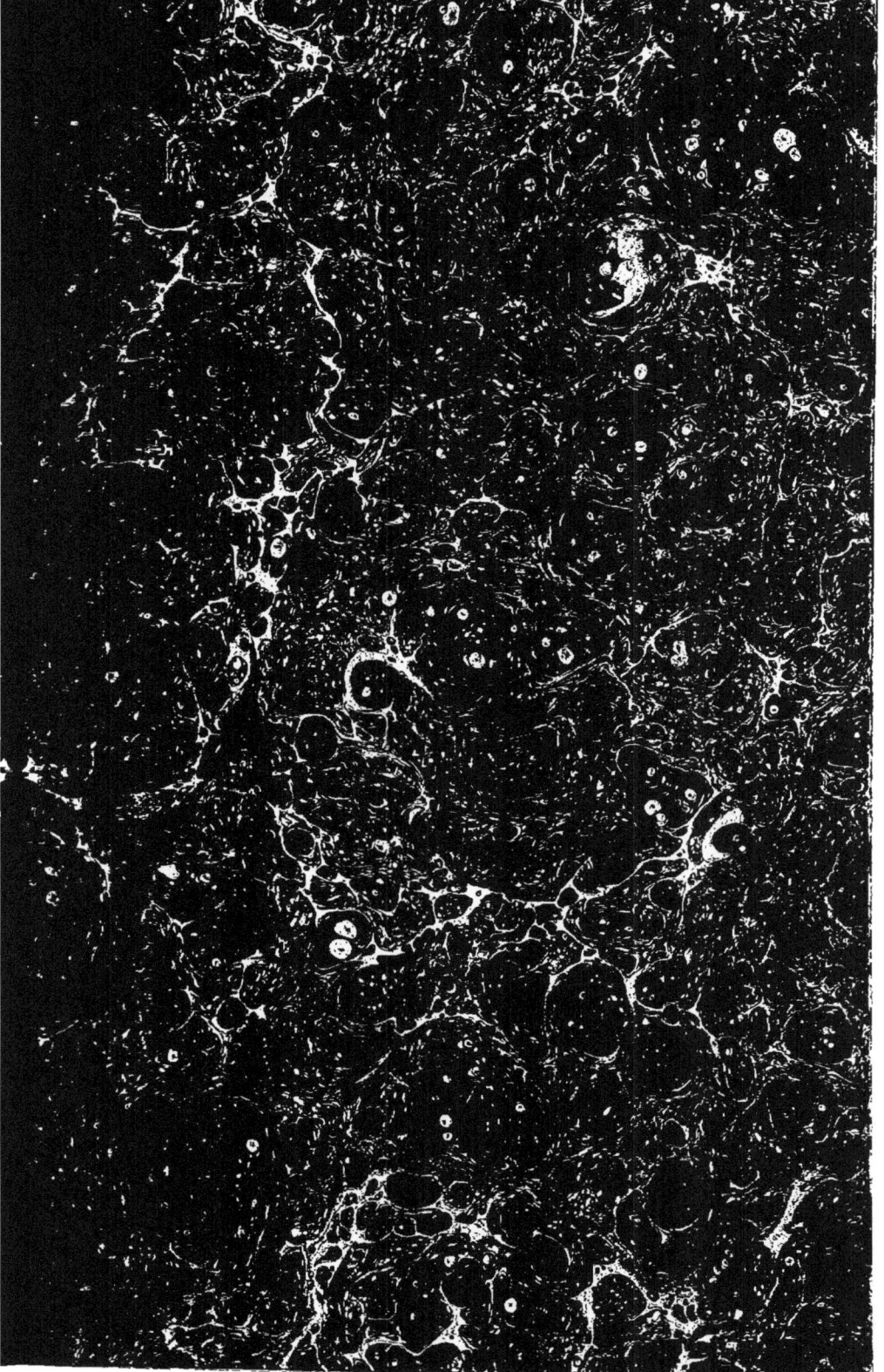

RELATION

CIRCONSTANCIÉE

DE

LA CAMPAGNE DE 1813,

EN SAXE.

RELATION

CIRCONSTANCIÉE

DE

LA CAMPAGNE DE 1813,

EN SAXE.

PAR M. LE BARON D'ODELEBEN,
L'UN DES OFFICIERS GÉNÉRAUX DE L'ARMÉE;

Traduit de l'Allemand sur la Seconde Édition,

PAR M. AUBERT DE VITRY.

TOME SECOND.

PARIS,

CHEZ { PLANCHER, Éditeur des OEuvres complètes de Voltaire, en trente-cinq tomes *in*-12 ; RUE SERPENTE, N° 14;
DELAUNAY, LIBRAIRE, AU PALAIS-ROYAL.

—

1817.

RELATION

CIRCONSTANCIÉE

DE LA CAMPAGNE DE 1813

EN SAXE.

Le 8 octobre, Napoléon alla par Oschatz à Wurzen, et le 9 à Eilenbourg. Depuis le passage de l'Elbe, la cavalerie, sous les ordres du général Latour-Maubourg, s'était dirigée vers Leipsik, conjointement avec l'armée du roi de Naples, en faisant plusieurs marches en zigzag. Étant arrivée aux environs de Duben, elle prit part à un combat contre le prince de Blücher; ensuite elle se retira vers Eilenbourg, où était le septième corps d'armée commandé par le général Reynier. Celui-ci, ainsi que tous les corps français qui agissaient conjointement avec lui, fut obligé, après la bataille de Dennewitz, de se retirer derrière l'Elbe, et successivement jusqu'à la Mulde, où il lui eût été

impossible de tenir plus long-temps tête à Blücher. Napoléon tâcha de rallumer le courage de ses troupes par une harangue. Il leur dit « qu'il sa-
» vait combien de revers le septième corps d'ar-
» mée avait essuyés; qu'il était venu pour remé-
» dier à ces malheurs en se mettant à leur tête
» pour repousser l'ennemi au-delà de l'Elbe; que
» le projet des Prussiens était de s'emparer de
» la Saxe, mais qu'il voulait la protéger, d'accord
» avec le roi, son fidèle allié; que chacun était
» libre de quitter le service, s'il ne voulait pas
» servir plus long-temps sa cause, et que les
» chefs feraient connaître ses sentimens à tous
» ceux qui étaient trop éloignés de lui pour pou-
» voir l'entendre, etc., etc.

Ce discours ne produisit aucun effet. Il était plus long que ceux qu'on avait coutume d'entendre de lui en de pareilles occasions; il le prononça d'une manière traînante et en se répétant. A ce ton, on ne le reconnaissait plus; on y sentait la gêne d'une position malheureuse à laquelle il était étranger, et qui le forçait à prodiguer de vaines paroles. Pour surcroît de malheur, cette harangue fut traduite en allemand plus mal qu'à l'ordinaire, par le grand écuyer Caulincourt, à tous les généraux et officiers de cette nation, rassemblés devant le front de leurs régimens. Les troupes saxonnes, qui connaissaient la triste position de leurs corps et les malheurs qui pesaient sur leur patrie, étaient maintenant très-peu disposées à se battre avec ardeur pour les intérêts de Napoléon. Leur mauvaise volonté avait déjà commencé à éclater de la manière la plus prononcée; les prérogatives que les Français s'arrogeaient tous les jours et à chaque marche, fournissaient de nouveaux alimens à l'indignation générale. La plus stricte discipline avait jusqu'alors tenu ce corps réuni aux Français; mais tant de causes qui révoltaient son amour-propre, et la perspective séduisante de contribuer à délivrer l'Allemagne du joug français, le détermina, neuf jours plus tard, à quitter les rangs de l'armée française, pendant la bataille de Leipsick, et à se réunir aux puissances alliées.

On harangua aussi solennellement les troupes françaises du septième corps; on y fit des avancemens; on distribua des décorations. De tels appâts pouvaient encore faire impression sur les Français, trop sensibles à la vanité; il leur était d'ailleurs indifférent de périr aux bords du Niémen ou du Rhin; mais ni promesses, ni louanges ne pouvaient effacer dans le cœur des Allemands, sensibles à la pitié, l'image des souffrances qu'ils avaient partout sous les yeux, depuis deux ans, et qui s'étaient étendues à ceux que les liens de la nature leur rendaient les plus chers.

Le mécontentement était peint sur le visage de beaucoup d'entre eux; la triste position des affaires était connue à l'armée plus qu'au quartier-général, où le prestige qui rehaussait encore les conceptions et l'habileté de Napoléon, enchaînait le jugement de la plupart de ceux qui l'entouraient, ou contribuait à les retenir dans l'erreur.

Nous avons dit que des scènes militaires et théâtrales, du genre de celles que nous venons de rapporter, étaient toujours le présage de quelque projet ; de même lorsque Napoléon, pendant la marche de l'armée, s'enfonçait dans un coin de sa voiture, on pouvait être assuré que quelque coup manqué excitait sa mauvaise humeur. Le premier pronostic se réalisa le neuf, et le second, le 10 octobre. Il avait espéré de surprendre le feld-maréchal Blücher, et de lui porter quelque grand coup ; mais à l'approche de la grande armée, celui-ci se retira sur la rive gauche de la Saale, vers Zœrbig. La nouvelle de ce mouvement pouvait parvenir à Napoléon lorsqu'il était encore à Eilenbourg. Il fit défiler toute sa cavalerie, dont les cuirassiers étaient réduits de moitié : plein de chagrin et de dépit, il monta en voiture et se rendit à Duben.

Les trois jours, savoir, depuis le 11 jusqu'au 14 au matin, que Napoléon séjourna dans le petit château entouré d'eau, étaient peut-être les plus ennuyeux qu'il eût passés depuis plusieurs campagnes. Aucun objet militaire ni géographique ne lui offrait la moindre distraction, et ceux qui l'environnaient étaient dans le plus grand embarras, ne sachant que faire pour le tranquilliser (1). Le 10, plusieurs corps d'armée s'étaient déjà avancés vers l'Elbe dans plusieurs directions, et particulièrement vers Wittemberg et Dessau. Le maréchal Ney, qui s'empara de cette dernière ville, y fit prisonniers 85 cosaques, à ce que disaient les Français, qui ajoutaient que le reste avait été poussé dans la Mulde. Un autre corps d'armée avait passé l'Elbe, près de Wittemberg, et avait fait des démonstrations sur la rive droite. Napoléon montra quelque étonnement en apprenant que l'armée du prince royal de Suède s'était mise en mouvement au-delà de la Mulde, au-dessous de Dessau, de Radegast, vers Achen sur l'Elbe; il croyait que l'objet de cette marche était de couvrir Berlin. Une attaque de ce côté-là, qui était sans défense, aurait sans doute répandu, pour le moment, la terreur et la confusion dans Berlin, sans cependant amener aucun résultat pour la conservation de l'ar-

---

(1) J'ai vu Bonaparte à cette époque, attendant des nouvelles de l'Elbe, tout-à-fait désœuvré, assis sur un sopha dans sa chambre, près d'une grande table sur laquelle était une feuille de papier blanc qu'il remplissait de grosses lettres; son géographe d'Albe et un autre collaborateur restaient dans un coin de la chambre, aussi désœuvrés que lui, attendant ses ordres. De pareils momens dans sa vie méritent d'être remarqués, à cause de leur rareté.

mée française. Napoléon s'était trop éloigné de l'armée du roi de Naples, laquelle se retirait toujours en se dirigeant sur Leipsick, et la livrait à la discrétion de l'armée principale des alliés. Il y avait autant de difficulté pour arriver de Berlin à Hambourg, à moins qu'il n'eût retiré les garnisons considérables des places bordant l'Elbe, lesquelles étaient toujours cernées par une nuée d'ennemis. Mais Napoléon ne pouvait, comme nous l'avons dit, supporter l'idée d'abandonner l'Elbe; c'était là son point d'appui lorsqu'il aurait gagné une bataille. Il ne lui restait plus d'autre ressource que de tenir ses forces toujours concentrées sous les ordres du roi de Naples et sous les siens, et de hasarder quelques coups décisifs. Pendant ces trois jours, Napoléon avait chassé l'ennemi du terrain situé entre la Mulde et l'Elbe, depuis Torgau jusqu'au-delà de Dessau, et avait poussé sur la rive droite de l'Elbe quelques troupes légères, qui devaient probablement donner de l'inquiétude à l'égard de Berlin. A la suite de ces opérations toutes les troupes marchaient sans cesse en traversant la petite ville de Duben, qui avait déjà beaucoup souffert des combats précédens, dont elle avait été témoin. Cette masse d'hommes épuisait ce pauvre pays jusqu'à la dernière extrémité. Tout paraissait se diriger vers Leipsick; mais on ne pouvait tirer aucune conséquence certaine de ces marches et contre-marches perpétuelles.

Le grand jour approchait où la nouvelle existence politique de l'Europe devait être décidée dans les plaines de Leipsick. Napoléon croyait être à peu près en sûreté du côté du nord et de l'ouest. L'armée du roi Joachim s'était retirée par Rochlitz en approchant de Leipsick, et fut vivement harcelée le 14 octobre, jour anniversaire de la bataille de Jéna. Napoléon partit de grand matin de Duben; il avait envoyé en avant le reste de sa cavalerie, et il arriva vers midi à Leipsick, où il avait résolu d'établir son quartier-général, soit dans un faubourg, soit à Pfaffendorff, qui est tout près de la ville, sur la route de Duben. Cependant, aux environs de Leipsick, il y avait des troupes légères ennemies qui faisaient des incursions, et les rapports que Bonaparte reçut, contribuèrent vraisemblablement à lui faire changer son plan. Il fit le tour de la ville sans y entrer, et se porta sur la route qui conduit du faubourg de Grima à Wurtzen et à Dresde, au moment où l'on voyait de Liebertwolkwitz la fumée de la canonnade, qui annonçait la triste position du roi Joachim; ce dernier avait été attaqué vigoureusement près de Magdeborn, au-delà de Liebertwolkwitz. Le roi de Naples, ainsi que beaucoup de Français, convaincus de la faiblesse toujours plus sensible de la cavalerie, se reposait sur six régimens de vieille troupe de cette arme, dont on connaissait la valeur, et qui venaient d'arriver d'Espagne, sous les ordres du maréchal Augereau. Le roi, avec son audace ordinaire, se mit à leur tête, et voulut culbuter la brave cavalerie russo-prussienne. Enfin, accompagné d'une petite escorte, il exposa sa propre personne, au point qu'un escadron ennemi, qui le reconnut à son habit éclatant, et à l'escorte, lui donna la chasse. Un officier, à la tête de cet escadron, poursuivait avec acharnement le roi, qui, au moment où son escorte tourna face tout d'un coup, se trouva le dernier en arrière, accompagné d'un seul cavalier. Dans le séduisant espoir de le faire prisonnier, l'officier qui le poursuivait avec la plus grande célérité, lui cria plusieurs fois : *Arrête, arrête, Roi!* Dans ce moment sa couronne était en péril. L'officier avait déjà reçu un coup de taille du cavalier; comme il ne démordait pas de son projet, le cavalier lui passa son sabre à travers le corps. Il tomba mort, et le lendemain son cheval était monté par le fidèle serviteur du roi, de la bouche duquel je tiens tous ces détails, qui m'ont été confirmés par d'autres personnes. Le roi le nomma sur-le-champ son écuyer, et lui promit une pension de la part de la ville de Naples. Napoléon lui donna la décoration de la Légion d'honneur (1).

---

(1) D'après le rapprochement de plusieurs circonstances, d'après l'éloignement de l'endroit où l'on a trouvé un officier de cavalerie prussien mort, et d'après le

Le dévouement personnel du roi fut aussi inutile que l'expérience des vieux régimens d'Espagne. Dans cette terrible affaire, ils furent tellement dispersés et mis en pièces, par la supériorité de la cavalerie russo-prussienne, qu'avec eux fut détruite la nouvelle espérance de Napoléon; leur existence ne fut pas même remarquée (1).

Pendant que ces affaires se passaient près de Liebertwolkwitz et de Wachau, Napoléon s'était arrêté en pleine campagne à gauche de la grande route qui conduit à Eilenbourg et Wurtzen.

D'après le bruit du canon, et les rapports qui

---

signalement qu'on m'en a donné, ce brave jeune homme était un lieutenant nommé de Leppe, du premier régiment de dragons de Neumark, si toutefois les renseignemens qu'on m'a fournis sont exacts. L'anecdote en elle-même est incontestable. Outre ce lieutenant, le major de Waldow, le capitaine de Waldow et le lieutenant B. Richthofen, du même régiment, périrent dans cette même affaire.

(1) Pour avoir un aperçu général de ce qui s'est passé dans les jours mémorables qui suivirent, je recommande aux lecteurs indulgens de mon récit, la jolie petite carte des environs de Leipsick, dont on est redevable au major Aster, jadis au service de Saxe. Le titre en est : « Le *Cercle de Leipsick, avec les baillages de Skeuditz et Lutzen, publiée en* 1813 *par les héritiers Schreiber.* » A certains petits détails près, la carte, basée sur des données exactes, est excellente pour l'ensemble.

lui arrivaient, il combinait, autant que cela se pouvait, la catastrophe qui devait se développer à Leipsick, centre du commerce continental. On lui apporta son déjeûner, et pendant qu'il rêvait à de nouveaux projets sur la carte, le roi de Saxe arriva avec son épouse et sa fille, suivi de quelques voitures. Le roi monta à cheval; Napoléon alla à pied jusqu'à la voiture de la reine, et lui dit probablement quelque chose de rassurant sur le bruit du canon qu'on entendait de près. Une telle assurance ne pouvait qu'augmenter l'alarme, puisqu'elle sortait de la bouche de l'homme contre lequel tout le monde agissait hostilement, au milieu d'un pays aussi pacifique! La famille royale entra dans la ville, et Napoléon resta en pleine campagne (1), jusqu'à ce que la canonnade, qui avait cessé de se faire entendre, annonça la fin du combat de ce jour, qui ne fut que le prélude de la grande bataille décisive.

Son quartier avait été préparé dans le pavillon de MM. Vetter, au village de Reudnitz, qui est sur la route que nous avons indiquée plus haut, et tout près de la ville. Ici tous ceux qui composaient la maison impériale étaient entassés les uns

---

(1) Non pas comme l'ont dit de mauvais plaisans, auprès des fourches patibulaires, mais de l'autre côté de la route.

sur les autres, et plusieurs des maisons voisines étaient à moitié ravagées.

Le roi de Naples arriva le 15 octobre, de grand matin, chez Bonaparte, et lui rendit compte de l'affaire qui avait eu lieu le jour précédent. Vers midi, l'un et l'autre montèrent à cheval, et ils alèrent à Liebertwolkwitz, sur la route de Lausigt et de Rochlitz. A la droite de ce village (en sortant de Leipsick) on trouve une hauteur peu considérable, mais assez remarquable pour le pays, formant un angle de quatre degrés à peu près, et qui se prolonge en un côteau médiocrement élevé et presque non interrompu, jusque près du lit de la rivière Pleiss à Delitz. Cette hauteur domine les environs à la portée de la grosse artillerie. Du côté gauche de Liebertwolkwitz, s'élève un tertre beaucoup plus considérable et plus escarpé, qui se trouve isolé, et que l'on désigne assez généralement sous le nom de *la redoute suédoise*. Napoléon se rendit sur la première de ces deux hauteurs. De ce point, il donna les ordres nécessaires pour la bataille du lendemain, après avoir passé plusieurs heures au feu de garde, en causant avec Berthier, le roi de Naples et d'autres maréchaux. Il paraît que les rapports que l'on avait reçus n'étaient pas suffisans pour faire connaître si effectivement la grande armée des alliés avait battu le roi de Naples? On envoya de ce poste un parlementaire aux avant-postes ennemis, avec l'annonce que le prince de Neufchâtel désirait parler au prince de Schwartzenberg. Le parlementaire ne fut point reçu ; il revint à ce qu'on dit avec une réponse tout-à-fait laconique, savoir, que le prince de Schwartzenberg n'était pas là, et qu'au reste ce n'était pas le moment de négocier.

Les troupes étaient en présence ; les avant-postes n'étaient éloignés que d'une portée de fusil ; cependant on ne voyait pas de grandes masses de l'armée des alliés. Un général ennemi observait du tertre qui s'étend vers Gossa, la position de l'armée française ; tout était tranquille, aucune attaque n'avait lieu ni d'un côté ni de l'autre. Après midi, Napoléon monta à cheval, et se rendit chez le prince Poniatowsky, qui, avec son corps d'armée, commandait l'aile droite, appuyée à Dœlitz et à Markleeberg. Napoléon se fit montrer tous les endroits où l'on peut jeter des ponts sur la Pleiss, les particularités de ce terrain marécageux, et couvert de prés et de buissons. Ensuite il se rendit sur la ligne dans la direction de Liebertwolkwitz. Les corps des maréchaux Victor et Augereau étaient au centre, et sous les ordres immédiats du roi de Naples. Le corps du général Lauriston était posté près de Liebertwolkwitz, faisant le crochet, dans la direction de Zuckelhausen, et appuyé au village de Liebertwolkwitz. Ici eut lieu une solennité militaire. Trois régimens reçurent en même temps de nouveaux aigles, avec le cérémonial dont on a déjà rendu compte; Berthier, Caulincourt et un des maréchaux furent les parrains de ces enfans dévoués à une pluie de boulets qu'ils devaient recevoir le lendemain : tout annonçait une bataille. Napoléon retourna par Zuckelhausen et Zweinaundorf à Reudnitz, où s'étendait l'autre aile de son armée. Les corps des maréchaux Ney et Marmont, du général Reynier, ceux des maréchaux Macdonald et Oudinot, savoir, le 3e., le 6e., le 7e., le 11e. et le 12e., n'étaient pas encore arrivés. J'ignore si le 12e. corps, commandé par le maréchal Oudinot, duc de Reggio, a participé à la bataille de Leipsick. Outre ceux dont nous venons de parler, le 2e. corps, commandé par le maréchal Victor ; le 4e. sous les ordres du général Bertrand, qui plus tard fut employé principalement à couvrir la retraite ; le 5e., commandé par le général Lauriston, et le 8e., commandé par le prince Poniatowsky, combattirent les jours suivans. Autant que je m'en souviens, le 9e., le 10e. et le 13e. n'ont pas été renouvelés pendant toute cette campagne. Le premier, commandé d'abord par Vandamme, et ensuite par le comte Lobau, ainsi que le 14e., commandé par le maréchal Gouvion-Saint-Cyr, restèrent en arrière pour la défense de Dresde.

On s'est fort étonné de ce que Napoléon avait concentré ses principales forces dans une position aussi désavantageuse, et qu'il eût accepté une bataille décisive dans la partie orientale des plaines de

Leipsick, ayant sur ses derrières la ville et des eaux très-marécageuses, se partageant en canaux multipliés, et sur lesquelles il y avait peu de ponts. En cas de revers, il se plongeait dans mille embarras, plusieurs routes conduisant dans la ville pour y entrer, et une seule pour en sortir. Mais que l'on considère qu'il ne dépendait plus de lui de choisir le champ de bataille, et que c'était l'art employé par les ennemis qui l'avait forcé de prendre cette position. Si Bonaparte se plaçait au-delà de la Parthe, de l'Elster, de la Pleisse et de la Luppe, il se trouvait dans des plaines immenses où la cavalerie pouvait lui nuire en l'environnant. Dans ce cas, il aurait dû renoncer à Leipsick, ville à laquelle il attachait un si grand prix, surtout dans un moment où elle était devenue l'asile du souverain. On sait enfin, que son entêtement ne lui permettait pas de céder un pouce de terrain sans y être forcé, et dans ce cas, il aurait dû abandonner toute la province jusque derrière la Saale.

Il est certain que Napoléon pouvait garantir sa retraite, en jetant des ponts et en prenant toutes les mesures de précaution qu'il était accoutumé à prendre dans cette guerre; mais on peut croire qu'il s'est fait illusion, qu'il a pensé qu'à la fin tout était possible, que la retraite lui serait plus facile en traversant une vallée arrosée par tant de rivières, et qu'il serait très-bien en sûreté dans la ville, au moyen de son infanterie. Enfin je ne puis me persuader que Napoléon eût accepté la bataille du côté oriental de Leipsick, s'il avait eu connaissance des armées qui menaçaient les derrières de sa position. Le soir du 15 octobre, il ne savait pas si l'ennemi viendrait du côté de Mersebourg, et quelles étaient ses forces; il ne savait pas non plus s'il y avait de ce côté-là des troupes légères, ou des masses plus considérables : il était dans le plus grand embarras. De même il ne fut instruit de la marche des armées commandées par le général Benningsen, que lorsqu'il n'était plus temps de former un autre plan. Enfin les détails suivans suffiront pour faire connaître que Napoléon ne se serait pas battu le 18 octobre, s'il eût été maître de choisir.

Le 16 octobre, de grand matin, Bonaparte se rendit à la position qu'il avait visitée le jour précédent. Le roi de Naples le reçut sur la même hauteur, près de Liebertwolkwitz. Napoléon ayant mis pied à terre, observa, pendant quelques instans, avec la petite lorgnette de spectacle qu'il avait toujours sur lui, la manière dont étaient formées les colonnes ennemies disposées pour l'attaque, et sur lesquelles le roi de Naples avait excité son attention. On fit venir les chevaux; Napoléon quitta lentement le tertre, avec sa suite, et dans ce moment (neuf heures, d'après ma montre), trois coups de canon, tirés par intervalles réguliers, annoncèrent le commencement du combat du côté des alliés. Les boulets volèrent par-dessus la suite de l'empereur, et causèrent quelque perte aux régimens de cuirassiers, qui se tenaient un peu en arrière, ainsi qu'à la garde impériale. Une canonnade sans exemple se fit entendre des deux côtés, sur toute la ligne, et continua pendant cinq heures sans interruption, de manière, qu'à la lettre, la terre en tremblait. Les vétérans français assuraient n'avoir jamais été témoins d'un feu aussi concentré. Dès le commencement de la bataille, les Russes et les Autrichiens attaquèrent avec courage et acharnement, sous les ordres de Klenau, de Kleist, et du prince Eugène de Wurtemberg; ils s'emparèrent de Liebertwolkwitz, de Wachau, de Markkleeberg, et firent plier toute la ligne française. Napoléon lui-même se vit obligé de rétrograder un peu avec sa garde (1), et plusieurs soldats, qui étaient près de lui, tombèrent victimes de la pluie terrible des boulets. Le plus grand calme et le plus grand sang-froid régnait aussi loin que s'étendait son influence. On avait perdu un peu de terrain; le corps d'armée du maréchal Victor fut obligé de céder aux attaques de Klenau, et de lui abandonner momentanément Liebertwolkwitz. Mais le duc de Tarente (Macdonald) s'avança en même temps, venant de Holzhausen, et marcha droit vers la redoute dite *suédoise*, un

---

(1) Vers la bergerie de Meusdorf.

des points principaux de la position. Napoléon dirigea, par l'entremise de ses adjudans, le feu de l'artillerie placée sur les hauteurs de Liebertwolkwitz, et ces villages furent repris. L'artillerie tonnait au centre, et la fusillade continuait toujours sur les deux ailes. Deux colonnes françaises s'avancèrent de Wachau vers Gossa et Crœbern; mais elles trouvèrent une telle résistance, qu'elles furent obligées de plier. Sur les trois heures, Macdonald s'avança de l'extrémité de l'aile gauche dans l'endroit où, d'après l'ordre de bataille du jour précédent, près de Zuchelhausen, on avait observé la position de l'ennemi en crochet. Ce général fit emporter la redoute suédoise à la baïonnette. Ce fut sans doute un avantage décisif. Napoléon se montra serein et satisfait; il avait déjà fait dire au roi de Saxe, « que la bataille avait commencé au moment où l'ennemi avait voulu déboucher; que nous avions fait 2,000 prisonniers; que la canonnade continuait parce que les apparences étaient bonnes. » Quand la redoute fut en son pouvoir, il envoya encore au roi pour lui faire savoir « que tout allait bien; que nous avions pris des villages, des hauteurs. » Peu de temps après il ajouta: « qu'on fasse sonner les cloches dans la ville et aux environs, pour faire savoir à l'armée nos succès. » Napoléon était encore derrière le centre, près Meusdorf. Dans ce moment, il fit avancer, vers la première ligne, à la droite de Liebertwolkwitz, où commandait le roi de Naples, cinquante canons de l'artillerie de réserve de la jeune garde; cette artillerie, qui, d'après le témoignage des Français, avait porté le coup décisif dans toutes les batailles précédentes, fit de nouveau trembler la terre : l'ennemi paraissait répondre toujours plus faiblement à ce feu. Alors Bonaparte se rendit sur ce point dominant, d'où il aperçut les lignes ennemies dans le meilleur ordre et dans un calme imperturbable : l'aile droite de l'ennemi était appuyée au bois de l'université, et la gauche à la chaussée de Borna, derrière Wachau. Les lignes françaises s'étendaient de ce côté, depuis Liebertwolkwitz jusqu'à Markkleeberg. Tout d'un coup commença une furieuse attaque contre ce dernier village, sur le flanc droit. Elle fut si chaude, et s'opéra au milieu de cris si terribles, que Napoléon en fut frappé, et se retira de nouveau à quelques centaines de pas, jusqu'à l'endroit où était la vieille garde, qui fut obligée de faire un mouvement pour former de grands carrés, le front tourné vers Markkleeberg. Le prince Poniatowsky soutint l'attaque avec fermeté. Napoléon reprit son calme; on lui annonça beaucoup de prisonniers autrichiens d'un régiment de chevau-légers (Sommariva), qui fut enveloppé dans cette occasion. Cependant la lutte autour du village de Markkleeberg continuait toujours; les attaques de ce côté se renouvelaient sans cesse. On fut obligé d'y envoyer des renforts considérables pour se maintenir dans le village. Au commencement de la nuit, après neuf heures du feu le plus terrible, l'extrémité de l'aile gauche de l'armée française était, comme quelques heures auparavant, appuyée à la redoute *suédoise*, le centre sur la hauteur près de Wachau, et l'aile droite à Markkleeberg. La position des alliés était presque parallèle à celle des Français, si ce n'est que le centre des premiers, placé devant Guldengossa, semblait former un angle un peu saillant. Le roi de Naples passa la nuit à Wachau, et Napoléon établit son bivouac dans un étang desséché, près de la vieille tuilerie, à peu de distance de la route qui conduit à Rochlitz; on y dressa les cinq tentes comme à l'ordinaire, et la garde campa autour de lui. Avant qu'il eût choisi cet emplacement, on y amena le général Meerfeld, qui venait d'être fait prisonnier. Napoléon s'entretint avec lui très-long-temps de la manière la plus affable. Le soir ce même général fut appelé par Bonaparte, qui l'envoya chargé d'une mission au quartier-général autrichien, d'où il revint le lendemain. Napoléon passa une nuit très-inquiète. Nansouty et d'autres généraux furent appelés pendant qu'il était au lit. Le canon continua de tirer de temps en temps sur l'aile droite, fort avant dans la nuit, et l'on ignorait si d'autres attaques n'auraient pas lieu dans les environs de Markkleeberg.

On attendait avec la plus grande anxiété, qu'augmentait encore le défaut de nouvelles du côté de Leipsick. Eutritzsch et Schœnfeld, où était le corps du maréchal Marmont, avaient déjà été attaqués, et on s'attendait que l'attaque y serait renouvelée le lendemain. On avait eu quelques nouvelles sur l'armée du prince royal de Suède; cependant, malgré tant de perspectives défavorables, Napoléon ne put se résoudre à quitter le champ de bataille dans la journée du 17 octobre. Il regardait la bataille du 16 comme gagnée; et effectivement on pouvait se dire victorieux du côté du maréchal Macdonald, si, pour l'être, il suffit d'avoir fait avancer d'une demi-lieue une aile de l'armée, et d'avoir acheté, par une perte en artillerie et en hommes, égale à celle de l'ennemi, et probablement même plus forte, l'avantage de se maintenir dans l'ancienne position. Mais il avait fait célébrer son prétendu triomphe par le son des cloches, et par toutes les démonstrations possibles; on semblait donc en droit de s'attendre aux plus grands résultats, malgré les obstacles invincibles qu'il rencontrait dans sa situation et dans les localités; car même en avançant de quelques lieues, il aurait attiré, sur ses derrières, des nuées d'ennemis. Si, le lendemain de la bataile, Bonaparte eût abandonné le théâtre de sa victoire imaginaire, tout le monde aurait dit qu'il avait été battu. Se porter en avant n'était pas moins difficile. Les munitions commençaient à manquer, et les troupes, à l'exception de quelques pommes de terre, éprouvaient une disette de vivres de plus en plus rares, dans le pays occupé par l'ennemi. En avançant, Napoléon eut aussi exposé Leipsick, qui pouvait être pris et dévasté. Ainsi, il ne s'opiniâtra sans doute à ne point changer de position, le dimanche 17 octobre, que par crainte de paraître vaincu. Il suffisait de rester maître du champ de bataille pendant tout un jour, pour justifier une retraite aux yeux de sa nation et de son armée; cette retraite eût été attribuée par la suite à quelque motif plausible. Toutes les dispositions et tous les préparatifs du quartier-général annonçaient, de la part de Bonaparte, le projet de se retirer (1). Le roi de Naples vint de grand matin auprès

---

(1). Si Napoléon n'avait d'autre dessein que de réunir ses forces pour parer le coup dont il était menacé par l'augmentation des armées ennemies, je ne crois pas que les localités favorisassent assez ses vues et ses efforts pour s'assurer, avant tout, du chemin par Weissenfels, indiquaient du moins qu'il craignait d'être forcé à la retraite. On pourrait croire qu'en concentrant ses forces, Napoléon aurait pu, par l'effet des dispositions émanées directement de lui, manœuvrer plus facilement, rompre le centre de l'ennemi, etc., etc.

Mais il ne devait pas perdre de vue que dans une bataille de plusieurs jours, le manque de munitions pouvait devenir funeste.

de lui, y resta long-temps, et l'assura, probablement pour le consoler, peut être aussi avec raison, que l'ennemi avait essuyé des pertes immenses. Ils étaient tous les deux très-sérieux et pensifs ; ils se promenèrent pendant une demi-heure sur les digues. Napoléon était toujours très-préoccupé ; il s'enferma de nouveau dans sa tente : le roi se montra à cheval devant les troupes ; vers le soir, on voyait la tristesse peinte sur tous les visages au quartier-général. La retraite de l'armée, disait-on, ne pouvait être mal interprêtée, le mauvais temps, et beaucoup d'autres circonstances fâcheuses opposant des obstacles évidens aux opérations. La pluie tombait à verse sur les malheureux qui étaient campés ; un morne silence régnait autour du bivouac de Bonaparte. Le grand écuyer s'informa du moment où la lune se lèverait, afin d'aviser aux dispositions pour le reste de la nuit. Les autres personnes qui approchaient Bonaparte étaient visiblement consternées. Un écuyer du roi de Naples fut envoyé pour reconduire le quartier-général de ce prince à Zuckelhausen, où il était deux jours auparavant.

Toutes ces circonstances indiquaient un départ, et ce départ eut effectivement lieu le 18 octobre, à 2 heures du matin. On appela le chasseur du portefeuille, qui partit dix minutes après. Ce qu'on appelle le petit service était déjà parti pour Stœtteritz depuis onze heures. Napoléon monta en voiture et quitta tranquillement, et d'un air triste, son bivouac. Il lui importait de reconnaître le point de réunion des deux routes de Rochlitz et de Grimma; il fit arrêter un moment sa voiture; mais l'obscurité de la nuit l'empêchait de voir autour de lui. Jusqu'à cet endroit, la route fourmillait de troupes et d'artillerie en retraite : à peine Napoléon pouvait-il avancer. On brûla à côté de la route environ 200 chariots vides qu'on ne pouvait pas emmener ; le peu de munitions qui était resté dans quelques-uns sauta en l'air; dans l'éloignement, on ne savait ce que signifiait ce qui arrivait. Napoléon se rendit à Reudnitz, où il descendit chez le maréchal Ney, dans la maison que Bonaparte lui-même avait occupée auparavant. Le maréchal et sa suite dormaient profondément; Bonaparte resta à Reudnitz jusqu'à cinq heures environ, fit le tour de la ville, et alla à Lindenau, où était le général Bertrand. Il examina le pont et les environs, où deux jours auparavant le corps de ce général avait été attaqué. Napoléon ordonna à Bertrand de se rendre à Weissenfels, et retourna en traversant les faubourgs, par le même chemin, tantôt à cheval, tantôt en voiture, à Stœtteritz; il était à peu près huit heures, la garde était arrivée dans les environs. Napoléon déjeûna dans une ferme, mais le bruit du canon, qu'on entendait de tous côtés, et qui devenait toujours plus fort, mit en mouvement tout le quartier-général : la grosse artillerie retentissait sans cesse du côté de Markkleeberg, Dœlitz et Liebertwolkwitz. La redoute suédoise avait été abandonnée par les Français la nuit précédente, et le roi de Naples s'était posté au-devant de Probstheyde avec les corps de Victor et d'Augereau. Au commencement de la bataille, il fit dire à Napoléon de lui envoyer un renfort dont il avait besoin, pour résister aux forces supérieures qui s'avançaient contre lui; les alliés cherchaient en même temps à forcer le passage de la Pleisse, près Dœlitz, Lœsnig et Connewitz. Napoléon s'y rendit à cheval, et s'y arrêta près de la fabrique de tabac; ce fut là qu'il commença et termina la grande journée décisive qui devait lui arracher la couronne de laurier dont la fortune avait ceint le front de ce conquérant: il se trouvait à côté d'un moulin à vent, à moitié ruiné, voisinage d'assez triste augure.

Alors le combat devint général. Les alliés avançaient avec un courage toujours croissant; de tous les côtés pénétraient de grandes masses de troupes, et de toutes les routes de Leipsick, celle qui conduit à Weissenfels était la seule qui fût libre; on se battait depuis onze heures près de Sellerhausen, sur la route de Dresde. Les attaques les plus violentes étaient dirigées de Zwei-Naundorf, Zuckelhausen et Liebertwolkwitz, contre Stœtteritz et Probstheyde; les Autrichiens, et ensuite les Russes, s'avancèrent de Wachau et de Dœlitz, toujours avec de nouvelles forces et de nouvelles pièces d'artillerie; la route de Pegau et les bosquets de Rosenthal étaient couverts de troupes légères ennemies, et l'armée du prince royal de Suède s'avançait de Radefeld et de Breitenfeld vers la route d'Eilenburg, où étaient Ney et Reynier. Du côté de l'armée où était Bonaparte, Macdonald et Lauriston commandaient l'aile gauche près de Probstheyde; Victor et Augereau étaient au centre; le prince Poniatowsky (1) commandait l'aile droite près de Dœlitz; la vieille garde et une partie de la jeune furent employées comme renfort; ces braves furent choisis pour manœuvrer. Un des faubourgs de Leipsick était en flammes; les grenades volaient dans la ville jusque sur la place et dans la maison occupée par le roi : le feu consumait les villages de Schœnfeld, Stœtteritz, Dœlitz et Liebertwolkwitz. Le brouillard et la fumée permettaient à peine d'apercevoir les alentours; mais le brouillard se dissipa, et le jour devint clair et beau. Quoique les marches et les privations eussent affamé et accablé de fatigue les Français; quoiqu'ils eussent leurs habits déchirés, ils combattirent néanmoins avec persévérance, et particulièrement sur la partie du champ de bataille où Napoléon se trouvait. Cernés de tous côtés, ils avaient principalement

---

(1) Ce général, aussi habile que vaillant, avait été nommé maréchal de France, par Napoléon, le 16 octobre.

à lutter contre la supériorité d'une artillerie foudroyante ; quelques milliers de déserteurs remplissaient la ville, mais on ne voyait point de fuite ouverte. Le prince Poniatowsky avait le point le plus difficile à défendre ; mais il justifia pleinement, par un courage sans borne, la haute confiance que Bonaparte lui avait accordée : son petit corps d'infanterie, réduit à 5000, et enfin à 2700 hommes, fit des prodiges de valeur. Dans les journées près de Leipsick, 15 officiers de son état-major furent ou tués ou blessés. Ce courage était d'autant plus remarquable dans les Polonais, qu'en ce moment ils ne pouvaient plus attendre que Napoléon devînt le restaurateur de leur nation.

Au commencement de la bataille, Bonaparte s'était arrêté pendant une heure à l'aile droite ; il se rendit ensuite vers Probstheyde et vers les lignes antérieures, pour juger, par ses yeux, de l'état des choses, et pour ranimer le courage des troupes. Il parut dans le moment où les alliés avancèrent avec une force imposante, et en débouchant de Zuckelhausen et de Holzhausen, s'emparant d'une partie de Probstheyde. Les chevaux de main, les blessés, et tout ce qui était inutile se retirait en masse. Napoléon poussa, avec la plus grande célérité, vers les rangs les plus avancés, remplit les vides avec les réserves de la vieille garde, et revint à son moulin à vent, où il resta la plus grande partie de la journée. Le brave roi de Naples, l'appui, le bouclier de Bonaparte, tenait ferme contre toutes les attaques; autant de fois que le village de Probstheyde, centre de cette lutte sanglante, fut enlevé par l'ennemi, autant de fois ce prince le fit reprendre de vive force. Le 16, tous les points de la position avaient été favorables aux Français; mais le 17, les alliés occupaient plusieurs hauteurs, qui, quoique d'une médiocre élévation, dominaient le champ de bataille. De ces hauteurs, un feu concentré pouvait se déployer contre l'armée française. Ce fut là que l'artillerie ennemie produisit les plus terribles effets. En peu de temps, dans le seul endroit où était Napoléon, plus de douze canons, mis hors d'état de servir, et quelques milliers de blessés furent envoyés à la ville. Après six à sept heures du feu le plus terrible, les Français commencèrent à s'apercevoir que les munitions leur manquaient. Bonaparte, peut-être pour la première fois depuis qu'il faisait la guerre, ordonna de les ménager.

Un adjudant du général Reynier avait informé Napoléon, même avant midi, qu'une partie de l'artillerie et de la cavalerie saxonne avait passé à l'ennemi; sur les trois heures, il fut informé que l'infanterie avait aussi quitté les rangs français. Mais ces événemens furent tenus secrets, et ceux qui étaient le plus près de Napoléon en furent seuls informés. Il ordonna sur-le-champ de lui amener son cheval; personne ne savait ce qu'il projetait;

les attaques contre Probstheyde continuaient toujours. Alors Napoléon se dirigea sur la gauche, à travers champs, pour se rendre à Reudnitz et dans les environs de Strassenhaus, sur la route de Wurtzen. Là il trouva Ney et Reynier, dont la pantomime, les gesticulations et les signes lui indiquaient les lignes ennemies sur la plaine entre Paunsdorf et Schœnfeld, et lui faisaient comprendre que la fortune trahissait tous leurs efforts.

Napoléon ne s'y arrêta pas long-temps, mais il retourna au point central, dont la conservation lui était si nécessaire. Un détachement de la vieille garde vint à marche forcée à sa rencontre pour remplir le vide qu'avait causé la défection des Saxons. Le général Nansouty défendit en attendant, avec une partie de la cavalerie de la garde, le côté faible, vers Mœlkau et Stunz, sur lequel s'était portée une forte ligne de cavalerie ennemie.

Jusqu'à ce moment, Napoléon s'était montré dans le plus grand calme, toujours égal à lui-même. Pendant la bataille, il était presque toujours, comme à son ordinaire, froid, réfléchi, concentré. Ce revers même ne produisit aucun changement dans son maintien, quoiqu'on eût observé des symptômes de découragement sur son visage. Il se dirigea vers le roi de Naples, que les attaques les plus violentes n'avaient pu faire reculer ; ils causèrent quelques temps à l'écart, et après avoir, sur l'avis de ce prince, envoyé un renfort d'artillerie du côté de Dœsen, il fit allumer un feu de bivouac près le moulin à vent. Le jour finissait, mais la canonade se prolongea fort avant dans la nuit. L'aile droite près Connewitz et Dœlitz avait à peu près conservé toutes ses positions depuis le matin; mais on avait perdu beaucoup de terrain depuis Stetteritz jurqu'à Schœnfeld. Je ne m'arrête pas au combat livré par le feld-maréchal Blücher à Marmont, aux environs de Mœckern, ce combat pouvant être regardé comme indépendant de la grande bataille. Le nombre des combattans français peut être évalué de 160 à 170 mille hommes; celui de leurs adversaires était sans doute plus que double; ainsi un demi million d'hommes, et même plus, concourait à ce carnage. Quelle bataille! La grande étendue de terrain sur lequel on se battit ne permet pas d'évaluer avec précision les pertes de cette journée. Au moins faudrait-il être à même de puiser aux sources les plus exactes pour en établir le calcul. Mais la perte des Français doit avoir été immense, ne fût-ce qu'à cause des désavantages du terrain et de la violence des attaques. Parmi les officiers distingués qui furent tués ou qui moururent peu après des suites de leurs blessures, on m'a nommé les généraux Delmas, Daubry, Frédéric et Rochambeau. Il y en a eu un grand nombre de blessés.

Tous les bagages, que Napoléon, en se disposant à la retraite, avait fait partir pour la ville dès le matin, y avaient produit une confusion horrible; presque toutes les portes en étaient obstruées, car tout entrait de quatre côtés à la fois, et il n'y avait qu'une seule sortie, où tout affluait. Latéralement à la ville il n'y avait pas de ponts, et l'Elster ne pouvait être passé ni plus haut ni plus bas; aussi la confusion était-elle augmentée par l'affluence continuelle des voitures, des blessés, des fuyards et des troupes.

Il était nuit, le canon ne grondait plus; on n'entendait que quelques coups de fusil. La terre et le ciel étaient peu à peu éclairés par des feux innombrables qui paraissaient sortir des entrailles de la terre. Napoléon avait déjà communiqué le projet de sa retraite au prince Berthier, qui, à un feu de garde, en dicta l'ordre à quelques adjudans avec sa brièveté ordinaire. Autour de lui regnait un profond silence. Les généraux d'artillerie, Sorbier et Dulauloi, assuraient que l'on aurait pu renouveler le combat, si l'on eût eu 30 ou 40 mille hommes de troupes fraîches et encore quelques centaines de chariots de munitions; mais (1) on n'avait ni l'un ni l'autre. On avait apporté à Bonaparte une escabelle, sur laquelle il tomba, accablé par le sommeil

---

(1) On rapporte que, pendant cette bataille, plus de 200 mille coups de canon furent tirés du côté des français. Nouvelle preuve que tous les coups ne portaient pas.

et épuisé par les efforts de la dernière journée. Ses mains reposaient, négligemment ployées, sur sa poitrine. Dans ce moment, on ne voyait en lui qu'un homme affaissé, comme tout autre, sous le poids de la mauvaise fortune. Les généraux gardaient un morne silence, et l'on entendait, à quelque distance, le bruit du canon et des troupes en retraite. Au bout d'un quart d'heure, Bonaparte s'éveilla, et jeta un regard étonné sur le cercle qui l'entourait, comme s'il eût voulu leur dire : « Veil-» lé-je, ou est-ce un songe? » Cependant il revint aussitôt à lui-même, et chargea au même instant un officier de se rendre auprès du roi de Saxe, pour l'éclairer sur ce qui se passait, et le prévenir qu'il ne pouvait l'aller voir ce jour-là. De tout le jour, Napoléon n'avait rien eu de satisfaisant à lui apprendre ; il s'était donc contenté de lui envoyer une seule fois, vers midi, un message. Au reste, la bataille était tellement rapprochée autour de la ville, qu'il était facile au roi d'en suivre, du haut d'une tour, les progrès et les divers événemens. Depuis, Napoléon laissa le roi libre de le suivre ou de rester; mais comme ce souverain malheureux se décida à suivre le conseil de rester, qu'on lui donnait dans la position rigoureuse à laquelle il était réduit, il ne restait à Bonaparte qu'à lui faire dire, par une tierce personne, et c'est ce qu'il fit, qu'il était le maître de conclure avec les ennemis la paix aux meilleures conditions qu'il pourrait en obtenir, mais qu'il le priait d'avoir soin de ses blessés. Napoléon permit ensuite au peu qui lui restait de troupes saxonnes, en y comprenant le bataillon de gardes-du-corps qui faisaient le service avec la garde impériale, de retourner auprès du roi. Tout ceci se passait le 19 octobre.

Les âmes douces et modérées peuvent à peine concevoir l'idée des mouvemens furieux qui agitent celle d'un homme tel que Bonaparte, au moment où il voit tomber en ruines l'édifice de sa fortune et de sa gloire. Napoléon s'était déjà trouvé souvent dans des positions critiques en Egypte ; il avait éprouvé des revers en Russie ; mais sa confiance inébranlable dans son génie et dans sa fortune l'avaient élevé au-dessus de tous ces accidens. Les ressources qui lui restaient pour réparer ses malheurs se présentaient alors toujours à son esprit, dans le moment même où les coups du sort le frappaient. L'espoir d'étonner le monde par de nouveaux succès ne faisait que hâter l'essor de ses conceptions pour de nouvelles entreprises. Jusque-là il avait pu rejeter tous les revers sur des causes qui lui étaient étrangères, sur une fatalité inévitable.

Mais à cette époque, le chef des Français était, pour la première fois dans sa vie, battu sous les yeux et au centre de l'Europe civilisée : il lui était donc plus difficile que jamais d'excuser sa défaite et d'imposer silence à une nation qui voyait ses foyers menacés par des armées victorieuses. En un mot, il venait de perdre une bataille décisive ; il attirait l'ennemi sur le territoire de la France, territoire sacré et demeuré intact sous son gouvernement, dans un moment où à peine pouvait-on espérer d'un peuple épuisé des renforts et des secours d'aucune espèce. Eût-il même trouvé des excuses et des tournures pour colorer ce grand revers, ce n'était pas après une pareille journée qu'il pouvait goûter des consolations ; et le sentiment de honte qui dominait sur toutes ses premières impressions, rendait visible son trouble intérieur.

Bonaparte demeura jusqu'à huit heures à son bivouac. Son quartier-général fut d'abord établi dans un bâtiment, au Thunberge; mais comme toutes les maisons du voisinage devenaient très-incommodes par l'affluence des blessés, il ne put s'y arrêter, et se rendit sur le marché aux chevaux, à l'hôtel de Prusse. Quel jeu de la fortune! que ce fût l'hôtel de Prusse qui le reçut désarmé, et qu'il fût obligé d'en sortir pour se sauver par la fuite! Napoléon travailla fort avant dans la nuit avec le duc de Bassano, le grand écuyer et Berthier. Il donna ordre que l'on se tînt prêt à partir à toute heure, et les chevaux étaient déjà préparés avant deux heures. Les voitures, et tout ce qui était relatif au service, l'étaient également à Lindenau.

Le 19 octobre, la retraite de Napoléon, au sortir de Leipsick, s'effectua depuis le matin jusqu'à onze heures. On le voyait tantôt occupé, tantôt en habit du matin à la fenêtre. Le passage des troupes françaises à travers les faubourgs continuait sans relâche. Vers les huit heures et demie, on entendit le canon du côté du faubourg de Grimma. Vers neuf heures, Napoléon monta à cheval, et se fit conduire, par la porte de ce nom, à la demeure du roi. Il descendit. Le roi le reçut avec l'étiquette accoutumée, et le conduisit dans sa chambre, où la reine était aussi. La suite resta dans l'antichambre. Quelques troupes saxonnes et badoises étaient rangées sur la place du marché. Après un entretien d'un bon quart d'heure, pendant lequel Bonaparte exprima sûrement au roi le plus vif intérêt et le désir d'être en état de le mieux secourir, il le quitta, et le roi l'accompagna, suivant l'usage de la cour, jusqu'à l'escalier. Du moment où Napoléon monta à cheval, jusqu'à celui où il quitta tout-à-fait Leipsick, on le vit toujours très-pensif, préoccupé, presque consterné, ou peut-être ne pensait-il à rien. Il se dirigea vers le milieu de la porte de Rannstadt, tourna du côté du marché, et tout s'y trouvant encombré par la multitude extraordinaire des troupes et des voitures, il tourna bride vers le milieu de la ville, passa devant deux portes déjà barricadées et devant l'église St.-Thomas, pour arriver à la porte St.-Pierre. Là il s'orienta un moment, et courut encore une fois vers son quartier-général, au marché aux chevaux, ou plutôt sur l'allée, jusque dans le quartier de l'école bourgeoise. L'attaque était déjà devenue très-vive de ce côté, et l'on voyait voler les boulets. Les corps de Poniatowski et de Lauriston formaient l'arrière-garde, et avaient ordre de défendre les faubourgs de maison en maison. Napoléon voulait d'abord les faire brûler; mais il revint de cette idée, et c'eut été d'ailleurs faire le mal inutilement. Il retourna donc, passa par la porte Saint-Pierre, et se dirigea autour de la ville sur Rannstadt. A peine pouvait-il percer à travers la foule incroyable de troupes de toute espèce. Lui et toute sa suite furent obligés de se sauver par des détours, de tout ce tumulte. Chariots de munitions, vivandiers, gendarmes, artillerie, vaches et moutons, femmes, grenadiers, chaises de poste, hommes sains, blessés ou mourans, tout s'entassait, se pressait dans une telle confusion, qu'à peine pouvait-on espérer de continuer sa marche, encore moins de se défendre.

Si l'ennemi eût percé alors dans cet endroit, pas un seul homme n'aurait pu s'échapper, car le passage par la porte de Rannstadt sur la route de Lindenau, où tout le monde devait défiler, est si étroit, que deux piétons auraient à peine trouvé assez de place pour marcher à côté d'une voiture. On avait fait élever un pont sur l'Elster, près du jardin dit des Juges, mais construit trop faiblement. Après avoir servi très-peu de temps, il s'était écroulé. Cet accident augmenta l'embarras et la triste position de ceux qui étaient restés en arrière, et peut-être a-t-il causé la mort du prince Poniatowski, qui se jeta dans l'Elster pour ne pas tomber entre les mains de l'ennemi. Napoléon suivait très-tranquillement le torrent de son armée fugitive sur la grande route, jusque derrière Lindenau. Là il fit halte, et employa plusieurs officiers pour indiquer aux fuyards, qui arrivaient dans le plus grand désordre, les divers points où leurs corps devaient se réunir. Ces corps étaient de l'un et l'autre côté des routes qui conduisent à Weissenfels et à Merseburg, et qui se croisent sur ce point. Bonaparte étant parvenu à rétablir quelque ordre, retourna dans le moulin vers Lindenau, et resta au premier étage. Le feu contre la ville était toujours plus vif; on entendait le sifflement des grenades, et le bruit de toute sortes d'armes à feu. Enfin, la grosse artillerie cessa de se faire entendre. Il était environ onze heures passées. Quelques instans après, le quartier-général poussa jusqu'à Markranstadt.

Probablement ce départ eut lieu au même moment où le pont de Lindenau, que Napoléon avait inspecté le jour précédent, sauta en l'air. On a tourné en ridicule les circonstances de cet événement qui furent publiées dans les bulletins français; mais je puis assurer, avec la plus grande impartialité, qu'un des compagnons les plus intimes de Napoléon, dix-huit heures après l'événement, toujours saisi du sentiment d'horreur que lui inspirait la perte qui en fut la suite, dit : « Qu'un sergent du corps du génie avait reçu l'ordre de faire sauter le pont de Lindenau après la retraite totale des troupes. Mais lorsque l'ennemi pénétra avec tant d'impétuosité dans la ville, et qu'on entendait de tous les côtés le bruit et les hourrahs des Suédois, il se crut entouré et mit le feu à la mine. » On a remarqué qu'une commission aussi importante ne se confiait point à un seul sous-officier; mais on a répondu à cette objection, que l'officier supérieur chargé de l'opération n'était pas présent. Cette communication confidentielle, venue de première source, quelques heures après l'événement, semblerait prouver que le fait en lui-même est vrai. Du reste, ceux qui furent coupés seraient de même tombés entre les mains de l'ennemi sans cet accident; l'impossibilité de sortir autrement que par l'étroit passage d'une seule porte les eût également livrés aux alliés, qui avaient toute facilité de passer l'Elster sur d'autres points. La perte fut immense, et je ne crois point exagérer, si j'évalue à 25 ou 30,000 hommes le nombre de ceux qui, dans la journée du 19, tombèrent entre les mains de l'ennemi à Leipsick : comme tous les chariots et la garde étaient déjà passés, des corps entiers restèrent en arrière. Ces corps étaient très-faibles, mais ils furent infiniment augmentés par les soldats qui s'étaient mis à la débandade, et qui se joignirent à eux. Toutes ces masses d'hommes périrent ou tombèrent entre les mains de l'ennemi. Parmi ces derniers se trouva, avec plusieurs autres généraux, l'estimable général de division Reynier, qui, quoique enfant de la révolution, avait toujours suivi, malgré toutes les difficultés, le sentier de l'honneur. La mort de Poniatowski, dont la nouvelle arriva le lendemain au quartier-général, excita le plus vif intérêt. En général, les revers du 19 produisirent un embarras et un abattement extraordinaire parmi les adorateurs les plus zélés de Napoléon. Sans prédire la fin de sa brillante carrière, et sans éclater en invectives, on regarda comme possible qu'au retour de l'armée, la nation elle-même se sentît indisposée contre son chef. Napoléon lui-même ne croyait pas avoir fait une aussi grande perte à Leipsick. Peut-être lui a-t-on caché la vérité, comme à l'ordinaire ; car comme on savait qu'il répugnait à entendre parler d'une grande perte, c'était lui être agréable que de lui faire de faux rapports. Il dit lui-même, quelques jours après : « J'aurais pu sauver six mille hommes, si j'avais brûlé les faubourgs de la ville ; c'était le droit de la guerre; mais je n'ai pas voulu le faire. »

On perdit une quantité énorme d'artillerie, tant à la bataille qu'à l'assaut de Leipsick. La plus grande partie, après cette époque, consistait dans les 120 pièces appartenant à la vieille garde, qui étaient complètement pourvues de munitions. Mais la jeune garde avait perdu une grande partie de la sienne à Leipsick; et si l'on considère les pertes faites postérieurement, on trouvera que l'armée française n'avait plus que 200 canons à la bataille d'Hanau, bataille qu'elle a livrée comme pour prendre congé de l'Allemagne. Combien l'artillerie française n'a-t-elle pas perdu de ces 1300 canons si vantés après l'armistice? Les seules batailles de la Katzbach et de Culm lui en coûtèrent à peu près 200, sans compter ce qui fut laissé aux garnisons des places fortes.

L'hôtellerie de Markranstadt accueillit toute la maison impériale et celle du prince de Neufchâtel. Ceux qui n'avaient pas le droit d'occuper une place dans le petit nombre de chambres disponibles, se retiraient au grenier. La troupe, aigrie par le malheur, marchait avec un aspect farouche et menaçant; la garde se permettait toute sorte d'excès; la plupart des soldats étaient tourmentés par la faim et par le besoin. Les villages qui étaient près de la route furent presque tous ravagés. Les supérieurs ne pouvaient ni ne voulaient rétablir l'ordre; ils s'en souciaient encore moins que de coutume. L'insubordination était à son comble; chacun était pressé et pressait à son tour, de manière que la marche, qui eut lieu pendant la nuit, produisit la plus grande confusion. Lorsqu'on avance, on peut courir tout seul et devancer les autres; mais dans une retraite, où tout le monde est obligé de suivre le même chemin, on se presse de tous côtés; les corps et les régimens n'ont plus d'ensemble, tout est pêle-mêle, et le désordre est général.

Napoléon, accompagné de sa vieille garde, quitta Markranstadt le 20 octobre, sur les trois heures du matin; il était en voiture, entouré des troupes qui marchaient; leurs rangs redoublés ne lui permettaient pas d'aller vite, et l'obligeaient de s'arrêter de temps en temps. La nuit était obscure; l'armée fugitive était défendue à peu de distance par les postes d'infanterie; la cavalerie avait été envoyée en avant. Les plaines entre Markranstadt et Rippach étaient très-dangereuses pour lui, puisqu'elles offraient à la cavalerie ennemie la plus belle occasion de le charger. Par ce motif, lorsque Napoléon arriva au bivouac, tout près de Lutzen, où les troupes françaises étaient postées à droite et à gauche de la grande route, il ordonna de battre la marche et de sonner la charge pendant tout le temps qu'il dut s'arrêter dans cet endroit, pour laisser le temps aux différens détachemens de continuer leur marche. Les feux de garde furent entretenus; on entendait les tambours et les trompettes, tantôt sur une aile, tantôt sur l'autre, probablement pour en imposer à la cavalerie ennemie; mais aucun mouvement important n'eut lieu. Enfin après avoir long-temps attendu en vain, et après que le roi de Naples lui-même fût monté à cheval pour rétablir l'ordre à l'entrée de la ville, où il y avait une foule épouvantable, Napoléon fut en état de continuer sa route et de traverser la ville de Lutzen : cette ville reçut dans son sein, après sa retraite, l'homme qui, quelques mois auparavant, croyait en avoir illustré le nom par une brillante victoire. Les environs ensanglantés de Starsiedel et de Kaja le virent passer avec une armée presque anéantie, affamée et prête à se dissoudre; avec cette même armée dont les hauts faits devaient le reconduire au moins au-delà de la Vistule. Le jour commençait à poindre; Napoléon mit pied à terre, examina avec sa petite lorgnette les hauteurs voisines, et continua son chemin, pensif et sans dire un mot, couvert de sa simple redingotte grise, et suivi de tout son état-major. La vue de cette contrée rappelait combien sa chute était terrible; ses plus chauds partisans même le sentaient vivement, et ne pouvaient s'empêcher de dire en soupirant : *Voyez cet homme.... le voilà tel qu'il est sorti de la Russie.* On aurait cru voir passer un convoi funèbre; chacun avançait, conduisant son cheval à la main. On fit halte près du ravin de Rippach, où Bessières avait été tué le premier mai. Ici Napoléon se procura une jouissance, en faisant défiler une colonne de 4 à 5,000 Autrichiens, faits prisonniers dans les derniers combats, et avec lesquels il projetait de remplir ses bulletins (1). La vieille garde portait aussi toujours les drapeaux Autrichiens pris à la bataille de Dresde, qui devaient paraître avec éclat à son retour en France. Cependant, excepté la courte jouissance que lui procura la vue de ces trophées, cette retraite n'eut rien d'agréable pour lui. A la pointe du jour, l'ordre était presque rétabli parmi les Français; mais le mélange des différens corps, dont on ne voyait que les débris, devait l'affecter péniblement. Il montra, à dire vrai, beaucoup de calme et de fermeté; mais il n'était pas moins réellement très-abattu, et il éprouva, pour la première fois, le malheur irréparable qu'il avait lui-même tant de fois causé aux autres. L'esprit de l'armée se détériorait; les soldats lui jetaient, en passant, des regards farouches quand ils le rencontraient à quelque distance de la grande route avec Ney, Augereau, et quelques autres. Les Polonais pleuraient la mort de leur vaillant chef; leur corps était réduit, par les pertes qu'ils essuyèrent et par

---

(1) Cette colonne fut, je crois, délivrée quelques jours après par le corps d'Yorck, près de l'Unstrutt.

la défection, à 600 fantassins et à 1500 cavaliers (1). Ceux-ci auraient même voulu se détacher des Français ; mais Napoléon les avait engagés à rester encore huit jours auprès de lui. Toutes les troupes allemandes l'avaient quitté, et il est probable que ce fut à Leipsick qu'il eut avis de la défection de la Bavière. Il parlait en termes méprisans de la conduite du gouvernement, et blama beaucoup le Mar. de Wrede de marcher contre lui avec l'armée combinée austro-bavaroise, sans qu'il y eût une déclaration de guerre préalable. *Ce n'est pas pour le présent que je crains*, dit Napoléon, *mais à l'avenir, cela me peut faire tort.* Il qualifia de trahison la défection des Saxons ; mais sa position ayant rabaissé son orgueil, il souffrit qu'on lui dit que la mauvaise conduite de ses soldats, dévastateurs de la Saxe, avaient excité la haine de la nation et de l'armée.

Napoléon s'arrêta à Weissenfels ; le général Bertrand avait marché, deux jours auparavant, sur ce point et vers Naumburg, pour s'emparer du défilé de Kosen, sur la Saale. Au-delà du pont, près de Kosen, commence la route, qui s'élevant insensiblement, conduit à des hauteurs presque inaccessibles qui longent le chemin et fournissent à un ennemi, même d'une force inférieure, le

---

(1). Plusieurs divisions d'infanterie polonaise étaient même passées du côté des alliés.

moyen de foudroyer tout ce qui s'approche du point d'Hassenhausen. Bertrand, qui, pendant la bataille de Leipsick, avait eu à combattre le général autrichien Giulay, et qui s'était retiré en descendant vers Pegau, ayant trouvé Naumburg occupé par l'infanterie, supposa sans doute que le défilé de Kosen l'était par des forces encore plus considérables. Soit que Napoléon eût regardé comme trop difficile de se rendre maître de cette position, ou qu'il eût voulu tromper l'ennemi, l'armée passa la Saale près de Weissenfels, et l'Unstrutt près de Freybourg. Ce mouvement fut sans doute décidé par le premier de ces motifs; car Bertrand fit faire volte face à toute l'artillerie et aux équipages pour les diriger sur la route que nous venons d'indiquer. Pour faciliter le trajet, on construisit, outre le vieux pont de bois de Weissenfels, un autre pont de radeaux plus bas, près de la ville, derrière laquelle il y a des collines plantées de vignes. Napoléon, après son arrivée, se rendit au bord de la rivière, et passa l'après-midi près du feu de bivouac, sur une hauteur, à côté d'une vigne. Les détachemens de ses troupes fatiguées passaient pêle-mêle, en défilant à la hâte et offrant le tableau hideux d'une armée dissoute. Les coups de canons, qu'on entendaient de loin, semblaient indiquer quelque affaire dans les environs de Mucheln et de Kosen, où l'on croyait Bertrand aux prises avec l'ennemi.

Ce jour-là, Napoléon se montrait tout-à-fait humble et presque doux, et semblait écouter avec condescendance ceux qui parlaient des derniers événemens, si malheureux pour lui, ainsi que des motifs qui les avaient amenés. Il faisait souvent le tour du feu de garde; il prêtait une oreille attentive à la canonnade, regardait les passans avec attention, et excitait par son sang froid l'intérêt de ceux qui l'entouraient. Un misérable pavillon d'une seule pièce, près de la vigne, lui servait d'habitation, ainsi qu'à Berthier; tous les autres bivouaquaient entre les vignes. On manquait d'espace, de fourrages, de tout. La nuit était froide.

Le 21 octobre, à trois heures du matin, on continua la marche le long de la Saale, sur la route qui conduit à Freybourg. Celui qui ne connaît que superficiellement les environs escarpés et montueux de la Saale et de l'Unstrutt, où commence le terrain argilleux et lourd de la Thuringe, qu'un seul jour de pluie change en marais, ne peut voir, dans une retraite, par des chemins de traverse, sur un pareil terrain, qu'une mesure très-hasardée et commandée par la nécessité. Freybourg est bâti au fonds de la vallée de l'Unstrutt, entourée de hautes montagnes escarpées, sur l'une desquelles s'élève l'ancien château. De mauvais chemins, rétrécis par des montagnes couvertes de vignes, des jardins et des maisons, conduisent, de l'un et de l'autre côté, à la petite ville de Freybourg. On ne peut ni les éviter, ni marcher par peloton ou par section. La plus grande partie de l'armée française entra dans cette espèce de golfe. On fut forcé de gravir une montagne escarpée sur l'autre bord, vers Eckartsberg, et d'y traîner tous les chariots. Un bon quart d'heure avant d'arriver à la ville, Bonaparte ne put avancer, à cause de l'encombrement des troupes et des chariots; il fut obligé de descendre de sa voiture, et eut beaucoup de peine à percer la foule pour arriver à la ville.

Le pont avait été brûlé par les Autrichiens deux jours auparavant; on avait construit dans la ville un autre pont de radeaux plus léger, qui était agité çà et là par l'accroissement de l'Unstrutt. L'autre pont était d'un quart de lieue plus éloigné, près d'un moulin, et l'on savait qu'il y en avait un troisième encore plus bas, près de Laucha. Lorsque Napoléon arriva, hommes et chevaux, poussés par le zèle et par la crainte, se pressaient pour passer. Il n'y avait plus de discipline; chacun voulait mettre sa propre vie en sûreté, et cependant l'insubordination et le désordre de ce passage faisaient craindre le plus grand danger; c'était en petit le passage malheureux de la Bérésina. Le matin, le soleil, couvert de nuages, semblait un boulet ensanglanté. Le bruit des troupes, et la canonnade de Kosen et d'Hassenhausen, produisaient le plus terrible effet. La seule présence de Napoléon put rétablir un peu d'ordre. Il se rendit près du pont, sous lequel un certain nombre de fuyards avaient déjà trouvé leur tombeau, tandis que des traînards affamés erraient dans les vignes voisines pour chercher du raisin, ou pour piller. Par des mesures sévères, on parvint, autant que possible, à se tirer d'embarras, et l'on assigna un pont à chaque détachement de troupes, artillerie, infanterie et cavalerie. Napoléon s'étant arrêté sur plusieurs points, tantôt volontairement, tantôt retenu par la foule, resta peu de temps dans la maison du surintendant ou ministre protestant, et retourna près des passages très-étroits dont nous avons parlé, et près d'un des ponts où l'on avait eu la plus grande peine à retenir les soldats, qui s'y pressaient avec brutalité. Pour y réussir, il fallut que quelques généraux et quelques gendarmes distribuassent des coups de sabres. Le pont, qui n'était pas assez large, et dont la construction était trop faible, obligea la cavalerie à ne le traverser que deux à deux, et cependant on s'y fourra pêle-mêle à droite et à gauche. Enfin, entre deux et trois heures après-midi, lorsque tout le ravin de Freybourg fourmillait de chariots, et que la canonnade du côté de Hassenhausen, où Bertrand avait été engagé, commença à diminuer, Napoléon lui-même se rendit, avec son état-major, sur la rive droite de l'Unstrutt. Il n'avait plus de temps à perdre; car à peine eut-il passé le pont, en se dirigeant sur la petite route vers Burg-Scheidungen, qu'une troupe de tirailleurs ennemis parut sur une hauteur derrière le moulin, près du second pont, hauteur que les Français n'avaient point occupée. Ces tirailleurs s'étendirent sur le penchant de la montagne, et tirèrent sur les troupes qui passaient. Parmi les grandes fautes qui furent commises dans cette guerre, on doit compter que les Français négligèrent tout-à-fait les petits moyens de sûreté, qui consistent à mettre des patrouilles en observation. Ils se fiaient en général, pour les grandes opérations, au génie de Napoléon; mais ils ne cherchaient jamais, par la connaissance du terrain, et par l'exactitude dans le service ordinaire, à remédier aux inadvertances qu'on pouvait mettre sur son compte. Aussi, dans cet endroit, des transports et des corps d'armée tout entiers passaient le ravin et la rivière, sans avoir occupé les montagnes voisines. Quelques minutes après le compliment de l'infanterie légère ennemie, les boulets de canons volaient déjà autour de Bonaparte, et des grenades tombèrent tout près de lui. La suite bigarrée et le costume particulier du roi de Naples étaient en butte au feu des tirailleurs et des artilleurs ennemis, et le piquet de la garde, ainsi que tous les suivans de Napoléon, furent, par cette raison, obligés à se disperser. *On tire sur la suite*, dit Caulincourt à Napoléon, qui, dans ce moment, regardait avec une lorgnette. *Croyez-vous?* répondit celui-ci, et il tourna fort tranquillement son fidèle cheval bai. L'attaque, favorisée par la position, fut très-vive, quoique l'ennemi n'eut qu'à peu près quatre bataillons, deux escadrons et une batterie à cheval. Heureusement pour les Français, l'ennemi n'avait point remarqué qu'il y avait encore un petit tertre tout près du moulin (avec une petite maisonnette de vigneron); que ce tertre dominait toute la vallée, et qu'il n'avait pas non plus été occupé par les Français. Napoléon envoya promptement quelques pièces d'artillerie, tandis que quelques bataillons de la troupe, qui s'étaient formés sur la rive droite, marchaient de l'autre côté de la rivière et attaquèrent la montagne où étaient les Russes (ou les Prussiens). Ces bataillons, protégés et aidés de l'artillerie, parvinrent à déloger l'ennemi, et la garde marcha en attendant sur la rive opposée. Le maréchal Oudinot était encore en arrière sur la route de Weissenfels pour protéger les derrières de l'armée; mais ce même corps d'alliés était venu du côté de Mucheln, et avait passé la rivière. Les alliés avaient toujours gagné quelques marches sur les Français par les chemins de traverse, en y envoyant quelques corps en avant; car leur cavalerie avait, dans la même journée, occupé Weimar, les environs d'Artern et Buttelstadt. Le corps de Czernitscheff était à Sangerhausen. Napoléon quitta ce poste dangereux, après s'être convaincu que la hauteur était occupée, et que sa retraite était protégée. Sept ans et sept jours s'étaient écoulés depuis son entrée sanglante dans le royaume de Saxe. Près de ce même endroit, où Davoust déploya sa vaillance, Napoléon reçut le dernier adieu à coups de canon. Il se rendit par Kloster-Hesler, où la jeune garde le reçut avec le *vivat* accoutumé jusqu'à Eckartsberge, en traversant des ravins qui présentaient beaucoup de difficultés. Lui et le roi de Naples étaient de mauvaise humeur, à cause de la perte toujours croissante, et des obstacles que les mauvais chemins, quoique choisis par eux-mêmes, leur présentaient. Cependant Napoléon fut toujours égal à lui-même et calme.

Bertrand avait balayé les environs de Hassenhausen, et d'Eckartsberge. Je ne saurais dire si son corps y parvint par Kœsen ou par Freybourg. Les Français quittèrent la Saxe avec le bruit et le tumulte qui avaient signalé leur entrée dans ce pays. L'armée furieuse défila toute la nuit devant la demeure de Napoléon, où tout était tranquille et sombre. Cependant le quartier-général resta jusqu'à huit heures et demie du lendemain dans le calme le plus parfait. D'après les rapports que Napoléon avait reçus sur la marche de l'armée, par Freybourg, ce passage avait duré jusqu'à cinq heures et demie du matin; ensuite le pont avait été détruit, et onze canons, ainsi que plus de cent voitures, étaient tombés entre les mains de l'ennemi. Cependant, d'après la position des affaires, d'après le désordre affreux, d'après les difficultés du trajet, provenant des mauvaises dispositions prises; enfin, d'après le mauvais état des routes, on peut calculer que la perte fut du triple de l'évaluation qu'on en a faite. Toutes les pièces d'artillerie qu'on ne put sauver furent détruites ou enterrées; car ces chemins de traverses n'étaient point fait pour de grosses voitures. Les jours suivans, jusqu'à ce que l'armée fût arrivée à Erfurt, Bonaparte fut favorisé par un temps sec. Les routes de ce pays se gâtent très-facilement lorsqu'il pleut; mais le beau temps les rend solides et durables. La route la plus courte pour arriver à cette forteresse est celle de Butelstadt. Le temps était excellent; la grande route du côté de Weimar était probablement occupée et infestée par les alliés. Napoléon choisit la première de ces deux routes; après avoir voyagé alternativement à cheval et en voiture, escorté de sa garde, il arriva après midi à Butelstadt. Le général Dombrowssky eut, en cet endroit, une longue conférence avec Bonaparte. Les troupes étaient accablées de fatigues, et leur mécontentement augmentait en proportion de leurs souffrances. Ce mécontentement s'exhalait en propos injurieux; ils employèrent ce qui leur restait de force pour atteindre Erfurt. A Eckarstberge on donna l'état de l'armée, d'après lequel elle s'élevait encore à 100,000 combattans; mais j'ai peine à croire qu'elle atteignit ce nombre. Napoléon transporta son quartier-général à Ollendorf, à moitié chemin de Buttelstadt à Erfurt. Entre Buttelstadt et Ollendorf on apperçut, du côté droit de la route, quelques escadrons de Cosaques, probablement du corps de Czernitchef. On envoya quelque cavalerie à leur rencontre; mais il fut facile de remarquer l'embarras que cette apparition causait à Bonaparte; et comme leurs forces étaient cachées par la disposition du terrain, et qu'on ne pouvait déterminer celles dont ils étaient suivis, Napoléon se promena à cheval au-dehors des villages pour prévenir toute confusion.

On peut juger, d'après tout ceci, de la difficulté des retraites, lorsque de grandes masses sont obligées de prendre la même route, et qu'on a peu de cavalerie, ou point du tout pour les couvrir. Les Cosaques remarquèrent tranquillement la marche de Bonaparte et de sa garde. On prépara à la hâte un repas à Ollendorf; on se sentait pressé de tous côtés, et l'on se remit en marche à minuit. Le 23 octobre, à deux heures et demie du matin, Napoléon et son quartier-général arrivèrent aux portes d'Erfurt, après une route pénible sur des chemins glissans, et au milieu d'une nuit ténébreuse.

Napoléon passa le 23 et le 24 octobre dans le palais, entièrement livré au travail. On le vit rarement à la croisée. L'état dans lequel se trouvaient les troupes qui passaient devant la porte du palais, l'avidité avec laquelle elles tombaient sur le peu de vivres qu'elles recevaient des magasins, était pour lui un sujet de chagrin. L'arrivée de ces hommes affamés, avec des habits déchirés, excitait la compassion. Les vêtemens et le biscuit que l'on distribuait n'étaient pas suffisans pour tous; de là des disputes, des querelles sans fin. Napoléon, qui, depuis son élévation, n'avait jamais senti ni la faim, ni l'épuisement physique; lui dont le quartier-général appelait la *S..... canaille* ceux qui revenaient sans armes, reconnut maintenant la perte que lui coûta cette retraite. Lorsqu'on lui fit observer que la distribution faite à Erfurt avait un peu ramené les troupes à l'ordre, il s'écria plein de dépit : *Mais ce sont des..... ils s'en vont au diable*; *je perds jusqu'au Rhin* 80,000 *hommes de cette manière* (1).

Cependant son esprit guerrier se livrait déjà à de nouveaux projets. *D'ici au mois de mai, j'au-*

---

(1) Dans de pareilles occasions éclatait le mépris que Napoléon, comme on l'a bien observé, avait pour les hommes. Peut-être était-ce un héritage du temps de la révolution ; c'était dans l'esprit de ce temps qu'il avait puisé le principe qu'il fallait traiter ainsi la nation. Son âme impétueuse n'était point faite pour la douceur et la modération; et comme il représentait lui-même l'idéal d'une activité sans relâche, il mettait adroitement à profit la vanité turbulente des Français. Les abeilles qui décoraient ses armes auraient dû lui donner l'idée d'une activité plus salutaire.

rai une armée de 250,000 *combattans sur le Rhin.* Comme ses espérances furent trompées! au total, cependant, il montrait une douceur, et je serais tenté de dire, une patience incroyables. Il paraissait se plaire à écouter ce qu'on disait, même lorsqu'on parlait de la paix, du besoin que tout le monde en avait, ou bien de la position intérieure et des institutions de la France. Ses travaux continuaient comme à l'ordinaire. Berthier, Caulincourt, Maret étaient alternativement auprès de lui, lorsqu'il ne travaillait pas dans son cabinet. Le dernier jour de son séjour, il ordonna plusieurs avancemens dans sa maison, dont plusieurs officiers reçurent la décoration de la légion d'honneur. Le général Flahault fut nommé général de division, et on publia une vingtaine de promotions.

Un petit nombre de régimens et les gardes marchèrent avec ordre en traversant Erfurt. Ce dernier point fortifié, sur lequel s'appuyait l'armée française dans sa retraite, depuis Kaluga jusqu'au Rhin, montrait, par sa position géographique, l'ébranlement de la puissance française. Rien ne peut donner à la postérité une idée plus juste de la dissolution de ce colosse, que la réflexion suivante : L'an 1813, la ligne de défense des Français en retraite, ligne qui ne pouvait jamais redevenir offensive, s'étendait depuis les forteresses de Dantzig et de Modlin, comprenait plusieurs places fortes sur l'Oder et sur l'Elbe, se réunissait, en formant un triangle à angles aigus, à mesure que l'on attaquait, près d'Erfurt et de Wurtzbourg, et se terminait au Rhin. Ces phénomènes appartiennent à une guerre faite systématiquement, et dont il est difficile de croire que l'avenir reproduise la pareille.

Quelques hôpitaux furent établis à Erfurt. Les dispositions qu'on faisait pour la défense de cette place, donnaient beaucoup d'inquiétude aux malheureux habitans, qui, depuis la guerre de 1806, avaient tellement souffert, que la plupart des propriétaires étaient tombés dans l'indigence; maintenant ils allaient être exposés à toutes les rigueurs d'un siége. L'été précédent, la ville avait été fortifiée par l'établissement de fossés remplis d'eau; mais ces précautions n'en faisaient point une forteresse capable de tenir long-temps, et peut-être n'en eût-il pas coûté beaucoup pour s'en emparer; car, excepté les malades, il n'y avait qu'une très-faible garnison, qui se serait retirée sur le Pétersberg. Mais cette forte citadelle domine la ville, et de là on pouvait harceler ceux qui l'auraient occupée, et empêcher tous les transports.

Le 24 octobre, le maréchal Oudinot et le général Bertrand étaient postés, avec l'arrière-garde, à une demi-lieue de la ville, sur la route de Weimar. Toutes les troupes que l'ennemi avait envoyé successivement à la poursuite de l'armée française, se dirigèrent, le jour suivant, autour de la ville, sur la route de Gotha. La grande armée des alliés traversa Arnstadt, où les monarques avaient, le 27, leur quartier général. Erfurt ne fut que bloqué, d'abord sous les ordres du prince Gortschakow, et ensuite sous le général comte Witgenstein. Pendant que Napoléon était dans la ville, tout était tranquille dans les environs; à peine s'occupait-on de la guerre; on ne craignait que la peste et la famine. Tout ce qui pouvait se mettre en mouvement fut obligé de partir.

Le roi de Naples alla en avant, sous prétexte d'amener de Mayence des troupes fraîches; mais de la rive gauche du Rhin il se rendit en Italie.

Enfin, le 25 octobre, à trois heures du matin, l'homme qui avait mis en mouvement des forces aussi nombreuses et aussi imposantes, quitta aussi la ville au milieu de la pluie, du vent et des ténèbres, pour aller à la rencontre de sa future destinée, qui ne lui présageait que des angoisses. Il avait l'air sérieux et calme. Berthier était avec lui dans sa voiture; Caulincourt, Maret, et tous ceux qui appartenaient à sa maison, le suivaient à la manière accoutumée.

Depuis quatre jusqu'à six heures, l'arrière-garde traversa Erfurt tranquillement et en ordre. Il ne resta dans la ville qu'une garnison de quelques cents hommes et quelque artillerie. Après plusieurs reconnaissances, le corps combiné de Prussiens et de Russes occupa bientôt toutes les routes qui conduisaient à la ville.

RÉCIT

Des événemens qui se sont passés à Dresde dans l'année 1813, par un témoin oculaire.

AVANT-PROPOS.

A l'époque critique que l'auteur a tâché de peindre avec toute l'impartialité dont peut être capable un contemporain de semblables événemens, il a résidé sans interruption à Dresde; il a conduit son journal depuis le commencement de mars jusque vers la mi-octobre, époque à laquelle il fut lui-même atteint de l'épidémie. En s'occupant de ce recueil au milieu même des événemens qui forment le fonds de son récit, il l'a soigneusement comparé avec les renseignemens que lui ont donné d'autres témoins oculaires; il a rectifié et completté ceux qu'il avait recueillis lui-même, en remontant à des sources qu'il n'eût pas pu consulter plutôt, ou qu'il eût trouvé altérées, et il a achevé la peinture des événemens remarquables qui se sont passés pendant l'état de siége jusqu'à la reddition de la ville, d'après les communications qu'il a reçues de la part de témoins dignes de foi, et d'observateurs exacts. Son ouvrage, qu'il avait terminé en 1814, a été imprimé, pour la première fois, dans les *Annales Européennes*.

Un succès très-remarquable a couronné celui qui a paru *sur la Campagne de Napoléon en Saxe, pendant l'année* 1813, et ce dernier écrit en est déjà à sa seconde édition peu de mois après la publication de la première. Mais l'auteur de cette relation n'a pas pu donner de la liaison et de l'ensemble au récit des événemens qui se sont passés à Dresde. Il n'a été témoin oculaire que de ceux qui ont eu lieu pendant son séjour dans cette capitale, où il était attaché au quartier-général de Bonaparte. Il en résulte que le récit contenu dans cette seconde partie, où un autre témoin s'est borné à raconter l'histoire de la ville, ne s'occupant des faits généraux qu'autant que ces événemens pouvaient lui servir à rendre sa narration principale plus claire, forme le supplément naturel de la campagne en Saxe; de même que le récit de cette campagne sert à complelter et à rendre plus claire l'histoire de la ville. Dans sa seconde édition, l'auteur de cette dernière narration a souvent trouvé l'occasion de faire des corrections, et d'enrichir chaque chapitre d'additions importantes. Les nombreux documens qu'il a annexés à son récit, comme éclaircissemens et preuves, serviront, suivant son opinion, à donner à son travail toute la perfection possible, la plupart de ces documens ne se trouvant ni séparément, ni en forme de recueil.

L'auteur rappelle à ses concitoyens une époque fatale, en formant le vœu que le souvenir de ces temps désastreux s'affaiblisse de plus en plus au sein d'un bonheur durable, et que les impressions du malheur soient effacées par les bienfaits de la paix.

RÉCIT

Des événemens qui se sont passés à Dresde dans l'année 1813, par un témoin oculaire.

CHAPITRE PREMIER.

Lorsque le vice-roi d'Italie quitta le territoire prussien, et se retira sur l'Elbe, la division du général français Reynier, consistant en troupes françaises, saxonnes et bavaroises, après le célèbre combat de Calisch, s'approcha des frontières de Saxe. Tout annonçait que l'armée française allait s'appuyer à l'Elbe, pour y attendre les renforts que Bonaparte réunissait et armait dans l'intérieur de l'empire; et les habitans de la Saxe, dans l'anxiété, craignaient que leur beau pays, qui avait jusque-là peu souffert du fléau de la guerre, ne devînt le théâtre de nouveaux combats. Plusieurs fortes positions permettaient de défendre vigoureusement la rive du fleuve. Une forte garnison protégeait les murs de Magdebourg. La nouvelle forteresse de Torgau, déjà entourée de bons ouvrages extérieurs, et nouvellement fermée de palissades, était au moins assez forte pour résister à un coup de main : elle assurait aussi l'important passage de Wittenberg; les murailles de la paisible université, hérissées de canons, défendues par une nombreuse garnison, étaient préparées pour la défense des retranchemens du pont de l'Elbe. Dans l'intervalle de ces fortifications, depuis Magdebourg jusqu'aux deux rives du fleuve, étaient placés de nombreux corps de troupes, sous la conduite de généraux habiles.

Sur ces entrefaites, l'avant-garde de l'armée russe s'était approchée des frontières de la Saxe, et dès la fin de février, le colonel Brendel, accompagné de quelques centaines de Cosaques, fit une incursion dans la haute Lusace, où il occupa la ville frontière de Lauban, pendant que le comte Reynier s'acheminait de Sorau à Bautzen, pour se placer au bord de la Sprée. Tous ces événemens décidèrent le roi de Saxe à quitter sa capitale. Le 23 février, ce prince donna une proclamation, par laquelle il annonçait son départ, et prononçait sa résolution de rester fidèle au système politique auquel il s'était attaché depuis six ans; système auquel l'État avait dû son salut dans les dangers les plus imminens. Il exhortait ses sujets à concourir, par des dispositions paisibles, et d'accord avec ses vues pour le bien du royaume, au maintien de l'ancienne gloire du peuple saxon. On procéda aussitôt à l'établissement d'une administration particulière, indépendante de toutes les autres. Cette administration devait prescrire toutes les dispositions relatives à l'état de guerre, veiller au maintien de la tranquillité dans l'intérieur du royaume, et dans toutes les circonstances qui pouvaient exiger une prompte décision, prendre les mesures les plus convenables au bien du pays. Cette commission immédiate était composée du ministre des conférence de Globig, qui la présidait, du premier-chambellan, baron de Friesen, du baron de Manteufflel, membre du conseil privé, et directeur du premier département du collége des finances, et de M. de Zeschwitz, membre du conseil secret des finances. Le 25 février, au matin, le roi, accompagné de la reine et de la princesse Augusta, se mit en route pour Plauen dans le Voigtland, où trois jours auparavant ses frères, avec leurs familles, l'avaient précédé. Le peuple l'avait déjà vu s'éloigner une fois dans de pareilles circonstances. Mais la situation des affaires était tellement différente, qu'on le suivait, pour ainsi dire, des yeux, avec une inquiétude qu'excitait le pressentiment d'un avenir qui ne se présentait que sous des couleurs sombres, et que dans le premier moment, l'espoir de voir diriger d'une main sûre le vaisseau de l'État contre la tempête, ne put tranquilliser tous les esprits. Il ne restait plus à Dresde, de la famille royale, que la tante du roi, la princesse Élisabeth, qui persista à y demeurer dans la suite, pour partager avec les habitans les périls, les inquiétudes, et les variations de la fortune.

Déjà s'y présentait la triste image de la guerre. Les hôpitaux des malades et des blessés saxons, qui dans les circonstances les plus affligeantes, avaient été ramenés de la Pologne, furent, à l'approche des Russes, enlevés de Sorau, et transportés dans l'intérieur du pays. Tous les cœurs se déchiraient à l'aspect de ces infortunés, atteints de fièvres mortelles, les membres ou gelés, ou à moitié brûlés, à peine suffisamment vêtus, exposés à l'influence d'une saison rigoureuse, voyageant sur des voitures ouvertes, ou découvertes à moitié, et jetant des cris de douleur au plus léger choc. On voyait souvent, sur un lit étroit de paille, dans les voitures, le mourant à côté de son camarade plus heureux, que la mort avait délivré de ses tourmens. A l'aspect de tant de misères, on aurait bien dû renouveler hautement le vœu du respectable Faust, pour qu'un accord unanime entre les puissances belligérantes déclarât les hôpitaux neutres, afin que les malheureux guerriers qui faisaient à la patrie le sacrifice d'un sang précieux, pussent du moins souffrir et mourir en paix à l'approche d'une armée ennemie. La dispersion de matières contagieuses, qui répandirent beaucoup de maladies, nécessita de nouvelles précautions contre un mal nouveau. Déjà se manifestaient, dans la contrée que traversaient les convois de malades, depuis les frontières de la Lusace jusqu'à Leipsick, des symptômes évidens de contagion, et une grande mortalité; dans plusieurs villes, les médecins les plus actifs étaient les premières victimes de leur zèle pour leur devoir et pour l'humanité. Mais malgré l'imminence du danger, les malades, déposés en grand nombre dans la ville neuve, et devant la porte noire, étaient visités fréquemment par quantité d'habitans sensibles à leurs maux, ce qui obligea l'autorité à prendre des mesures pour empêcher que la contagion ne se propageât, comme on en était menacé, par les soins même d'une généreuse compassion.

Dresde n'avait point de garnison; une partie du régiment d'infanterie des gardes avait été envoyée dans la forteresse de Kœnigstein, où l'on avait transporté les trésors de la cour, quelques caisses publiques, et les tableaux les plus précieux de la galerie. Le reste du régiment avait accompagné le roi à Plauen. Les élèves de l'école d'artillerie avaient été transférés à Torgau, où l'on avait réuni tout ce qui se trouvait encore dans le pays de la force militaire saxonne; et une levée de cinq mille hommes, ordonnée dès le mois de février, avait renforcé ces troupes nationales. Une partie seulement des hussards et de la grosse cavalerie, c'est-à-dire, du régiment de cuirassiers de la garde, et du régiment de Zastrow, qu'on avait auparavant rappelés de Pologne, était cantonnée dans le voisinage de la capitale, où ces derniers étaient arrivés dès le 26 février. Quelques détachemens s'avancèrent jusqu'à Bautzen, pour y former des postes d'observation. Il en demeura un à Dresde, et le reste suivit le roi à Plauen.

Plusieurs jours s'étaient passés pendant ces préludes des événemens les plus sérieux, lorsque, le 7 mars, le général de division Reynier, qui depuis dix jours campait sur la rive gauche de la Sprée, arriva à Dresde avec son état-major. Le jour suivant, au moment que les Russes occupaient les villes de la Lusace, Guben, Sorau et Lauban, sa division entra dans la capitale. On en répartit une partie dans les villages voisins, sur la rive gauche de l'Elbe, et l'autre dans la Ville neuve, où beaucoup de maisons logèrent jusqu'à 80 soldats. Cette division ne consistait plus qu'en Français et en Saxons, formant au plus 3,500 hommes; le général en chef avait déjà envoyé auparavant à Kœnigsbrück, pour défendre le pont de Meissen, environ 1,400 Bavarois réunis à son corps, sous les ordres du général de Rechberg. Ces troupes y étaient arrivées le 3 mars. La division de la cavalerie saxonne, que conduisait le général de Liébenau, indépendant de Reynier, se réunit de nouveau en même temps à Dresde.

Le général français parut déterminé à défendre les deux points du passage sur le haut Elbe, quoique Meissen fut dépourvu de moyens de défense, et que les fortifications de la capitale fussent en grande partie détruites. Dès le lendemain de son arrivée, on fit des préparatifs pour la défense des points de passage importans près de Dresde. Le général en chef visita les environs de la Ville neuve, qu'on avait fermée de tous côtés de palissades, et on plaça de l'artillerie sur les murs de la vieille Ville, pour balayer le pont et la rive droite du fleuve. On avait aussi auparavant transporté toutes les voitures sur la rive gauche du bas Elbe : on avait aussi transporté de Meissen, sur la rive droite, en remontant le fleuve, partie des voitures, nacelles et radeaux que les propriétaires n'avaient pas cachés. Le reste avait été sur-le-champ coulé à fond. Le 9 mars, au moment où le vice-roi d'Italie, avec la principale armée française, arrivait dans les plaines de Leipsick, l'ambassadeur français quitta Dresde, pour suivre le roi à Plauen. Dans l'après-midi de ce jour, on commença à dépaver au-dessus de la quatrième pile du pont, près de la rive droite de l'Elbe. Il commençait à se répandre des inquiétudes sur le sort réservé à ce célèbre monument, l'un des ornemens de la capitale. Plusieurs habitans se rassuraient, dans l'espérance qu'on avait seulement pour but de protéger le pont par des palissades, et d'y ériger une plate-forme pour une batterie, afin de défendre le passage; mais d'autres se doutaient d'un projet désastreux pour ce chef-d'œuvre, dont ils prévoyaient que l'on pourrait faire sauter quelques arches. On commença aussi dès-lors à retirer des hôpitaux les soldats malades, qui avaient à peine joui de quelques jours de repos, pour les faire passer dans la vieille Ville, sur la rive droite de l'Elbe; ce qui parut justifier encore davantage l'appréhension de voir bientôt séparer les deux parties de la ville si étroitement unies, et leurs habitans réduits à de cruelles extrémités par la tentative d'une vigoureuse défense de la place.

Le lendemain matin, un événement inopiné fit éclater les sentimens que l'inquiétude avait éveillés dans l'âme d'une partie des habitans, sentimens nourris par l'opinion de l'impossibilité que le pouvoir de la France se relevât.

Un hussard saxon, et un soldat français ivre, prirent querelle sur le pont, non loin de l'endroit qu'on avait dépavé, où la foule des curieux se rassemblait depuis le soir précédent, sans oser cependant se hasarder qu'à de légers murmures, ou se bornant à se communiquer leurs inquiétudes. Les deux soldats qui se querellaient en vinrent aux voies de fait, et le peuple prit, à grand bruit, le parti du hussard. Un officier français qui passait, perça la foule pour s'informer de la cause du tumulte, et faire éloigner le soldat ivre que l'on maltraitait. La foule furieuse se tourna alors contre lui, l'injuriant et l'outrageant, jusqu'à ce que la garde bourgeoise vint les séparer, et emmener les soldats qui avaient occasionné le trouble.

Cependant on continuait avec activité les travaux sur le pont, et les ouvriers, protégés par la garde, commençaient à creuser plus profondément l'emplacement de la pile. Des spectateurs, dont le nombre croissait toujours, se rassemblèrent dans l'après-midi, à l'entrée du pont ; d'abord ils se contentaient de troubler les travailleurs en les agaçant ; ils cachaient leurs règles ; ils embrouillaient le cordeau tiré sur le chemin ; ils cherchaient à les troubler dans leurs calculs. Les officiers saxons, s'efforçant d'écarter les groupes qui s'opposaient aux travaux, n'étaient point écoutés. A la fin, les plus téméraires osèrent décidément y mettre obstacle. On arracha des mains des ouvriers la bêche et la pioche ; on repoussa les sentinelles, et un officier français, qui tira son épée contre quelques perturbateurs, aurait suivi son schako dans l'Elbe, où on l'avait jeté, si quelques spectateurs prudens, et la garde bourgeoise qui survint, ne l'eussent pas arraché des mains des furieux. Le pont, la place située entre le pont et le château royal, la rue voisine, où demeurait le général Reynier, étaient remplis de curieux et de complices du trouble. Cette foule tumultueuse courait çà et là, et le mouvement devenait plus alarmant quand les travailleurs faisaient mine de remettre la main à l'ouvrage. En vain les officiers saxons s'efforçaient-ils de tranquilliser cette cohue effrénée; du sein de la foule s'élevait de temps en temps le cri : « *Hors d'ici les Français*, » cri que répétait en chœur la multitude. Tout français qui se montrait était pour le moins insulté. La garde bourgeoise, qui avait son corps-de-garde dans le voisinage, fut plusieurs fois en vain sollicitée de prendre part à la sédition. Cependant l'infanterie saxonne s'était réunie sur la place entre l'église catholique et le pont; de forts détachemens de cuirassiers saxons et de garde bourgeoise à cheval faisaient des patrouilles sur le pont et dans les rues voisines, pour séparer les perturbateurs; les tambours battaient dans la Ville neuve, et la garnison française se mit sous les armes dans la grande rue qui conduit au pont. Au moyen de ces mesures, la sédition se calma peu à peu, surtout lorsqu'on vit cesser les travaux à cette trouée du pont qui avait causé tant d'alarmes; mais à l'approche de la nuit, l'insurrection recommença. Le cri effrayant « *hors d'ici les Français ; Reynier dehors,* » retentit sur la place du pont. Un détachement d'infanterie française, qui voulait déboucher de la Ville neuve sur l'autre côté de l'Elbe, ne put percer la foule furieuse qui se précipitait sur le pont à sa rencontre; et sans doute cette troupe n'avait pas ordre d'employer la force. Dans le même temps, une autre bande osait jeter des pierres contre les fenêtres du palais du roi et du château de Brühl, où demeurait le général en chef français. La foule courait autour de ces palais jusqu'au moment où l'infanterie et la cavalerie bourgeoise s'emparèrent de l'accès des rues. Tout demeura tranquille dans la Ville neuve, où les troupes françaises restèrent sous les armes dans les rues. Le bruit de la sédition retentit autour de ces troupes, jusqu'à ce qu'enfin, vers dix heures, tout le monde se dispersa sans qu'on se fût livré à de nouvelles voies de fait. Pendant toute la nuit, de fortes patrouilles de la garnison et de la garde nationale à cheval parcoururent la ville, et une grande partie de la garnison resta campée dans les rues de la Ville neuve.

Le général français, sans exposer sa dignité, montra dans cette occasion une indulgence et une modération très-prudentes. Pendant toute la durée du tumulte, à peine tira-t-on un sabre, ou déchargea-t-on une arme à feu, quoique l'emploi de la sévérité militaire eût été souvent provoquée. Aussi ce général eut-il la satisfaction de voir même les militaires saxons servant sous ses ordres, s'élever contre la licence de la populace, et des soldats même se recrier, en disant qu'il n'avait pas mérité cette offense de la part des Saxons. Le lendemain matin, des députés du Conseil de ville, et quelques notables bourgeois, se rendirent auprès du général en chef, pour lui témoigner combien ils étaient affligés de ce qui s'était passé la veille. Il les reçut avec une gravité calme, et insista pour que l'on jugeât, conformément aux lois, les auteurs de la sédition, sans quoi il se verrait forcé de nommer une commission militaire pour faire punir les coupables. Quelques individus qui s'étaient fait remarquer comme ardens fauteurs du désordre, furent donc arrêtés, et renfermés dans la forteresse de Kœnigstein, où ils restèrent jusqu'au mois suivant, que, d'après le désir du général Blücher, ils furent mis en liberté. Le même jour, 11 mars, parut un avis de la commission immédiate, qui rappelait aux habitans qu'à son départ, le roi les avait exhortés à rester tranquilles ; on citait en même temps les dispositions d'une ancienne loi contre les séditions et les troubles, qui menaçaient du glaive et de la roue les chefs de la révolte. On déclarait en même temps que l'exécution des mesures prises pour la sûreté de la ville, par des travaux au pont, serait différée, et n'aurait lieu que dans le cas de la nécessité la plus pressante ; qu'enfin des actes qui troubleraient encore la tranquillité publique, pouvaient avoir les plus tristes conséquences pour le bien général de la ville. Le Conseil de ville, parlant dans le même sens, s'attacha à tranquilliser les habitans par ses exhortations. Rien ne troubla plus le repos public. La trouée faite au pont resta à la vérité occupée par la garde et entourée de barrières; mais les travaux furent suspendus.

Le 11 mars, dans l'après-midi, se répandit soudain la nouvelle de l'approche des Russes, qui déjà deux jours auparavant avaient fait des incursions jusque dans le voisinage de Kœnigsbruck. Ils n'étaient plus éloignés que de deux lieues, et s'approchaient par la route de Berlin. Tout fut en mouvement; les boutiques furent fermées; le tambour rassembla les troupes sorties par la porte de la Ville neuve, devant laquelle elle se rangèrent. De fortes divisions de cavalerie et d'infanterie légère se portèrent en avant sur les hauteurs boisées qui s'étendent au nord-ouest de la ville, et sur lesquelles se prolonge la route militaire. Le général français lui-même se rendit, avec sa suite, dans la campagne qui environne la Ville neuve, jusqu'aux postes les plus avancés. Mais tout demeura tranquille, et, à l'approche de l'obscurité, la garnison retourna à la Ville neuve, où elle établit des bivouacs dans les rues.

Pendant que tout ceci se passait, les habitans de la capitale se livraient à l'inquiétude; ils avaient appris que le maréchal Davoust, prince d'Eckmülh, était arrivé à Meissen avec sa division, forte d'environ 12 mille hommes (1). Déjà, quelques jours

(1). Les journaux français portaient cette division à 25,000 hommes, avec 100 canons; mais c'est une exagération.

auparavant, le général Bavarois de Rechberg, sur l'ordre du comte Reynier, avait fait des dispositions qui annonçaient que le pont sur l'Elbe serait brûlé. A la prière du Conseil de ville, il fut accordé qu'à l'approche des Russes on ne mettrait le feu qu'à la petite arche en bois, et des préparatifs furent faits pour l'empêcher de s'étendre; mais, à son arrivée, le prince d'Eckmühl donna aussitôt l'ordre de brûler tout le pont, pour rendre à l'ennemi le passage d'autant plus difficile. La nuit du 12 mars, à minuit, on vit s'élever les flammes qui consumaient ce pont construit avec beaucoup d'art, spectacle terrible à-la-fois et magnifique. Le jour suivant, degrand matin, le maréchal quitta la ville pour remonter la rive droite du fleuve au-dessus de Dresde; et pendant que les Bavarois occupaient la rive gauche au-dessous de Meissen, il ne resta dans la ville qu'environ 200 français, qui placèrent l'artillerie destinée à battre les débris du pont. Le soir, des Cosaques se montraient déjà, sur la rive droite, dans les villages les plus voisins, en face de la ville.

Le même jour, Davoust entra à Dresde avec sa division. Aussitôt après son arrivée, les préparatifs de défense sur le pont et dans la Ville neuve furent repris avec une nouvelle activité. On avait déjà ordonné que toutes les maisons fussent fermées à dix heures du soir, et tous ceux qui se trouveraient dans les rues après neuf heures et demie, devaient être arrêtés. Tout habitant qui voulait dépasser les avant-postes français, sur la rive droite de l'Elbe, était obligé de se munir d'un laissez-passer. Le comte Reynier remit le commandement de sa division au général Durutte, et quitta la ville, où le maréchal prit le commandement en chef. La ligne des avant-postes français fut étendue plus loin. Le jour suivant, 14 mars, une partie de la garnison prit la route de Kœnigsbrück. Sur les hauteurs boisées, à une lieue de la ville, il y eut une affaire d'avant-postes sous les yeux des habitans que la curiosité poussait à se porter en foule à proximité du lieu du combat. Le jour suivant, un ordre de l'autorité défendit aux habitans de se hasarder à approcher des avant-postes. Toute relation avec la rive droite de l'Elbe fut suspendue, et on restreignit même les communications avec la Ville neuve. Au premier coup de canon qui tomberait sur la rive droite de l'Elbe, tous les habitans avaient ordre de se retirer chez eux.

Les inquiétudes de l'état de siége avaient commencé pour la ville. La Ville neuve, entourée de palissades, était couverte par quelques retranchemens, et protégée par de l'artillerie et une forte garnison. Personne n'osait plus troubler les travaux sur le pont, qui n'étaient point interrompus, même pendant la nuit. Depuis le 15 mars on avait creusé, de distance en distance, cinq ouvertures dans la pile, et les arches qu'elle soutenait, et qui étaint liées par des conduits intérieurs; et environ trente mineurs de Freiberg, dirigés par des officiers d'artillerie et des pionniers, avaient ordre de creuser par couches l'intérieur de cette énorme masse de pierres. Ce jour et le suivant, on combattit vivement les Cosaques qui voltigeaient près de la ville; l'un d'eux, grièvement blessé, fut fait prisonnier et amené dans la ville, au milieu d'un grand concours de peuple; et l'on entendit, surtout le 16, le bruit du canon sur les hauteurs boisées des environs. Indépendamment de l'activité des travaux sur le pont, beaucoup d'autres mouvemens annonçaient que le général français n'avait pas dessein de tenir plus long-temps la rive droite du fleuve. Le 15, vers le soir, après qu'on eut retiré les avant-postes, la porte de la Ville neuve qui conduit sur la route militaire de la Lusace fut complettement fermée; l'autre, qui conduit à Meissen, l'était déjà depuis quelque temps.

Le lendemain, dans l'après-dîner, on passa en revue toutes les troupes logées tant dans la Ville neuve que dans la Ville vieille. Les malades avaient déjà été transférés de la Ville neuve sur la rive gauche de l'Elbe; l'on commença alors à y transporter aussi les vivres. Les préparatifs pour faire sauter la pile du pont étaient presque achevés. A l'approche de la nuit, on s'occupa à descendre le crucifix de bronze doré, placé sur une base de roc, au-dessus de la pile la plus proche de celle qu'on voulait faire sauter, et qui y existait depuis à peu près 80 ans (1). Pendant toute la nuit, on évacua de la Ville neuve des fourgons et des provisions : les troupes étaient prêtes à partir au premier signal.

Le 20 mars, de grand matin, l'on distribua dans toutes les maisons un avis imprimé de la municipalité, par lequel les habitans étaient prévenus, par l'ordre du prince d'Eckmühl, qu'au moment où, dans la matinée, ils entendraient trois coups de canon, ils devraient se retirer dans leurs maisons et n'en sortir que trois heures après. Immédiatement après cette distribution, on vit les pièces qui jusque-là avaient été placées près des portes et sur les remparts à moitié détruits de la Ville neuve, traverser au grand trot les piles déjà chargées du pont. Après huit heures, on entendit trois salves, qui se succédèrent dans de courts intervalles. A l'instant, tous les habitans coururent çà et là dans les rues. Une crainte vague des malheurs qui les menaçaient en engagea un grand nombre à se ren-

---

(1). Ce crucifix fut replacé à la fin de l'année par l'administration russe, et l'on plaça au-dessus de l'ancienne inscription les mots suivans : *Galli dejecerunt die 19 martis 1813. Alexander I restituit die natali 24 decembris 1813.*

fermer chez eux; beaucoup d'autres, cédant à leur curiosité, cherchèrent sur l'un et l'autre rivage des places d'où, sans être exposés, ils pussent contempler le spectacle menaçant qui se préparait.

L'éclair jaillit en serpentant de la pile creusée; une épaisse fumée dérobe le pont à tous les regards. Un jet de feu, d'une blancheur éclatante, s'élève et est suivi d'une colonne de feu; la pile semble se dilater par l'effet de la poudre; les flammes pénètrent à travers l'intervalle des pierres désunies, les arches adjacentes se soulèvent; ces masses énormes s'abîment dans les flots écumans avec le fracas du tonnerre, et d'épais nuages de fumée couvrent l'abîme encore entr'ouvert (1).

---

(1) La construction du pont actuel de l'Elbe a été commencée en 1344; le pont de pierre antérieurement existant ayant été emporté par la débacle une année auparavant. Il avait originairement 24 piles et 800 pieds de long. Lors de l'agrandissement des fortifications, l'électeur Maurice fit abattre et combler cinq piles sur la rive gauche; par-là, la rivière se trouva refoulée, et le pont soutenu; les 19 piles restantes n'avaient plus que 600 pieds de long. En 1737 on combla encore deux piles, dans l'intention de gagner du terrain pour la place de l'église catholique. Ce pont doit sa perfection à Auguste II, qui fit élever et élargir la chaussée, construire des trottoirs, et paver le fond de l'Elbe avec de larges pierres taillées comme celles destinées à une voûte, pavé qui sous l'eau forme des *contre-arches*. Ce pont, formé maintenant de 17 piles et de 16 arches, a 550 pas de

Contre l'attente de tout le monde, la commotion ne fut que peu considérable et sans danger pour le reste du pont; car l'opération avait été si bien combinée, que la plus grande action de la poudre eut lieu de haut en bas. On avait supplié le maréchal Davoust d'épargner ce chef-d'œuvre de l'architecture; mais ni les prières des princes de la famille royale, ni même les sollicitations du roi ne purent le détourner d'un acte de violence qui, selon l'aveu même d'officiers français très-instruits, était sans but [*]. Le pont rompu, le prince d'Eckmühl suivit son armée, qui était déjà en marche sur la rive gauche de l'Elbe et se portait sur Meissen. Il ne resta à Dresde qu'à peu près 3000 Français, sous les ordres du général Durutte, et les Saxons, sous le commandement de leur général Lecocq. On établit en hâte une batterie sur la rive gauche, près de l'arche rompue, afin d'empêcher le passage du pont de l'autre côté. On plaça également des

---

long; il est garni d'une balustrade de fer, et au-dessus de chaque pile se trouve un espace rentrant en demi-cercle, garni de bancs de pierre. (Voyez *Description historique et pittoresque du pont de l'Elbe*, par E. A. W., à Dresde, 1813, avec une gravure du pont dans l'état où il était lorsqu'on eut fait sauter la pile, par Weit; chez Arnold in 8°. Il a paru chez le même libraire une gravure du moment de l'explosion, par Witzani, grand in-f°, épreuves coloriées et épreuves brunes.)

[*] Voyez les notes à la fin de l'ouvrage.

pièces pour la défense du fleuve, derrière le château de Brühl sur le Wallegarten, et qui s'élève le long de la rivière comme un bastion, ainsi que dans un endroit de Friedrichsstadt, où une partie du rivage peut, par sa saillie, faciliter le passage. Dans la Ville neuve, il resta à peu près 100 hommes d'infanterie légère, tant française que saxonne, qui occupèrent les portes et ce qui restait des remparts. Le reste de la journée se passa dans un calme auquel on eût été loin de s'attendre. Les habitans de l'une et l'autre partie de la ville se rassemblaient fréquemment sur les remparts près du rivage; plusieurs d'entre eux se voyaient séparés d'amis chéris; avec le pont se trouvaient rompus beaucoup de liens sociaux.

Dans les environs de la Ville neuve, derrière les vignes et les collines couvertes de bois, il n'y avait, à ce qu'il paraît, le jour même, que peu de cavalerie légère russe, les forces russes s'étant portées la veille sur Meissen et sur l'Elster. Mais le lendemain, dès le grand matin, on vit les Cosaques caracoler assez près de la ville, cependant presque tous hors de portée, et se rapprocher de la rivière. On tira des coups de fusils sur l'une et l'autre rive, et dans le nombre des habitans que la curiosité avait attirés, deux furent punis de leur témérité. Les carabiniers saxons étaient derrière les palissades, à l'affût des Cosaques, qui, d'ordinaire par leur agilité, savaient éviter les balles : un jeune officier de

Cosaques, qui s'approcha trop témérairement, fut tué par un Saxon, ce qui, à ce qu'on assure, irrita beaucoup les Russes. Dans le courant de la journée, les commandans français furent sommés d'évacuer la ville, ce qu'ils refusèrent. Les autorités exhortèrent (1) les habitans de la Ville vieille à se tenir tranquilles dans leurs maisons, dans le cas où l'ennemi tenterait de s'approcher et d'inquiéter la rive gauche : on déclara que ceux qui rôderaient autour des troupes seraient traités comme espions, et que les soldats avaient l'ordre de faire feu sur les rassemblemens qui ne se dissiperaient pas à la première invitation qu'on leur en ferait.

Le dimanche 21, vers midi, le colonel Davidoff, commandant des Cosaques, faisant partie de la division du général de Wingingerode, envoya un officier au général Lecocq pour le sommer d'évacuer la ville. En même temps une forte division de Cosaques arriva par la route de Grossenhein pardessus les hauteurs, et parvint en vue de la ville. On en ouvrit la porte aux parlementaires russes ; ils traversèrent la foule, attirée par la curiosité, et par le beau temps : elle les reçut avec des acclamations auxquelles ils répondirent par des salutations amicales, et ils se rendirent, avec les officiers saxons nommés pour entamer les négociations, dans une maison isolée, retirée dans l'enceinte des

---

(1). Suppl. IX.

remparts. Quelques heures après, le colonnel Davidoff passa l'Elbe les yeux bandés, conduit par des Saxons, et avant la nuit, il conclut avec les généraux Durutte et Lecocq, et avec l'intervention de la commission immédiate, une convention qui fut publiée le lendemain par la municipalité (1). On était convenu que le lendemain à midi, les Russes occuperaient la Ville neuve ; mais qu'il y aurait une trêve, en vertu de laquelle aucune hostilité ne serait commise à une lieue, tant au-dessus qu'audessous de Dresde; qu'à partir de midi, toute communication cesserait entre les deux parties de la ville ; que quiconque traverserait l'Elbe serait traité comme espion.

La rivière, déserte depuis quelque temps, offrit pour quelques heures un spectacle très-animé; les embarcations volaient d'une rive à l'autre : moyennant une carte du commandant, il était permis à tout habitant de traverser l'Elbe. Pendant les deux premières journées, il n'y avait guère que les officiers et les gardes relevées qui le passassent. Les bourgeois n'obtenaient cette permission qu'en cas d'urgence. A midi, toutes les embarcations se trouvèrent de nouveau sur la rive gauche. Les Cosaques, formant l'avant-garde de la division du général de Wenzingerode, firent, en chantant, leur entrée dans la Ville neuve; la petite garnison, près de la

---

(1) Suppl. X.

porte, était sous les armes pendant cette marche, et dès qu'elle eut relevé tous les postes, elle se retira tambour battant sur la rive gauche. Toutes les rues offrirent bientôt l'aspect d'un camp ; partout on voyait de grandes pyramides blanches, formées par les piques des Cosaques ; ces guerriers barbus étaient, les uns étendus sur la paille, les autres occupés de leurs chevaux, placés le long des maisons, auprès de mangeoires faites à la hâte. La ville qui, était devenue déserte, reprit un aspect plus vivant. Une troupe de paysannes, courbées sous leurs paniers, avait précédé les Cosaques, profitant du moment où l'on avait ouvert les portes, fermées depuis cinq jours : le marché se trouva peuplé à une heure peu ordinaire, et dans la Ville neuve l'abondance succéda à la disette, tandis que dans la Ville vieille certains objets de consommation étaient à un prix exorbitant. C'était un amusement d'observer les mœurs des Cosaques, et l'on pouvait s'y livrer d'autant plus librement, que ces guerriers, sobres et débonnaires, n'étaient pas des hôtes fort incommodes, ni à la ville ni dans les campagnes. Pourvu que l'on donnât au Cosaque une copieuse ration d'eau-de-vie, du pain, du hareng et des oignons, il était content ; si l'on ajoutait à ces provisions un morceau de poisson bouilli, on le rendait heureux ; car ces religieux observateurs du carême n'eussent pour rien au monde touché à la viande. Ces guerriers se distinguent pas un grand amour pour les enfans; les jeunes et les vieux jouaient avec eux, et supportaient toutes les saillies de leur pétulance sans jamais se fâcher; ils les portaient sur leurs bras des heures entières, en les caressant et en leur parlant russe, et les excitant à jaser. Avant le coucher du soleil, ils se rassemblaient d'ordinaire en groupes pour chanter des chansons religieuses et guerrières, dont la mélodie est souvent très-expressive : le plus habile chanteur occupe le centre et entonne. Devant les portes de la ville, les plus ingambes y dansaient au son d'un mauvais violon : dans leurs danses, ils prennent souvent des attitudes qui, vu la coupe particulière de leurs habits, ne sont pas de nature à être offertes aux chastes regards des dames.

Le jour même de l'entrée des Cosaques dans la Ville neuve, la garnison de la Ville vieille fut diminuée, le général Lecoq ayant reçu du roi l'ordre de se porter sur Torgau avec les Saxons qu'il commandait : ce monarque appela auprès de lui, à Plauen, la cavalerie saxonne, sous les ordres du général de Liebenau, et cette cavalerie servit d'escorte à son souverain.

Le 25 mai, cette garnison fut augmentée par les Bavarois, qui, jusqu'à cette époque, étaient restés à Meissen. La plus grande partie des Cosaques campa dans les environs de la Ville neuve, et dans les village sur la rive droite, où ils se renforçaient de jour en jour, et où ils devaient attendre l'infanterie et l'artillerie qui avançaient à petites journées. Le colonel Brendel avait le commandement en chef dans la Ville neuve. A partir de Dresde, en remontant vers Pilnitz, les Russes avaient planté des drapeaux blancs sur le territoire de la ligne comprise dans l'armistice.

Depuis que les ponts de Meissen et de Dresde étaient impraticables, il n'y avait, sur tout le cours de l'Elbe, en Saxe, d'autre communication entre les deux rives, que le pont fortifié de Wittenberg et le pont de Torgau, près duquel le général Thielmann avait encore fait établir un pont de bateaux sous le canon de la forteresse. L'Elbe séparait donc le pays en deux moitiés, dont l'une était au pouvoir des alliés. Aucune province de la Saxe n'avait encore été le théâtre d'un combat remarquable, et ce royaume avait déjà plus souffert que dans les deux dernières guerres, qui lui avaient été si funestes. Les préparatifs pour la défense de l'Elbe avaient demandé des sacrifices pénibles. La navigation si productive de ce fleuve, d'ordinaire couvert de bateaux depuis les frontières de la Bohême jusqu'à Magdebourg, était anéantie pour long-temps, les meilleurs bateaux ayant été brûlés; des fournitures considérables de grains, faites aux armées françaises, par les cercles de Leipsick et de Wittenberg, avaient épuisé les granges du paysan, que, pour comble de malheur, les réquisitions continuelles de chevaux avaient empêché de labourer. Les passages continuels de troupes étaient un fardeau insupportable pour les habitans, déjà ruinés par la cherté croissante des subsistances; des maladies contagieuses faisaient fondre la population dans bien des contrées. Si une défense opiniâtre de l'Elbe, près de Meissen et près de Dresde avait forcé les armées russes et prussiennes à séjourner plus longtemps sur la rive droite, la Saxe eût éprouvé dès-lors tous les maux auxquels elle fut en proie plus tard : les mesures que l'on prit décélèrent bientôt que ces positions étaient trop faiblement défendues pour être disputées long-temps. Déjà l'on avait retiré de la Ville vieille de l'artillerie, tant française que saxonne. Beaucoup de malades, même à moitié mourans, avaient été évacués sur Freiberg, Augustusbourg, et même sur la Thuringe; et après l'occupation de la Ville neuve par les Russes, on avait mis en toute hâte des voitures en réquisition pour évacuer tous ceux qui pouvaient supporter le transport. Le 24 mars, après midi, une grande partie des Cosaques campés dans les environs de Dresde et le long de l'Elbe, sur la route de Pilnitz, se porta en avant. Ils suivaient gaiement le chœur de chanteurs, qui, suivant l'usage de leur pays, ouvraient la marche. La vue magnifique de l'Elbthal, dont on jouit quand on est placé sur ces hauteurs, paraissait augmenter la gaieté des enfans du Don et de l'Ural. Le bruit courut que l'on devait tenter le passage près de

Pilnitz, parce que là il n'y avait que des forces peu considérables à combattre sur la rive droite. Le même soir, le colonel Brendel envoya un officier dans la Ville vieille pour dénoncer l'armistice.

Le lendemain, la municipalité annonça cet événement aux habitans (1), et leur fit enjoindre de se retirer dans leurs maisons dès que le tumulte des armes leur annoncerait la reprise des hostilités, afin que les troupes ne fussent point gênées dans leurs mouvemens, et que la vie des citoyens ne se trouvât pas compromise. Cependant tout resta tranquille sur l'une et l'autre rive. Mais le bruit se répandit que les Russes avaient réussi à passer l'Elbe, tant au-dessus qu'au-dessous de Dresde. Le 26 mars, le commandant français à Dresde eut la nouvelle que les Cosaques avaient passé l'Elbe près de Nieschitz, au-dessous de Meissen, à l'aide de bateaux qu'ils avaient pris dans le canal près d'Elsterwerda (2); que les hommes avaient passé se tenant debout dans les

---

(1) Suppl. XI.

(1) Ce canal, long de 4 lieues et large de près de 30 pieds, sert à transporter, jusqu'à Grodeln sur l'Elbe, le bois des forêts qui se trouvent tant au nord qu'à l'est. On flotte le bois jusqu'à ce canal principal, à l'aide de canaux plus petits. Dans le canal principal, se trouvent toujours douze bateaux pouvant porter 800 quinteaux chacun. (Voyez *Géographie de la Saxe*, par Engelhard, vol. 6, p. 50 et suiv.)

embarcations, et conduisant leurs chevaux à la nage par la bride. Une autre petite division était passée en même-temps près de Pirna. Déjà les deux jours précédens, beaucoup de Français avaient quitté Dresde en petites colonnes; l'évacuation complète ne tarda pas d'avoir lieu. Les Bavarois quittèrent la Ville vieille dans la matinée et dans l'après-dîner, et marchèrent sur Meissen, sous le commandement de M. de Rechberg, en suivant l'Elbe pour couvrir la retraite.

Vers le soir, la première infanterie légère russe de la division de Winzengerode entra dans la Ville neuve : cette infanterie était peu nombreuse; les tambours ne cessèrent de battre jusqu'à la nuit, probablement dans l'intention de donner sur la rive opposée une haute idée du nombre de troupes qui venaient d'arriver. Dès neuf heures, la retraite des Français commença : le lendemain, avant le point du jour, l'artillerie qui se trouvait encore sur les remparts et près du pont, se mit en marche, et elle fut suivie de près par les derniers postes. Les Français furent insultés, dans leur retraite, par le peuple amassé en groupes, et il fallut toute la prudence des officiers de la garde nationale pour prévenir des scènes fâcheuses. Ils prirent leur route par Wilsdruf et Nossen. Dès le matin, cette nouvelle parvint dans la Ville neuve; déjà les Cosaques, à l'aide d'échelles, grimpaient sur les ruines du pont. Quelques heures plus tard, le colonel Brendel, après avoir été complimenté par les députés de la municipalité, passa l'Elbe avec une division d'infanterie, partie à l'aide d'un bac, partie en bateau. Le même jour, on amena quelques Français et quelques Bavarois qui avaient été faits prisonniers par les Cosaques, près de Wilsdruf.

Bientôt la rivière offrit la scène la plus animée; elle portait nombre de bateaux que les bateliers et les pêcheurs venaient de retirer de leurs cachettes ou du fonds de l'eau. Les habitans des deux parties de la ville se saluaient avec joie. On s'occupa de suite à rétablir la communication entre les deux rives. On jeta au-dessus de la ville un pont de radeaux, qui fut achevé dès le 28. Quelques jours après, on acheva un deuxième pont à une demi-lieue au-dessous de la ville. Un autre pont de madriers, que l'on construisit pour remplacer l'arche rompue, demanda plus de temps; il ne fut achevé que le 7 du mois suivant. Les bateliers étaient enchantés de ce retard, qui leur rapportait considérablement; car il n'était permis de passer sur le pont de radeaux, destiné proprement au service de l'armée, qu'à ceux des bourgeois qui s'étaient pourvus d'une carte, munie du cachet du colonel Brendel (1).

Dès que le pont de radeaux fut achevé, la divi-

---

(1) Ce cachet était la copie d'une caricature contre Bonaparte.

sion du général de Winzengerode, dont l'artillerie était restée pendant quelques jours sur la rive droite, passa l'Elbe. Une partie de la cavalerie de cette division se mit en route les deux derniers jours de mars, et marcha par Meissen pour se rendre sur la Mulde. Le général lui-même se rendit dans la Ville vieille avec son état-major, et la Ville neuve resta abandonnée au quartier-général prussien. L'armée prussienne, sous les ordres de Blücher, qui avait été cantonnée dans les villages le long de la route de Bautzen, et dans les environs de Kœnigsbruck, ne tarda pas de joindre l'armée russe. Le maréchal Blücher arriva à Dresde de sa personne le même jour que les princes Guillaume, Auguste et Frédéric de Prusse, et le prince Charles de Mecklenbourg-Strélitz. Le prince royal de Prusse arriva le lendemain. Une grande partie de l'armée alliée marcha en avant, sur la route de Freiberg. Le quartier-général prussien se mit en route le 5 avril, pour se rendre dans cette dernière ville. Il resta à Dresde un commandant de place russe.

Jusqu'au 16 avril, plusieurs divisions de troupes prussiennes passèrent l'Elbe : les plus beaux de ces corps sont la garde à pied, les grenadiers de la Prusse orientale, et plusieurs régimens de cavalerie magnifiques. Les chasseurs de la garde donnaient une idée des sacrifices qu'avait fait la Prusse, et de l'esprit qu'on avait inspiré à toutes les classes de ses habitans. Près de mille jeunes gens, au nombre desquels on voyait les fils des meilleures familles, marchaient avec ardeur au combat, où, si l'on en excepte quelques centaines, tous ont trouvé la mort. Les divisions des volontaires, vêtus de noir, étaient encore plus nombreuses; différentes provinces avaient concouru à les former; la plupart de ces jeunes gens venaient de quitter les paisibles auditoires des collèges et des universités; plusieurs savans distingués, tels que MM. Steffens et Jahn se trouvaient au nombre des officiers, et sur le champ de l'honneur. Ils entendaient le commandement de la bouche dont ils avaient recueilli l'instruction sur les bancs de l'école. Ces volontaires brûlaient de se battre; mais ils ne paraissaient pas encore habitués à une discipline sévère, et plusieurs d'entre eux étaient dans un âge si tendre, qu'on ne pouvait pas espérer qu'ils résistassent aux fatigues de la guerre. Le nombre des jeunes gens qui, électrisés par les circonstances, suivaient l'armée depuis la Silésie, mais dont les forces ne répondaient pas à l'enthousiasme, était, je pense, assez considérable. C'est ainsi que l'on vit, à Dresde, un garçon de dix ans qui suppliait les officiers, les larmes aux yeux, de le recevoir au nombre des volontaires, et de lui donner une caisse, s'ils ne voulaient pas lui confier un fusil; tout le monde le renvoyait, parce qu'il n'était pas même assez fort pour faire le service de tambour; mais il revenait toujours à la charge. Un autre enfant, qui s'était échappé de Breslau, fut réclamé, par ses parents, dans les journaux.

Les passages continuels, qui recommencèrent par les mouvemens des armées combinées russes et prussiennes, grevèrent tellement les propriétaires, que, pour la première fois, l'on eut recours, à Dresde, à la mesure, en elle-même très-équitable, de faire contribuer les locataires à l'entretien des soldats étrangers : cette mesure fut mise en vigueur dès l'arrivée de la première division. Le premier soulagement procuré aux propriétaires, consistait dans l'obligation imposée aux locataires de leur payer une indemnité extraordinaire pour les aider à subvenir aux frais occasionnés par les logemens militaires, depuis le 10 jusqu'au 20 mars. Deux jours plus tard parut une ordonnance provisoire, qui autorisait les propriétaires à envoyer chez leurs locataires une partie des soldats, dans le cas où on leur en enverrait un nombre excédant de plus de moitié le taux ordinaire fixé pour leur maison. Quelques mois après, cette ordonnance fut annullée par une autre, restée constamment en vigueur, et qui porte que « le nombre excédant le
» taux ordinaire sera à la charge commune de tous
» les habitans de la maison, y compris le proprié-
» taire, et que le nombre excédant le triple du
» taux ordinaire, ainsi que le nombre conforme
» à ce taux, seraient à la charge du propriétaire

» seul (1). » La répartition des soldats à loger chez les locataires fut faite selon la proportion du loyer qu'ils payaient; cette échelle peut facilement donner lieu à une répartition peu conforme à la fortune des habitans, et y a donné lieu plus d'une fois. Les interprêtes, quoique l'on interpellât comme tels toutes les personnes qui savaient quelques mots de russe, ou seulement de polonais, ne purent pas prévenir tous les inconvéniens qui naquirent de la difficulté de s'entendre réciproquement, et les nombreux vocabulaires, que fournirent les presses de Leipsick et de Berlin, ne furent que d'un faible secours.

Immédiatement après l'arrivée du général en chef prussien, on répandit à Dresde deux proclamations, datées, l'une et l'autre, de Breslau, le

---

(1) Supplément XII, XIII et XIV. Chaque maison est taxée conformément au rôle dit du service. Dans la ville, le propriétaire est obligé de payer 12 groshen par chaque millier de thalers de la valeur de sa maison; dans les faubourgs, le taux analogue est de 18 gr. Moyennant cette rétribution, les bourgeois sont, en temps de paix, dispensés de tout logement militaire, et en temps de guerre, ils ne doivent aux soldats logés chez eux que le couvert. Dans le cas de passage de troupes étrangères, le propriétaire dans la ville est obligé de loger un homme par millier de thalers, et dans les faubourgs, un homme par 800 thalers.

23 mars, et signées Blücher (1). La première, qui porte en tête : *Aux habitans de la Saxe*, exhorte les Saxons à se réunir aux Prussiens, « à lever l'éten-
» dard de l'insurrection contre l'oppresseur étran-
» ger, et à être libres. » Elle leur promet « d'ad-
» ministrer au nom du roi de Saxe, qui se trouve
» au pouvoir d'un étranger, et qui n'est point à
» même de prendre une détermination libre, les
» provinces que la fortune, la supériorité des
» armes prussiennes, et la valeur de ses guerriers
» pouvaient soumettre à la Prusse. Elle demande
» que les Saxons satisfassent aux besoins modérés
» du soldat, et garantit la discipline la plus sévère. »
La seconde proclamation, adressée aux troupes sous ses ordres (2), exhorte les guerriers prussiens « à traiter les Saxons avec douceur, à les
» considérer comme devant être bientôt leurs
» alliés. » On y espère que les habitans de la Saxe satisferont les désirs modérés des Prussiens, d'après des dispositions sagement combinées.

Les besoins et les désirs des Prussiens furent exprimés d'une manière plus précise dans les négociations que le général en chef entama avec la commission immédiate; mais les prétentions étaient

---

(1) Suppl. XV.

(2) Suppl. XVI.

telles, que la commission exposa qu'il était extrêmement difficile, pour ne pas dire absolument impossible, de satisfaire à de telles demandes, dans un pays épuisé par toutes les charges de la guerre, et en majeure partie occupé par les puissances belligérantes (1). Le général Blücher déclare, dans sa lettre *à la commission immédiate*, que les sacrifices que l'on demande aux Saxons sont infiniment au-dessous de ceux que ses concitoyens font avec joie pour recouvrer l'indépendance; qu'il n'a pas l'intention d'exiger que l'on subvienne gratuitement aux besoins de son armée; qu'il se flatte de l'espoir que dans un traité à conclure entre les deux États voisins, on ne tardera pas à fixer l'indemnisation. Il déclare que l'on surseoira aux fournitures qui ne sont pas absolument indispensables dans le moment, jusqu'à ce que le roi de Prusse ait prononcé; mais que rabattre la moindre chose sur aucun des articles d'une nécessité urgente, ce serait manquer aux devoirs qu'impose à un général la nécessité d'entretenir son armée. Enfin, il reproche à la commission qu'il règne dans les mémoires qu'elle lui présente, un ton peu convenable; qu'elle a commencé à manifester, dans les négociations, une aigreur qu'il ne permettra point aux autorités par

---

(1) Suppl. XVII.

lui constituées. Cette lettre fut imprimée dans le journal de Dresde (dit feuille hebdomadaire), malgré les représentations des commissaires; l'on établit devant l'imprimerie un poste prussien qui y resta jusqu'à ce que la feuille fut imprimée et distribuée.

Il n'était pas difficile à l'observateur impartial de remarquer que ces démarches du général, la perspective de voir établir une administration étrangère, et la prochaine occupation du cercle de Cottbus, qui était déjà annoncée, produisaient généralement un très-mauvais effet en Saxe (1). On prétend que les Russes eux-mêmes étaient peu satisfaits de plusieurs de ces démarches, ainsi que du ton qui régnait dans quelques proclamations; et si l'on fait attention qu'ils avaient un point de vue tout différent de celui des Prussiens, on n'aura pas beaucoup de peine à le croire.

On dit qu'ils furent également mécontens d'une *Adresse au peuple saxon* (2), insérée dans la gazette de Leipsick, sous l'influence du gouvernement prussien, dans laquelle il est dit : « Nous ne » suspendrons pas l'épée dans les forêts de chêne » de la patrie rendue à la liberté, jusqu'au mo- » ment où nous verrons les montagnes du Rhin et

---

(1) Suppl. XVIII.
(2) N°. 72, 12 avril 1818. Suppl. XIX.

» les bannières germaniques flotter sur le territoire
» de la France; » expressions par lesquelles on indiquait dès-lors quelles étaient les frontières légitimes que l'on assignait à la France. D'après *l'Appel de Kutusof aux Allemands* (1), les Russes ne voulaient cependant rien entreprendre d'hostile contre le sol français.

Parmi toutes les adresses, tous les appels (2) qui, depuis ce moment, parurent, accompagnés de chants guerriers et de pamphlets, sous lesquels on fit gémir toutes les presses, et que l'Oder et la Sprée envoyaient à l'Elbe, pour exciter les Saxons à prendre les armes, il n'y en a pas de plus remarquables que les deux signées Wittgenstein. La première, qui parut à Berlin le 25 mars, laisse aux Saxons le choix entre le baiser fraternel et la pointe de l'épée, et les appelle dans les rangs prussiens; l'autre, que M. de Wittgenstein publia le 30 mars à Belzig, au moment où il mit le pied sur le territoire saxon, fait dépendre le sort de la couronne du choix du peuple.

La contenance du peuple saxon, dans ces con-

---

(1) Suppl. XX.

(2) On les trouve, ainsi que plusieurs autres pièces curieuses, dans la brochure intitulée: *Collection de toutes les pièces officiellement publiées pendant la guerre de 1813*, 1 — 4 cahiers. A Dresde, chez Arnold, 1813.

Suppl. XXI.

jonctures critiques, ne paraissait nullement indifférente, ni pour la Saxe elle-même, ni pour d'autres pays, sur lesquels son exemple pouvait influer. Quoique l'on employât tous les moyens imaginables pour déterminer les Saxons, on soutenait que toutes les tentatives pour engager cette nation à prendre un parti seraient vaines, tant que le roi n'aurait pas rétracté sa première déclaration, dans laquelle il manifeste des sentimens bien différens de ceux que l'on eût désiré voir au peuple. L'on pouvait supposer, avec quelque raison, que la nation tout entière partageait la manière de voir de son souverain, sans que pour cela elle cessât de prendre part aux grands intérêts de l'Allemagne. Les Russes et les Prussiens répondaient à cela, que le roi ne tarderait pas à s'expliquer différemment; que l'on ne pouvait pas douter un moment qu'il n'eût l'intention de se joindre aux alliés. En effet, plusieurs des mesures que l'on prenait étaient de nature à tromper l'œil d'un observateur superficiel, et à lui faire croire qu'il existait des négociations dont l'issue n'était plus douteuse. Ainsi, dès les premiers jours de l'arrivée des Russes et des Prussiens à Dresde, on y publia (1), qu'en conséquence d'un ordre du jour du 2 avril, commun aux deux armées, il était

---

(1) Suppl. XXII.
(2) Suppl. XXIII.

enjoint aux troupes alliées, au cas qu'elles rencontrassent des Saxons, de ne point tirer sur eux, mais de les accueillir au contraire par toutes sortes de prévenances. Mais pendant que, d'un côté, l'on s'efforçait d'attirer à soi la nation, on se permettait, de l'autre, des inconséquence qui la repoussaient : la feuille hebdomadaire de M. de Kotzbüe révolta singulièrement, par les outrages qu'elle contenait contre le roi ; aussi paraît-il que c'est sur des avis qu'il reçut de la part d'autorités supérieures, qu'il fit une espèce de rétractation de son article. De temps à autre, on répandait que sous peu le roi retournerait dans sa capitale ; et ces bruits, quelques singuliers qu'ils dussent paraître, s'accréditaient. Lorsque le souverain quitta ses États et s'établit à Ratisbonne (le 30 mars), son retour à Dresde devint plus invraisemblable : cela n'empêcha pas que, peu d'instans avant l'arrivée du roi de Prusse et de l'empereur de Russie, on ne gratifiât le roi de Saxe du rôle d'introducteur de ces deux souverains. Enfin, lorsque l'on sut que le roi de Saxe s'était rendu le 27 avril à Prague, les conjectures prirent une autre direction.

Le jour même de la publication de l'ordonnance dont j'ai parlé plus haut, en faveur des soldats saxons, on convint de publier une adresse du colonel russe, M. de Heydecken (1), comman-

---

(1) Suppl. XXIV.

dant de Dresde, portant en substance : qu'en conséquence de décisions supérieures, toute communication était interrompue avec les pays que n'occupaient pas les armées alliées, et avec les pays neutres; que tout homme qui établirait ou continuerait des liaisons avec ces pays, serait traduit devant un conseil militaire, comme ayant enfreint les ordres de l'armée alliée. Cette ordonnance était déjà insérée dans le journal, dit feuille hebdomadaire, et allait être affichée, lorsqu'on la supprima et qu'on en saisit tous les exemplaires. On n'en mit cependant pas moins d'empressement à empêcher toutes les communications que défendait cette ordonnance, et l'on résolut que toutes les lettres, tant celles qui partaient de Dresde que celles qui y arriveraient, passeraient un examen. Un employé russe, que l'on logea dans l'hôtel des postes, fut chargé de l'inspection de la correspondance (1). Quoique l'on eût quelques ménagemens, surtout pour le commerce, cette mesure dérangea celles que les négocians avaient à prendre relativement à la foire de Leipsick, à laquelle les alliés avaient expressément promis de ne mettre aucune espèce d'empêchement.

Quoique les alliés missent à profit les ressources

---

(1) C'est ce qui donna lieu à la publication. Supplément XXV.

du pays, en le frappant de réquisitions considérables pour subvenir aux besoins de l'armée, l'administration que l'on avait annoncée tardait toujours à s'organiser. M. de Stein, que M. de Kutusof avait désigné, dans sa dernière adresse (1), comme un fonctionnaire chargé de maintenir de l'ensemble dans la direction des affaires du pays, était arrivé à Dresde en qualité de président du conseil d'administration des puissances alliées, et l'établissement de l'administration était toujours différé. Les conseillers d'état, MM. de Shœne et de Rhediger, avaient été adjoints à M. de Stein, et M. le professeur Arndf de Greifswalde, qui l'accompagnait, continua d'agir à Dresde en conséquence des principes qu'il avait professé dans sa brochure sur la *garde nationale active et sur la levée en masse* (landwehr und landsturm). La mission spéciale de ce conseil, en conséquence de laquelle il devait s'entendre avec les différens gouvernemens sur tout ce qui se rattachait à la police, aux finances, à la levée en masse (volksbewaffnung), ainsi qu'à la sûreté, à l'entretien et au recrutement de l'armée, ne pouvait que gêner les opérations de la commission immédiate de la Saxe. Il est vrai qu'alors on parlait en termes plus précis de l'établissement d'une administration pour

---

(1) Suppl. XXVI.

la Saxe, de l'organisation d'une levée en masse (*volksbewafnung*); mais l'on voulait, à ce qu'il paraît, attendre l'espèce de négociation commencée avant d'en venir à des mesures décisives. Des événemens inattendus avaient aussi déjoué bien des projets, et le plan que l'on s'était formé demeura sans exécution; l'on en resta aux préparatifs, et l'on se contenta de lever sur le pays des sommes considérables.

Afin de profiter de l'ardeur belliqueuse que des adresses et des appels sans nombre avaient allumé dans le cœur des jeunes gens, on établit à Dresde une espèce de bureau de recrutement, à la tête duquel on mit le capitaine de cavalerie prussien, baron de Burstini. Au moment de son arrivée dans la capitale de la Saxe, cet officier fit publier une invitation de se joindre *aux guerriers armés pour la cause sacrée*, qui, tant infanterie que cavalerie, pouvaient être évalués alors à 1400 hommes, et *de contribuer à l'armement es à l'équipement des volontaires peu fortunés*. La ville de Bischofswerda (1) concourut à soutenir la bonne cause; et l'on prétend, non sans quelque vraisemblance, que cette démarche lui attira les malheurs qu'elle éprouva quelque temps après.

---

(1) Suppl. XXVIII.

Et les proclamations que l'on venait de lire, et l'état de l'armée française, composée seulement de divisions peu nombreuses qui avaient passé le Rhin, pouvaient faire présumer que l'armée combinée des Russes et des Prussiens ferait une guerre offensive; que cette armée se porterait rapidement dans la Thuringe ou dans la Franconie: il en fut tout autrement; cette armée, dans la première quinzaine d'avril, prit lentement sa route entre Rochlitz, Altembourg et Chemnitz: la seconde armée russe, sous les ordres du général Miloradowitsh, avança avec tout aussi peu de promptitude par la haute Lusace. Une forte division de Cosaques, qui arriva à Dresde le 15 avril, pour y séjourner deux jours, ouvrit de nouveau la marche. Le lendemain, la première division de l'armée, composée tant d'infanterie que de cavalerie, entra dans cette ville; des nuées de Calmucks en faisaient partie. La veille de Pâques, une longue file de fourgons, de voitures de cantiniers, et de charettes vides, conduites par des paysans russes, retraçaient aux spectateurs l'image d'une armée asiatique : la nuit était tombée, et l'œil ne découvrait point encore la fin de cette marche. La queue de cette armée était formée par quelques divisions d'excellente cavalerie, comprenant quelques pulks de Cosaques du Don, et de Cosaques de l'Ukraine, couverts de manteaux de frise cendrée, coiffés de bonnets de feutre de la même couleur, ornés d'une croix en métal, et par une nombreuse artillerie. Le 20, il arriva encore une division d'infanterie. Les journaux prussiens ont porté cette armée à 10,000 hommes; je crois qu'elle n'était guère plus nombreuse. Je fus frappé de la nombreuse cavalerie qui faisait partie de celle-ci comme de la première, et qui me parut en disproportion avec l'infanterie. Le corps franc de Lutgow, ainsi que le régiment, fort de près de 2,000 hommes, formés de prisonniers de guerre russes que le roi de Prusse avait équipés et armés à nouveaux frais, y étaient incorporés. L'infanterie légère, qui était restée cantonnée dans la Moldavie et dans la Valachie, offrait un aspect plus sauvage que les Russes que l'on avait vus jusque-là à Dresde. Ces hommes, difficiles à satisfaire, étaient des hôtes incommodes pour les bourgeois, et plus incommodes encore pour le paysan, qui a bien plus de peine que l'habitant des villes à trouver auprès des autorités un refuge contre les vexations. L'image bigarrée d'un saint russe placé dans un coin de la chambre, du côté de l'orient, qui avait servi souvent à adoucir l'humeur un peu farouche des autres russes, ne produisait pas toujours son effet sur les nouveaux venus. Ceux qui ont vu ces hommes grossiers alarmer la pudeur dans les rues de la capitale, ne trouveront pas invraisemblable que, comme on le dit, dans les villages les jeunes filles cherchassent jusque dans les tuyaux des cheminées un asile contre leur brutalité. Dès-lors l'on recevait les nouvelles les plus affligeantes de la Lusace et du cercle de Misnie, que ces troupes avaient traversées. Quoique dans les contrées les plus pauvres de la Lusace on eût fait des arrangemens, en conséquence desquels les paysans recevaient des avances sur les indemnités à liquider, il arrivait souvent que les troupes trouvaient les villages déserts, parce que les habitans s'étaient sauvés dans les bois, avec leurs enfans, leurs bestiaux et leurs effets. Le knout et la baguette faisaient souvent justice des excès commis par les soldats; mais on n'avait guère à se louer que partiellement de la discipline des Russes, tandis que la conduite des Prussiens ne se démentit jamais; aussi, tant bourgeois que paysans, la vantaient-ils d'un commun accord.

Au milieu de ce désordre, qui allait toujours en augmentant, cet air de propreté qui caractérise Dresde, avait disparu depuis long-temps; la dernière trace s'en effaça lorsque les Cosaques et les Calmuks établirent leurs bivouacs dans les rues de la ville et des faubourgs, et que les vestibules des maisons devinrent des écuries.

Enfin, vers le 21 avril, l'arrière-garde du général Miloradowitsch vint joindre sa division. La lenteur des marches tenait sans contredit en partie à la difficulté de faire mouvoir des masses si considérables : il paraît cependant que ceux qui en cherchent la cause dans le défaut d'accord entre les alliés, ne se sont pas entièrement trompés. Pendant que les Prussiens marchaient au combat avec enthousiasme, et voyaient déjà leurs aigles victorieux planer sur les rives de la Saale, où ils devaient se venger de tant d'outrages, et prendre leurs essor vers les bords du Rhin, féconds en glorieux souvenirs, leurs alliés paraissaient ne franchir l'Elbe qu'à regret; souvent on entendait dire, même à ceux qui étaient l'âme de l'armée, que ce n'était plus pour leur cause qu'ils combattaient, puisque leur sûreté n'était plus menacée par les armes françaises; qu'ils ne tiraient l'épée que pour la querelle de l'Allemagne; que c'était maintenant aux Allemands à se rendre dignes de leur assistance.

La nouvelle des combats qui, dans la Thuringe, avaient préludé à la grande lutte qui s'y préparait, était déjà répandue, lorsque l'empereur de Russie et le roi de Prusse arrivèrent à Dresde avec leur garde; l'empereur était arrivé le 20 avril à Gœrlitz; le même jour il avait transféré son quartier-général à Mengelsdorf, près Reichenbach, et après avoir visité la *société des frères* (Brudergemeinde) à Hernhut, il avait continué, le 22, sa route par

Bautzen et Radeberg, où il passa la dernière nuit avant de se rendre à Dresde. Le roi de Prusse était parti de Gœrlitz le 23, et s'était rendu le même jour à l'auberge du Cerf-Blanc, à deux lieues de Dresde, où il coucha.

Le lendemain, avant le jour, la marche fut ouverte par une longue file de fourgons attelés d'un nombre superflu de chevaux, et à côté desquels l'on voyait de gros chiens, dont les têtes pointues et les longues queues attestaient qu'ils étaient originaires du Kamtshatka. Les spectateurs se pressaient en foule sur la grande route de Bautzen, où la garde russe bordait la haie depuis la pointe du jour, et amusait les curieux par une musique guerrière. L'empereur et le roi se joignirent sur la grande route, non loin de la ville; et lorsqu'ils se furent salués en se touchant la main, ils montèrent à cheval et se mirent, chacun à la tête de sa garde, à la porte de la ville où l'on avait érigé deux colonnes unies par des festons de fleurs. Les souverains furent reçus par les membres de la municipalité, et par les ecclésiastiques des trois confessions. Des demoiselles vêtues de blanc, portant des corbeilles de fleurs, formaient une double haie, et après que deux d'entre elles eurent présenté des vers aux monarques, toutes répandirent des fleurs sur leur passage. Alexandre et Frédéric répondirent, par des salutations gracieuses, aux acclamations de la multitude, et s'avancèrent lentement, avec leur suite nombreuse, au son des cloches, dans la haie bordée par la garde nationale. Qui eût imaginé dans ce moment, où l'élite des troupes du nord semblait, sur un chemin jonché de fleurs, faire une entrée triomphale, que quinze jours plus tard le son des mêmes cloches annoncerait, à la même heure, une entrée bien différente. La marche était formée par 23 bataillons choisis de la garde russe, deux bataillons d'infanterie prussienne, et 60 pièces de canon. En tout il y avait à peu près 16,000 hommes. Le roi de Prusse suivit l'empereur dans la Ville vieille, où les deux souverains firent défiler les troupes sur une place avant de se retirer dans les hôtels qui leur étaient destinés. La Ville vieille et ses environs étaient remplis de troupes russes; la Ville neuve, où se trouvait l'hôtel habité par le roi, fut occupé par la garde prussienne. Le soir, l'une et l'autre partie de la ville furent illuminées. L'une des inscriptions était: *délivre-nous du mal;* et ce vœu fut exprimé de plus d'une manière.

Le lendemain, les Russes célébrèrent la pâque. Dès la pointe du jour, les soldats parurent dans la tenue la plus soignée, et l'on voyait surtout les Cosaques, plus religieux observateurs des rites de leur pays que tous les autres, acheter des œufs pour en faire cadeau à leurs camarades, ou du lait pour préparer le *pascha*, ou repas de Pâques. Partout dans les rues on voyait les Russes, sans distinction de rang, s'aborder par le salut, *Christ est ressuscité* (Christos woskres), auquel suivait la réponse, *oui en vérité, il est ressuscité* (istinnoe woskres); l'élégant officier saluait ainsi le cosaque barbu, couvert d'un manteau de frise. L'empereur lui-même ne dérogea point à cet usage de son pays, et ayant, après minuit, assisté à la messe solennelle de Pâques, dans la chapelle grecque établie dans une salle de l'hôtel de Brühl, qu'il habitait, il adressa cette pieuse salutation à chacun des officiers présens. La fête du matin de Pâques fut célébrée par les popes de plusieurs régimens russes, dans une autre chapelle établie dans le château du prince Maximilien. On dit que la pâque fut célébrée également dans d'autres villes de la Saxe, où se trouvaient des troupes russes; mais nulle part cette fête ne fut plus remarquable qu'à Grossenhain, où, sur la demande du commandant russe, on y procéda dans une église protestante. L'un des ecclésiastiques du lieu qui la dirigea, sut la rendre aussi édifiante pour ses paroissiens (1) que pour les étrangers.

A Dresde, l'éclat de cette solennité fut relevée encore par la brillante parade où les deux souverains parurent à pied. On y remarqua quelques

---

(1) Suppl. XXIX.

généraux et autres officiers supérieurs anglais, qui se trouvaient dans la suite de l'empereur Alexandre; mais ce qui dut frapper encore davantage les habitans de la capitale, ce fût de voir, au milieu des officiers russes, le général Thielmann, commandant de la place de Torgau, qui venait d'être présenté à l'empereur. A midi, Alexandre et Frédéric Guillaume montèrent à cheval pour se rendre au-devant de la cavalerie russe, à la tête de laquelle le grand duc Constantin, qui la veille était arrivé à Pillnitz, fit son entrée à Dresde. Cette cavalerie se composait d'à peu près 7,000 hommes d'élite; elle menait avec elle 20 pièces de canon. Le même jour on vit arriver le bataillon de la Saxe ducale, formé des troupes de Weimar, de Gotha et de Hildburghausen, qui s'étaient rendues aux Prussiens, en Thuringe, et auxquelles on avait restitué, à Altenbourg, ses armes et son artillerie. Ce bataillon défila, tambour battant, devant l'hôtel occupé par le roi de Prusse, et fut passé en revue par les deux monarques; le lendemain il se mit en marche pour la Silésie, « afin, disent les rapports prussiens, « de combattre conjointement avec les autres Allemands pour la cause commune de l'Allemagne, et de contribuer de ses efforts pour délivrer son souverain d'une honteuse oppression. » Les jours suivans, jusqu'au 28 avril, plusieurs régimens russes, entre autres, de superbes cuirassiers, et une nombreuse artillerie, passèrent l'Elbe, et se portèrent de suite en avant, sur la route de Nossen; ces troupes formaient la queue de l'armée russe, qui pouvait être forte d'à peu près 50,000 hommes.

Les deux monarques vivaient très-simplement, et se faisaient remarquer par la plus aimable affabilité. L'un et l'autre paraissaient en public sans aucun appareil de grandeur. Alexandre semblait surtout se complaire au milieu de la foule empressée des curieux qui l'environnaient à chaque pas, au point qu'ils ne lui ouvraient le chemin que lorsque du geste et de la voix il avait réitéré la prière de le laisser passer. Au premier instant de son séjour à Dresde, on avait fermé au public le jardin du palais de Brühl, dont les pelouses ombragées sont le rendez-vous habituel des enfans conduits par leurs bonnes. A peine l'empereur, qui, d'un pavillon du jardin que l'on avait arrangé pour son usage, jouissait souvent de la vue des bords rians de l'Elbe, fut-il instruit de cette privation imposée au public, qu'il ordonna d'ouvrir ce jardin à tout le monde, et il paraissait s'amuser de la bruyante gaîté des enfans. La foule se pressait sans cesse autour du palais, et les curieux pénétraient jusqu'à l'escalier principal, qui, dans le moment où l'on pouvait attendre l'empereur, était bordé d'une double haie de dames élégamment parées. Le roi de Prusse aussi fit rouvrir de suite le jardin royal attenant au palais de Racknitz, qu'il habitait, lorsqu'il apprit qu'à raison de sa présence on avait fermé aux habitans cette promenade publique, sur laquelle donnaient ses croisées. On l'y a vu souvent se promener au milieu de la foule, un livre à la main, ou causant avec ses officiers. Le petit jardin même, qui se trouve directement derrière le palais, resta toujours ouvert. Lorsque le 29, l'empereur dîna chez le roi, non seulement on n'empêcha pas les curieux d'approcher, mais on plaça même des bancs pour leur commodité.

Déjà cependant l'on était instruit que les armées françaises débouchaient par les défilés de la Thuringe; et lorsque, le 28, l'empereur fut de retour de Tœplitz, d'une courte visite qu'il avait faite à sa sœur, la duchesse héréditaire de Saxe Weimar, on fit les préparatifs de son départ. Dans la même journée, la plus grande partie de la garde russe s'était mise en marche. Le 29, à minuit, l'empereur lui-même partit, et prit sa route par Nossen et Altenbourg. Le lendemain, à huit heures du matin, le roi de Prusse le suivit. Une partie de la garde, tant russe que prussienne, resta à Dresde; il y avait toujours des factionnaires à la porte des palais que les monarques avaient habité, et l'on disait qu'ils allaient être de retour dans peu de jours. Les habitans de Dresde attendaient avec inquiétude l'issue de la lutte qui se préparait sous leurs yeux.

SECTION II.

Les travaux dont les alliés s'occupaient sur l'Elbe, depuis le commencement d'avril, ne pouvaient pas faire craindre une résistance opiniâtre dans le cas d'une retraite, car ils n'avaient pour but que d'empêcher le passage du fleuve. L'on avait muni le pont de bateaux, établi au-dessus de Dresde, non loin de Blasewitz, d'une tête de pont composée de six redoutes sur la rive gauche, qui se couvraient réciproquement. Sur les hauteurs près de Meissen, et sur la rive gauche du fleuve, on avait établi également trois retranchemens munis de Blockhaus. Quel que fût le résultat des efforts réunis des alliés, les habitans de la capitale devaient s'attendre à supporter toutes les charges qui sont le partage d'une ville placée sur une route militaire, aussi long-temps que la victoire n'aurait pas conduit les armées combinées sur les frontières du midi de l'Allemagne.

Déjà les bruits publics annonçaient l'arrivée de nouvelles troupes russes destinées à former une arrière-garde sur l'Elbe; et aussitôt après le départ du quartier-général, on avait fait tous les préparatifs pour recevoir des malades et des blessés, et les locataires comme les propriétaires, étaient astreints à des fournitures pour cet objet.

Le 3 mai, le bruit d'une victoire complète remportée par les Prussiens, dans la plaine entre Weissenfels et Naumbourg, vint faire diversion un moment aux inquiétudes vagues auxquelles on était en proie. Le bruit se soutint pendant toute la journée, sans que cependant la nouvelle acquît de la consistance par des détails ultérieurs. Le rapport d'un voyageur, qui annonça que le 2 mai les Français avaient été à Leipsick, fit naître de nouvelle alarmes, qui ne furent pas entièrement calmées par le récit d'un officier russe, parti du quartier-général le 1er. mai, et assurant que l'empereur avait annoncé à ses troupes la victoire des Prussiens. Le lendemain matin, une affiche annonça aux habitans qu'il était arrivé la nouvelle officielle d'une bataille sanglante livrée le 2 mai entre Leipsick et Weissenfels, dans laquelle les alliés étaient restés maîtres du terrain; quelques heures plus tard on placarda une lettre d'un officier du corps de Blücher, qui cependant ne donnait pas de renseignemens satisfaisans: peu après on afficha, sous la lettre de l'officier, la nouvelle que le 3 mai, les Français avaient de nouveau quitté Leipsick. Vers midi les bagages des princes Prussiens rentrèrent dans Dresde, et quelques heures après on vit reparaître le roi de Prusse lui-même; il fut suivi par beaucoup de voitures de blessés et par des détachemens isolés, entre autres, de volontaires prussiens qui avaient versé leur sang à l'importante affaire de Lutzen. On fit une nouvelle réquisition d'objets nécessaires à l'établissement d'un hôpital pour les officiers, et l'on en pressa beaucoup les fournitures.

Le bruit du gain de la bataille se soutenait toujours, mais l'on ajoutait que les alliés, et surtout les Prussiens, avaient payé cher la victoire. A la nuit tombante, l'empereur de Russie arriva également, et se rendit de suite auprès du roi ; sa sérénité, et quelques paroles encourageantes qu'il avait, disait-on, adressées à la foule qui se pressait autour de sa voiture, paraissaient confirmer les bonnes nouvelles ; plusieurs habitans donnèrent, à la clarté des flambeaux, une sérénade aux deux souverains, et saluèrent les vainqueurs par des cris de joie mille fois répétés.

Lorsque cependant la nuit on vit passer sur la rive droite des files entières de voitures chargées de blessés, ainsi que de bagages, les inquiétudes reprirent le dessus, quoique l'on tâchât de les diminuer, en assurant que l'empereur, avant la bataille, avait donné l'ordre de faire passer sur l'autre rive tous les bagages superflus, pour prévenir des consommations inutiles sur la rive gauche, et rendre plus libres les mouvemens de l'armée.

Le 5 mai, l'on avait placé à la vérité quelques pièces de canon non loin du pont, pour célébrer, disait-on, la victoire par des salves d'artillerie, et l'on avait distribué des cartes d'entrée pour une cérémonie religieuse dans la chapelle russe ; mais la solennité n'eut point lieu, et ce fut en vain que l'on attendit un rapport officiel sur les événemens militaires. Les hôpitaux se rem-

remplirent, quoique l'on n'y admît que les soldats grièvement blessés; ceux qui n'avaient que de légères blessures étaient dirigés ailleurs, ou logés chez le bourgeois. Pendant trois jours, l'on vit presque sans interruption transporter les malheureuses victimes de la guerre : le plus considérable de ces transports arriva le 5; l'empereur l'ayant rencontré, s'arrêta plusieurs fois pour parler à des blessés, et la part qu'il témoignait prendre à leurs souffrances semblait les alléger. C'était un spectacle affligeant que celui des blessés prussiens, qui, depuis le jour de la bataille, n'avaient pas joui d'un moment de repos. Ici l'on voyait un brave guerrier, oubliant ses souffrances, déplorer la mort d'un camarade; là un autre, sans songer à ses blessures, accusait le sort d'avoir refusé la victoire à la valeur; il ne s'en trouvait pas un qui ne fût disposé à verser la dernière goutte du sang qui lui restait. Le coup n'a point porté au cœur, s'écriaient plusieurs des blessés, et couverts encore de bandages, ils retournaient à leurs rangs.

Le 6 mai parut à la fois un rapport préliminaire prussien sur la bataille de Gros-Gœrschen, et une relation écrite en français, faite par les Russes, en date du 3, sur le champ de bataille même. Il en résultait que les alliés, quoiqu'ils eussent remporté des avantages, avaient été forcés, par les mouvemens de l'armée ennemie, d'abandonner leur position, de renoncer pour le moment à l'offensive, et de se replier sur l'Elbe pour se rapprocher de leur réserve.

Il paraît cependant que cette résolution fut dictée en partie par des considérations majeures d'un autre genre, prises des relations réciproques des différens États, et fondées sur l'espoir que les gouvernemens qui n'avaient pas renoncé à l'idée de recouvrer leur indépendance par un usage bien calculé de leurs propres forces, ne tarderaient pas à se joindre à ceux qui portaient déjà les armes pour parvenir à ce but.

Le 6 mai au soir, la nouvelle se répandit que les Français s'avançaient en force sur la Mulde; déjà il arrivait des colonnes isolées d'infanterie et d'artillerie russe, et il était manifeste que toute l'armée alliée allait se retirer sur la rive droite de l'Elbe. Tantôt l'on voyait une file de voitures que les cantiniers se hâtaient de charger encore d'eau-de-vie et de comestibles, tantôt un pulk de Cosaques qui chassaient devant eux un troupeau de vaches; ici une escorte qui conduisait des prisonniers; là une troupe de Baskires, le dos chargé d'un carquois rempli de flèches; plus loin, l'œil était affligé par un convoi de blessés.

Quoique les retranchemens près du pont de bateaux ne fussent pas terminés, on les mit en état de défense, et on les garnit d'artillerie. On fit des préparatifs de défense à Meissen, où Blücher établit son quartier-général le 7, et l'on fit passer tous les bateaux sur la rive droite. La timidité, qui prévoit de loin les malheurs qu'elle exagère, craignait déjà tous les maux dont une armée en retraite a coutume de marquer sa route. Dans l'après-dîner du 7, de nombreux trains d'artillerie, et des divisions, tant d'infanterie que de cavalerie, passèrent le pont; et lorsque le soir le comte de Wittgenstein, avec d'autres généraux russes, arriva à Dresde, et que tous les Prussiens logés dans la ville furent renvoyés dans la Ville neuve, on s'attendit à voir le quartier-général quitter incessamment la rive gauche. On arrêta plusieurs habitans de la ville, surtout des étrangers, que l'on soupçonnait d'être d'intelligence avec les Français, et on les envoya en Silésie. Ce même jour, le roi de Prusse passa quelques heures à Meissen, pour voir défiler une partie de ses troupes, qui, du 7 au 8, passèrent sur la rive droite, près de cette ville et près de Mühlberg.

Le même jour, l'avant-garde française se trouvait déjà entre Nossen et Wilsdruf, à 3 ou 4 lieues de Dresde. Tout le long de la journée on entendit la canonnade. La nuit suivante, les feux des Russes brillaient partout dans les environs de la ville, sur les hauteurs et sur le rivage; toutes les troupes étaient préparées pour le départ, et la crainte de voir le lendemain un combat s'engager aux portes de Dresde, ne paraissait pas dénuée de tout fondement.

Le 8, l'empereur partit dès la pointe du jour pour Bischofswerda. Pendant la nuit on avait enveloppé de paille et garni de boudins les madriers du pont qui remplaçaient l'arche rompue. La fumée et les flammes, qu'à la pointe du jour on distinguait au sud-ouest de Dresde, marquaient la route sur laquelle s'approchait l'armée ennemie. Quelques heures plus tard, les troupes formant l'arrière-garde de l'armée russe, traversèrent l'Elbe sur les trois ponts; et c'est ainsi que se termina cette retraite savamment conçue, et exécutée avec intrépidité.

A voir l'ordre avec lequel les marches s'exécutèrent depuis le commencemet jusqu'à la fin, on ajoutait foi facilement aux officiers russes, qui assuraient que leur armée avait, à la vérité, été d'abord vivement poursuivie par les Français, mais que leur contenance avait été si imposante, qu'ils ne s'étaient vu inquiéter qu'après avoir quitté leur bivouac de la nuit. Lorsque les dernières troupes eurent quitté la ville, les habitans attendaient avec crainte le dénouement. Toutes les boutiques restèrent fermées, et l'on cacha soigneusement les pamphlets et les caricatures sans nombre qui, depuis quelques semaines, garnissaient les magasins des libraires.

Les Français suivirent l'infanterie légère russe et les Cosaques, qui, après avoir un peu tiraillé près de la barrière de Freiberg, sur la route de Wilsdruf, se retirèrent, tant par le pont de bateaux que par le pont de radeaux établi au-dessous de la ville. Le pont de radeaux fut détruit par les Russes dès qu'ils eurent gagné la rive droite, et à peine les derniers Cosaques eurent traversé le pont qui remplaçait l'arche rompue, que les flammes s'en élevèrent ; les madriers sautèrent en l'air avec fracas, et en un quart d'heure le pont fut consumé. Les flammes firent des progrès si rapides, que quelques voitures de cantiniers, chargées de viande et d'eau-de-vie, en devinrent la proie, et toutes en feu, furent entraînées comme l'éclair par les chevaux effrayés. A l'instant il se formait des groupes autour des voitures incendiées; on en arrachait les morceaux de viande ; on précipitait dans l'eau les voitures et les tonneaux ; les Cosaques buvaient dans le ruisseau leur nectar favori. D'autres groupes donnaient leur attention à un roulier en retard, dont la voiture était chargée de tabac; chacun en arrachait le plus qu'il pouvait, en formait une botte, et attachait cette provision derrière sa selle, à côté du foin.

Cependant l'armée française, sous les ordres du vice-roi et des ducs de Trévise et de Raguse, s'avançait sur la route de Wilsdruf. Dans la Ville vieille, les premiers postes furent occupés de suite par le général Grundler, chef d'état-major du 11e. corps; une autre division de troupes françaises se porta sur le pont de bateaux au-dessus de la ville. Le général russe de Korf, chargé du commandement de la tête du pont, avait, à ce que l'on assure, reçu de son souverain l'ordre de ne point défendre ces fortifications, et de détourner de la ville toute espèce de danger. Les Russes, après avoir tiré des ouvrages quelques coups de canon, se retirèrent de ce point, comme de tous les autres, sans perte, et dans l'attitude la plus calme. Sur l'une et l'autre rive les ouvriers mirent le feu, vers midi, au pont formé de vingt-six grands bateaux; ils le détachèrent du rivage, et il descendit la rivière, passa entre les deux parties de la ville en vomissant des tourbillons de flammes et de fumée, et ne s'arrêta que contre les piles du pont de pierres, où les débris finirent de se consumer.

Les députés de la municipalité, et quelques membres de la commission immédiate, s'étaient rendus au-devant de Napoléon, pour le recevoir devant les portes de la ville. Ce souverain, qui était à cheval, fit le tour de la ville, et alla visiter sur-le-champ la tête du pont; puis il se rendit au chantier devant la porte de Pirna; et ce ne fut que dans l'après-dîner qu'il fit son entrée dans la ville, en passant au milieu de la haie formée par la garde nationale. Il traversa Dresde sans s'arrêter, et alla au village de Priessnitz, à une lieue de là, afin de choisir la place pour un pont de radeaux que l'on devait construire dans le plus court délai possible. L'on mit sans délai en réquisition les ouvriers, ainsi que les matériaux nécessaires à ce travail. Lorsque Napoléon eut donné les ordres nécessaires à ce sujet, il se rendit au château royal, où il était attendu par les autorités et par les officiers de la cour. Le ci-devant ambassadeur de Saxe à la cour de France fut député le même jour vers le roi pour l'engager à revenir promptement dans sa capitale. Le soir, la ville fut illuminée par ordre supérieur.

Pendant que la scène changeait ainsi dans la Ville vieille, les habitans de l'autre rive furent étonnés d'entendre le son des cloches qui, de toutes les paroisses, annonçaient l'arrivée de Napoléon. Ce n'était qu'à midi du même jour que le roi de Prusse avait quitté la Villeneuve pour établir son quartier-général dans le village de Weissig, sur la route de Bautzen, à deux lieues de Dresde. Le général Miloradowitsch commandait l'arrière-garde russe qui occupait la Ville neuve. De fortes colonnes de troupes russes et prussiennes, et des préparatifs imposans, inspiraient les plus vives alarmes; on établit de suite une batterie sur la rive droite à l'entrée du pont; on plaça des pièces sur les remparts, et déjà à midi les boulets se croisaient sur l'Elbe. Le feu cessa cependant bientôt de part et d'autre; pendant la nuit, tout fut tranquille, et les seuls feux de bivouac annonçaient la présence des deux armées, séparées par le fleuve. Le soleil levant fut salué par le bruit du canon; sur l'une et l'autre rive on fit, des remparts, un feu très-soutenu, et la fusillade partant des fenêtres du corps-de-garde occupé par les carabiniers russes et par les chasseurs du corps franc de Reiche, menaçait de la mort ceux qui osaient se montrer sur la place devant l'église catholique : des toits, ainsi que du clocher de cette église, les Français tiraient sur la Ville neuve. On avait témoigné l'intention de placer aux croisées du palais Japonais des soldats qui devaient tirer sur l'autre rive ; mais M. Lipsius, l'un des conservateurs aux soins desquels sont confiés les trésors des sciences et des arts que renferme cet édifice, sut détourner ce malheur. Dès que le général en chef russe fut prévenu, il donna l'ordre sévère de respecter ce monument. Les boulets et les balles tombaient en foule sur les deux parties de la ville; quelques obus, lancées de la rive droite, atteignirent des édifices de la Ville vieille, mais il n'en résulta pas des accidens biens graves. Plusieurs des habitans, que leur curiosité rendait téméraires, furent tués ou blessés. Dans ce combat, les Russes n'eurent que quelques hommes de blessés, et il y eut beaucoup de Français de tués à l'entrée du pont. Des ouvriers français avaient pénétré, à l'aide d'échelles, dans l'intervalle ouvert par l'arche rompue, et paraissaient occupés à déblayer les décombres pour préparer le passage ; mais la mitraille des pièces russes les obligea à quitter l'ouvrage.

Plus bas, en face du village de Priessnitz, le combat était bien plus opiniâtre. Pendant la nuit, les Français avaient fait les préparatifs nécessaires pour construire le pont de radeaux, et dès la pointe du jour ils se mirent à y travailler. Les Russes, pour s'opposer à ce travail, avaient établi une batterie sur la rive droite, près du village de Pieschen. Des soldats français passèrent la rivière dans des bateaux de pêcheurs, pour attaquer les tirailleurs russes ; mais ils furent si bien reçus, que l'on était obligé de faire suivre les bateaux avec la plus grande célérité, afin de remplacer les tués et les blessés. Le feu dura sans interruption depuis neuf heures du matin jusques vers midi ; l'artillerie russe détruisit les travaux commencés, et les Français furent obligés de renoncer à leur entreprise. Cependant, à quelques pauses près, le feu continuait toujours dans la ville. Toute la Ville neuve n'était qu'un camp ; dans les rues latérales, qui se trouvaient à l'abri du feu, étaient les chevaux et les voitures, près desquels reposaient les soldats du train : sur les places abritées, des chasseurs russes faisaient sécher leur manteaux et leur linge sur leurs fusils placés en piles ; des garçons intrépides ramassaient le plomb dans les rues découvertes, et les volontaires le refondaient et le renvoyaient à l'ennemi. Les curieux, déjà presque familiarisés avec le fracas des armes, s'approchaient de plus en plus du rivage, jusqu'à ce que les éclaboussures d'un boulet les rappelassent à la prudence : les appréhensions furent augmentées par plusieurs bruits inquiétans. Mais l'on sut bientôt que, dès la veille, la plus grande partie de l'armée alliée avait continué sa marche sur les routes de la Lusace, et que les petites divisions, restées dans les environs de la ville, n'avaient d'autre destination que d'assurer la retraite en inquiétant l'ennemi. Vers les quatre heures après-midi, la plus grande partie des troupes qui se trouvaient encore dans les rues de la Ville neuve, se mit en marche avec son artillerie, et prit sa route en descendant le long de l'Elbe, parce qu'il s'était rassemblé des troupes ennemies sur la rive gauche au-dessous de la ville. La fusillade seule continua près du pont; mais bientôt les troupes qui étaient parties rentrèrent dans la ville en nombre plus considérable; on plaça de nouveau des pièces devant le pont; le feu recommença avec assez de vivacité, et cessa enfin entièrement à l'approche de la nuit. Pendant la nuit, dont le silence ne fut troublé par le bruit du canon qu'au lever du soleil, la majeure partie des troupes russes s'éloigna du rivage de l'Elbe; et vers quatre heures, on vit leur arrière-garde avec son artillerie en marche sur la route de Bautzen. Le plus bel éloge que l'on puisse faire des Russes, c'est de dire qu'on les vit partir à regret, et que l'on n'attendait pas sans inquiétude les Français, qui s'annonçaient comme amis et comme libérateurs.

Quelques heures après le départ des Russes, des voltigeurs français grimpèrent par-dessus l'intervalle de l'arche rompue, et se placèrent en postes-avancés sur la route principale : quelques Calmuks caracollaient encore près de la porte; de temps en temps ils montaient debout sur leurs chevaux, et, avec leurs petits yeux perçans, reconnaissaient de loin les Français. Vers dix heures, plusieurs divisions d'infanterie légère avaient déjà passé le fleuve et allaient en avant sur les routes de la Lusace. Pendant la journée entière, on fit passer des troupes sur la rive droite par tous les moyens imaginables ; on mettait une activité sans égale à transporter l'artillerie sur des bacs. Des ouvriers français s'occupaient sans relâche à déblayer les décombres de l'arche rompue, et à construire un nouveau pont supplémentaire. Dans l'après-dîner, Napoléon lui-même visita les travaux, et remit à l'architecte du roi les desseins d'un échafaudage aussi simple que léger pour reconstruire ce qui avait été détruit (1).

La Ville neuve, qui depuis deux mois souffrait déjà bien plus des maux de la guerre que la Ville vieille, fut alors accablée de charges nouvelles. La disette de pain s'y faisait sentir depuis plusieurs jours, parce que les moulins se trouvaient dans la partie opposée de Dresde, et que, par les motifs qui avaient fait détruire les bateaux, on ne voulait pas tolérer de moulins sur la rive gauche. Les

---

(1) Le Moniteur a donné, sur les événemens qui ont eu lieu à Dresde, du 8 au 10, une relation très-incomplète d'un côté, et très-exagérée de l'autre.

troupes, qui sortaient de contrées épuisées, étaient venues se concentrer sur la rive gauche, et occupaient ou la Ville vieille, ou les hauteurs environnantes, ce qui occasionna aussi sur la rive gauche une rareté extrême de beaucoup d'objets de première nécessité. La première mesure que l'on prit après l'arrivée des Français, ce fut la publication d'une ordonnance (1) qui enjoignait aux habitans de faire sans délai, et sous les peines les plus rigoureuses en cas de réticence, et dans la nuit même, une déclaration exacte de leurs provisions de farine. Dès que les Français furent passés sur la rive droite, on y fit une réquisition de pain, malgré la disette qui se faisait sentir dans la contrée. La seconde ordonnance qui fut publié après l'arrivée des Français, était relative aux maraudeurs. Napoléon ordonna la formation d'une escouade de 30 gendarmes saxons, qui, commandés par un officier de la gendarmerie française, se mirent aussitôt en marche pour battre la route de Dresde à Pegau, afin de la purger des pillards qui l'infestaient (2). Mais il paraît que le mal était fait avant qu'on n'y eût apporté le remède; car les premiers jours on vendait dans toutes les rues des objets provenant du pillage.

Le nouveau pont provisoire, formé par un

---

(1) Suppl. XXXI.
(2) Suppl. XXXII.

échafaudage si léger qu'il paraissait chancelant, mais qui, dans le fait, était très-solide, fut achevé dans la matinée du 11 mai. Et à l'instant il servit au passage de la cavalerie, de l'infanterie et de l'artillerie des 4e., 6e., 11e. et 12e. corps. La marche des troupes continua sans interruption jusqu'à la nuit. Ces corps formaient une armée bien équipée de 60 à 70 mille hommes Français, Allemands et Italiens. Napoléon, entouré d'une suite nombreuse, resta plusieurs heures assis sur l'un des bancs de pierre du pont pour les voir défiler. Pendant cette marche, l'on vit du côté de l'est se lever des tourbillons de flamme et de fumée, attestant l'incendie du village de Schmiedefeld, qui fut la première victime des dévastations dont les champs fortunés de la rive droite étaient menacés à l'approche de l'armée.

Le roi de Saxe arriva dans sa capitale quatre jours après l'entrée des Français. Napoléon avait envoyé au-devant de lui jusqu'à la frontière de Bohême un détachement de cavalerie de la garde, commandée par l'aide-de-camp, général Flahaut, pour lui servir d'escorte. Le roi coucha dans le château de Sedlitz. Le 12, dès le point du jour, de nombreuses troupes s'étaient mis en bataille sur la route de Pirna, au-dessus du grand jardin : leurs lignes s'étendaient jusqu'aux portes de la ville, et la garde impériale bordait la haie dans les rues de la ville où le cortége devait passer. Au moment de l'arrivée du roi de Saxe, Napoléon passait la revue de ses troupes, et le roi resta long-temps arrêté dans le grand jardin, jusqu'à ce qu'enfin un aide-de-camp français vint l'avertir que Napoléon l'attendait près de Grüna, village situé sur l'un des côtés du jardin. Les députés de la municipalité s'étaient rendus à la porte extérieure, et furent présentés par un officier français au roi, qui était à cheval à côté de Napoléon; le roi les adressa à Napoléon, qui les lui renvoya. Après une scène muette, Napoléon rompit le silence. *Ecoutez-moi*, dit-il, *Saxons, voilà votre sauveur* (en montrant le roi); *je sais qu'il y a parmi vous de mauvais sujets qui ont favorisé les Russes et les Prussiens; mais je pardonne tout pour l'amour du roi. Si votre souverain*, ajouta-t-il, *avait été un allié moins fidèle, j'eusse traité la Saxe comme un pays conquis; mais mon armée ne fera qu'y passer, et je saurai la défendre contre tous ses ennemis.* L'orateur des députés commença sa harangue en ces mots: *Les enfans de la patrie se réjouissent de revoir leur protecteur: que disent-ils ?* interrompit Napoléon. *Ils disent*, répondit-on, *ce que leur majesté leur a ordonné de dire. Eh bien, soit*, répliqua Bonaparte: *ce que j'ai dit sera imprimé et publié.* Le cortége se mit en marche dans la haie, et se rendit au son des cloches, au bruit des salves d'artillerie et des acclamations. Quelques heures après, le discours que Napoléon avait adressé aux autorités était affiché dans toutes les rues, en français et en allemand (1). Mais presque à l'instant même où l'on se reposait sur la foi de la promesse que la Saxe serait à l'abri de tous les maux qu'un impitoyable vainqueur fait subir aux vaincus, les Français mirent le feu aux quatre coins de Bischofswerda et pillèrent cette malheureuse ville, que les Russes avaient abandonnée dans leur retraite. Le Moniteur attribue hardiment ce forfait aux Russes.

Le 13 mai arriva la division du duc de Reggio; elle fut suivie par les troupes bavaroises, qui avaient été campées pendant quelques jours sur la rive gauche de l'Elbe. Depuis le 14, on vit arriver dans Dresde des prisonniers russes et un nombre assez considérable de Français blessés le 12 et le 13, près de Bischofswerda et de Stolpen. Deux ponts de bâteaux établis, l'un au-dessus, l'autre au-dessous du pont de pierres, facilitaient la marche des troupes, qui continua jusqu'au 17 mai.

Pendant que ces colonnes marchaient sur la Lusace, on plaçait les jalons sur les lignes où l'on devait établir, tout autour de la Ville neuve, les fortifications projetées par le général Rogniat, chef du génie. Une partie des troupes, et des milliers de paysans, venus, même des contrées les plus

---

(1) L'affiche rendait l'esprit du discours sans s'astreindre à la lettre. (Voyez le suppl. XXXIII.)

éloignées de la Saxe, furent employés, sans délai, à la construction de ces ouvrages dont on pressait l'exécution. Peu après on coupa le passage du pont de pierres près de l'une des piles sur la rive droite par de fortes palissades, au milieu desquelles se trouvait une porte très-solide. Les avenues de l'un et l'autre pont de bateaux furent défendues aussi par des palissades, occupées par des troupes westphaliennes qui habitaient des baraques. Ces précautions étaient nécessaires, tant pour l'avenir que pour le moment présent ; car les Cosaques, qui infestaient les environs de Dresde, auraient pu tenter un coup de main sur cette place. Comme l'on commençait à faire passer sur la rive gauche beaucoup de munitions et d'effets d'hôpitaux, le bruit se répandit que les alliés, qui occupaient une bonne position sur la Sprée, se rapprochaient de l'Elbe.

Le 18 mai, Napoléon partit peu après midi, et prit la route de Bautzen avec une nombreuse suite. Le duc de Bassano, qui venait d'arriver, s'établit à Dresde avec ses bureaux. Le général Durosnel, aide-de-camp de Napoléon, resta dans cette capitale, comme commandant en chef de toutes les troupes françaises en Saxe; et le comte Dumas comme intendant général de l'armée : l'un et l'autre avaient avec eux un grand nombre d'employés.

On envoyait sans cesse des convois de vivres, tirés de la Westphalie, de la Franconie, et même des frontières de la France, à l'armée qui marchait en avant, sur l'une et l'autre rive, où les subsistances étaient épuisées. Cependant c'était la Saxe qui fournissait la plus grande partie des besoins de l'armée. Journellement on versait à Dresde, des parties les plus éloignées de la Saxe, des milliers de pains, des farines, des légumes secs, des eaux-de-vie : l'église de Notre-Dame et celle des Orphelins étaient converties en magasins de vivres. Les fournitures de fourrages n'étaient pas moins considérables : sous ce rapport surtout, il y avait les plus grands abus, et le nombre effectif des chevaux présens à Dresde était, avec le nombre des rations à fournir journellement, dans une disproportion qui ne pouvait être profitable que pour la bourse des généraux et des employés supérieurs (1).

Les premières nouvelles des batailles de Bautzen et de Hoschkirck furent suivies, depuis le 25 mai, par de longues files de blessés que l'on transportait, soit sur des charettes, soit sur des brouettes. L'on peut porter, sans exagérer, à 20,000 le nombre des victimes de ces combats transportés à Dresde. Un nombre assez considérable de conscrits qui prenaient la route de Dresde, s'étaient blessés eux-mêmes pour se rendre impropres au service.

---

(1) L'on était obligé de fournir 1000 rations par jour pour les employés, et ces employés n'avaient pas 300 chevaux. Le comte Dumas, intendant-général de l'armée, touchait pour sa part 100 rations.

Depuis que l'on avait découvert cette fraude, les soldats arrivant du théâtre de la guerre étaient soigneusement examinés par les gendarmes. Le pont de bateaux était le seul passage permis aux blessés; lorsqu'ils se présentaient ailleurs, les factionnaires les renvoyaient, pour qu'ils ne passassent pas devant le château, et que le roi ne vît pas combien ferait de victimes cette lutte qui attirait tant de malheurs sur son pays. Plusieurs édifices publics furent convertis en hôpitaux, et les Russes et les Prussiens, dangereusement blessés, que les alliés avaient laissés à Dresde, lors de leur retraite, furent transportés avec leurs lits dans la Ville vieille, afin de faire place dans la Ville neuve à des blessés nouvellement arrivés. Les Français légèrement blessés étaient souvent logés chez le bourgeois, mesure qui ne contribua pas peu à répandre la contagion dans la ville. Cependant le nombre des victimes de la guerre se multiplia bientôt tellement, que tous ne pouvaient trouver sur-le-champ un lit, ni même le couvert. La ville entière offrait le triste aspect d'un vaste hôpital. On voyait dans les rues, encombrées d'ordures, de longues files de blessés couchés par terre et poussant des cris lamentables; on faisait des amputations dans les places publiques. Tous les jours, de malheureux soldats se traînaient en foule des maisons particulières dans les hôpitaux, où la précipitation des chirurgiens en mutilait des centaines sans nécessité. Devant quelques hôpitaux, on voyait des tas de doigts ou d'autres membres, qui servaient à l'insouciante jeunesse d'instrumens pour ses jeux.

La charge que supportait la ville de Dresde par la présence de ces innombrables employés qui suivaient les armées françaises, devint pour elle un fardeau accablant, lorsqu'elle fut remplie de blessés. L'ordonnance du comte Durosnel qui enjoignait à tous les employés, à toutes les personnes attachées à l'armée qui n'avaient point l'ordre de rester à Dresde, ou qui n'avaient pas de permis de séjour, de se rendre à leur destination, soulagea un peu les habitans. Il fut prouvé, par l'inspection des billets de logemens retirés, que des milliers de Français, dont la présence n'était nullement nécessaire à Dresde, s'y étaient fait nourrir pendant plusieurs semaines. Suivant l'ordonnance en question, les billets de logement devaient être vérifiés tous les mois.

Toutes les contrées du royaume par lesquelles les troupes avaient passé, souffraient autant que la capitale. Le pays était dévasté à plusieurs lieues de la route militaire; la plupart des villages situés sur cette route étaient déserts. Dans beaucoup de campagnes, les moissons étaient écrasées sous le poids des chevaux, ou avaient été moissonnées en herbe. Tant les alliés dans leur retraite, que les Français en avançant, avaient emmené les cultivateurs et leurs chevaux. Tous les jours il rentrait un certain nombre de ces paysans par la route de la Lusace et par celle de la Bohême. Quelques-uns faisaient de grands éloges des alliés, qui leur avaient non seulement rendu leurs chevaux, mais leur avaient encore donné de l'argent pour leur retour; ceux qui avaient été obligés de suivre les Français n'avaient pas à se louer d'une semblable générosité; plusieurs d'entre eux, qui revenaient de la Silésie, se plaignaient de ce qu'à leur retour les Français les avaient dépouillés de ce que les Russes leur avaient donné, et les avaient mis ainsi dans le cas de demander l'aumône pour regagner leur pays.

Lorsque la nouvelle de l'armistice, conclu le 4 à Poischwitz, se répandit dans la Saxe, l'espoir de la paix ranima tous les cœurs. Déjà l'on faisait des préparatifs pour recevoir Napoléon, qui voulait passer à Dresde le temps de l'armistice. Le duc de Bassano alla voir plusieurs jardins et plusieurs maisons de campagne dans les environs de Dresde; il choisit enfin le jardin du comte Marcolini, situé dans le faubourg dit Friedrichstadt. Cette maison de plaisance avait jadis appartenu au comte Brühl, si connu par sa magnificence, et avait été embellie par son possesseur actuel, homme de beaucoup de goût. Suivant un bruit généralement répandu, Napoléon était de retour à Dresde depuis les derniers jours de mai, grièvement blessé. Il gémissait, disait-on, dans les ap-

-partemens qu'il avait déjà antérieurement habités; la moindre clarté que l'on croyait avoir remarqué le soir aux croisées de cette partie du château, confirmait ces bruits, selon lesquels l'état de Napoléon empirait de jour en jour; enfin il était à toute extrémité. J'ignore l'origine de cette fable; peut-être est-elle née à l'occasion du transport du cadavre de Duroc, qui passa par Dresde; peut-être aussi la maladie d'un valet-de-chambre envoyé par Napoléon à Dresde, pour y prendre différens objets dont il avait besoin à l'armée, où tous ses effets avaient été détruits par un incendie, y donna-t-elle naissance : ce valet-de-chambre était réellement soigné dans le château. Quoi qu'il en soit, lorsque le 10 Napoléon arriva à Dresde, à cinq heures du matin, il y eut des personnes qui allèrent jusqu'à dire qu'il était remplacé dans sa voiture par un mannequin avec un masque de cire, que l'on faisait mouvoir à l'aide d'un mécanisme : l'incrédulité tira parti de la circonstance que son arrivée ne fut annoncée que plusieurs heures plus tard par des salves d'artillerie et par le son des cloches. Lorsqu'enfin on le vit le lendemain plein de vie, à cheval, dans la grande prairie, dite l'Ostrawiese, il fallut bien croire qu'il n'était pas à l'agonie.

SECTION III.

Pendant l'armistice, Dresde offrit le tableau

animé d'une place de guerre; et comme, sur les frontières de la Saxe, les alliés réunissaient toutes leurs forces pour secouer le joug étranger, Napoléon rassemblait ses dernières ressources pour river les fers de l'Allemagne, et pour étayer l'édifice ébranlé de sa puissance. Tous ces préparatifs annonçaient que Dresde et ses environs seraient long-temps le camp de l'armée française. Déjà plusieurs acteurs des *Français* étaient en route pour s'y rendre; car, disait-on, de tous temps les guerriers français ont eu l'habitude de se délasser des travaux de la guerre avec Melpomène et Thalie. Talma, Saint-Prix, Armand, l'aimable Mars, et un peu plus tard mademoiselle Georges, qui revenait de Saint-Pétersbourg, se trouvaient au nombre des artistes qui donnaient d'ordinaire leurs représentations sur un théâtre établi à cette fin dans le château de Marcolini; une fois cependant ils jouèrent devant un auditoire plus nombreux, dans la salle du petit opéra. M. de Turenne, chambellan de Napoléon, donnait des cartes pour les places qui n'étaient point occupées par Napoléon et par sa suite; mais lorsque ce dernier était présent, personne n'avait accès sans être en habit de cour, et beaucoup de personnes aimaient mieux se priver de voir des acteurs excellens, surtout dans la comédie, que de s'astreindre à cette gêne.

Les revues qui avaient lieu tous les jours, offraient un autre spectacle aux habitans de Dresde. Napoléon les passait dans l'Ostrawiese, parce que c'est la plus grande place qui se trouve près du palais qu'il habitait. Dès le lendemain de son arrivée, il y eut une revue de 10 à 12,000 hommes, tant cavalerie qu'infanterie, sous les ordres du général Bertrand, qui venaient d'Italie, et qui, le jour même, continuèrent leur marche sur la route de la Lusace. Le 13 on chanta, dans toutes les églises, un *Te Deum* au bruit de l'artillerie, à l'occasion de l'armistice, et le soir la ville fut illuminée par ordre supérieur : c'était, de toutes les illuminations de commande par lesquelles, depuis sept ans, on célébrait tant d'événemens dont les suites ont été funestes, la plus mesquine. En effet, les espérances de paix que l'on pouvait fonder sur l'armistice étaient si faibles, la perspective d'une paix durable et de l'indépendance des peuples si vague, que les cœurs ne pouvaient pas s'ouvrir à la joie; chacun ne sentait que les souffrances du moment : mais qu'étaient ces souffrances en comparaison de celles qui se préparaient !

Le voyage que fit Napoléon le 20 juin, pour se rendre à Pirna, et pour visiter les défilés de la Bohême, fixa tous les regards sur l'Autriche, dont jusqu'à ce moment on avait attendu une médiation, et qui, maintenant, au contraire, accomplissait les espérances qu'elle avait fait concevoir à l'armée alliée, lorsqu'au mois de mai elle repassa l'Elbe, de concourir de toutes ses forces pour que, dans ce grand combat des peuples, la victoire demeurât aux alliés. L'Autriche semblait prendre une attitude décidément ennemie contre la France. Déjà elle ne laissait plus passer de Saxe en Bohême que les personnes qui allaient prendre les eaux, et dans les passeports desquels le mauvais état de leur santé était expressément indiqué comme le motif de leur voyage. Le bruit courait qu'en Autriche et en Bohême on faisait des préparatifs imposans et qui touchaient à leur fin; et les grands préparatifs de défense que les Français faisaient, avec autant d'habileté que de promptitude, sur l'une et l'autre rive de l'Elbe, là où les défilés de la Bohême viennent y déboucher, attestaient que la voix publique disait vrai. Cette ligne formidable de défense s'étendait depuis Giesshübel jusqu'à Stolpen, dont l'antique citadelle, bâtie sur le basalte, fut renforcée par de nouveaux ouvrages, que cependant on ne termina point. Les fortifications établies au pied de *Lilienstein*, rocher escarpé, étaient un point très-important dans la ligne; elles communiquaient par deux ponts avec *Kœnigstein*, qui est situé en face; elles devaient protéger un camp de 60,000 hommes, couvrir encore l'une et l'autre rive, et défendre les défilés qui débouchaient dans cet endroit. Une route praticable pour l'artillerie, que l'on venait de construire à travers les montagnes du baillage de *Hohnstein*, facilitait la communication avec les corps d'armée en Silésie. Toutes ces fortifications n'étaient à considérer que comme les ouvrages avancés de Dresde, point central d'une forte position sur la rive supérieure de l'Elbe, que l'on perfectionnait de jour en jour. Les ouvrages sur la rive droite, autour de la Ville neuve, touchaient à leur perfection; *le fort impérial*, devant la porte noire, le plus fort et le plus soigné de ces ouvrages, était muni d'un nouveau blockhaus à l'épreuve de la bombe; les jallons étaient placés pour d'autres travaux considérables projetés autour de la Ville vieille; à l'ouest, ils s'appuyaient contre la Weisseritz, petite rivière qui sépare la Ville vieille de Friederichstadt; et à l'est, ils se prolongeaient en arc jusqu'à l'Elbe. Quelques milliers de paysans requis des parties les plus éloignées de la Saxe, dans une saison où les travaux de la campagne demandaient tous les bras, s'occupaient à mettre Dresde dans un état de défense formidable; on les payait régulièrement, et ils étaient relevés tous les quinze jours. Journellement il arrivait de petites divisions de troupes de toutes les armes, accompagnées de quelque artillerie, dont quelques-unes venaient de quitter l'Espagne en toute hâte. Elles allaient rejoindre l'armée principale pour réparer les pertes qu'elle avait souffertes depuis le mois de mai, ou bien renforçaient les troupes baraquées dans les bois, près de la ville, sur la rive droite: ce camp s'étendait à une lieue et au-delà. Le 25 juin, Napoléon alla l'inspecter lui-même. Au milieu de tous ces préparatifs dont les Français s'occupaient très-sérieusement, en parlant de la paix prochaine, l'espoir d'un arrangement entre les puissances se ranima, lorsqu'on vit arriver à Dresde M. le comte de Metternich, ministre d'Autriche, qui quittait le camp de l'empereur Alexandre; il séjourna dans la capitale depuis le 26 jusqu'au 30 juin.

Cependant les personnes habituées à réfléchir, et qui attendaient que la liberté de l'Allemagne serait le résultat de la lutte qui allait s'engager de nouveau, ne se livrèrent pas même à cet espoir, lorsque le bruit se répandit généralement que l'armistice allait être prolongé, ensuite d'une convention que la France venait de conclure avec l'Autriche. Ce répit ne parut, aux plus clairvoyans, qu'une prolongation des charges dont le séjour prolongé des troupes auprès de Dresde accablait cette ville. Il arrivait, à la vérité, des approvisionnemens considérables de l'étranger, et l'on voyait continuellement venir, même de France, des convois de farine, de biscuit, de riz. Cependant la Saxe était obligée de faire des efforts pour subvenir aux besoins de l'armée: dès la mi-juillet, les fourrages étaient tellement rares dans le cercle de Misnie, qui avait tant souffert sous tous les rapports, qu'une ordonnance émanée des autorités militaires (1), y mit en réquisition toute l'avoine, à l'exception seulement de ce qui était nécessaire pour les chevaux qu'entretenaient les propriétaires pour leurs besoins : elle enjoignait à ceux qui entretenaient des chevaux de luxe de verser, dans les magasins, leur provision toute entière. Quelle que fût la consommation des troupes dans le cercle de Misnie, les dilapidations ne contribuèrent certainement pas moins à la disette que la consommation ; car les employés des magasins avaient constamment des quantités considérables de fourrages disponibles au service de ceux qui les leur payaient comptant.

Quoique dans la première moitié d'août, le comte de Narbonne se fût rendu à Prague, et qu'après de longs délais, M. de Caulincourt l'y eût suivi, Dresde et ses environs prenaient de plus en plus, vers la fin du mois, un aspect guerrier. Les hôpitaux étaient en grande partie évacués. Les troupes saxonnes, cavalerie infanterie et artillerie, destinées à completter la division campée près de Gœrlitz, sous le général Reynier, venaient d'être équipées : après que Napoléon les eût passées en revue, le 17, elles partirent en toute hâte pour la Lusace. Aux frontières de la Bohême,

---

(1). Suppl. XXXV.

on rassembla, sur l'une et l'autre rive de l'Elbe, un corps considérable sous les ordres du général Gouvion Saint-Cyr. Ce corps s'appuyait aux fortifications que l'on venait d'achever au pied de Lilienstein. Napoléon fit quelques voyages pour inspecter les troupes campées sur la ligne de démarcation fixée par l'armistice. Du 10 au 15, il se rendit à Torgau et à Magdebourg, et du 20 au 22, dans la basse Lusace, où se trouvait la division du maréchal Oudinot. Au milieu de tous ces apprêts guerriers, on avait cependant déjà commencé, depuis la fin de juin, à rétablir la pile détruite du pont; l'on travaillait sous le pont provisoire en bois, qui avait été élevé au-dessus de l'espace vide, et à la fin de juillet, la pile était arrivée jusqu'à la naissance des deux arches détruites (1).

Arrêtons un moment nos regards sur la ville de Dresde, dont la malheureuse étoile avait fait

---

(1) Le 8 décembre 1813, on abattit le pont de bois construit par les Français au mois de mai. On établit sur l'intervalle de l'arche rompue des arches en bois très-solides, que l'on garnit de forts madriers, et l'on forma ainsi un pont assez ferme, muni de garde-fous, qui subsista jusque dans l'été de 1814; à cette époque on commença à rétablir l'arche en pierres, qui fut achevée en septembre de la même année. L'année suivante, les travaux du pont furent entièrement terminés.

le centre des opérations militaires des Français. Il est vrai que certains individus, et même des classes industrieuses tout entières, avaient gagné beaucoup (1), et continuaient toujours de gagner pendant les troubles de la guerre. Il y avait beaucoup d'argent en circulation; mais tout cela ne put empêcher la ruine de la grande majorité des habitans. La charge des logemens militaires (2) fut aggravée lorsque le quartier-général resta à Dresde pendant les deux mois que dura l'armistice : il y eut, à cette époque, environ 30,000 hommes de logés dans la ville; Friedrichstadt, qui renferme les habitans les plus pauvres, souffrait encore plus que les autres quartiers. On y avait logé la garde pour qu'elle fût plus près de Bonaparte, et beau-

---

(1) Jamais, par exemple, le commerce des cartes géographiques n'avait été aussi considérable. Les officiers supérieurs français, et avant eux, les Russes, payaient à des prix exorbitans des cartes que, vu les circonstances, il était difficile de se procurer, qu'il fallait faire venir de loin, et, faute de communications, par des détours. Ceux qui se chargeaient des logemens militaires des habitans qui ne pouvaient pas y subvenir eux mêmes, gagnèrent aussi beaucoup. Plus tard, la maison de plus d'un propriétaire passa dans les mains de celui qui avait logé les soldats pour lui.

(2) Le suppl. XXXV prouve qu'à l'époque dont il est question, ce genre d'oppression était insupportable.

coup de pauvres journaliers dépensaient tout leur gain en fournitures de vivres ; car ceux que l'on distribuait des magasins étaient insuffisans pour satisfaire les prétentions de ces militaires peu habitués à se restreindre ; et l'ordonnance (1) publiée immédiatement après l'armistice, sur la manière dont les soldats, tant Français qu'alliés, devaient être traités, était rarement exécutée. Depuis que les malades et les blessés eurent été entassés dans dix hôpitaux de la ville, et après les sanglans combats qui avaient eu lieu dans la Lusace, et surtout quand on en eut logé chez les habitans, les germes de contagion se multipliant, causèrent des fièvres nerveuses qui mirent le comble à la misère publique. Dès le commencement de juin, on avait été obligé de charger plusieurs membres de l'administration locale d'inspecter les malades et les blessés logés dans les maisons particulières, et de faire des rapports sur leur état et sur leur nombre ; la ville éprouva un grand soulagement vers le milieu du même mois ; on fit descendre l'Elbe en bateau à un grand nombre de malades ; on en évacua d'autres en voiture sur les frontières de la Franconie, et l'on transféra, dans un camp établi devant les portes de la Ville vieille, les blessés qui avaient été logés

---

(1) Suppl. XXXVII.

dans la Ville neuve. Le mois suivant, il partit encore un grand nombre de bateaux chargés de Français plus ou moins grièvement blessés. Le déréglement du soldat, qui, pendant l'armistice, se dédommageait avec usure des fatigues et des privations qu'il avait souffertes, n'avait pas sur les mœurs une influence moins funeste que celles des miasmes putrides ne l'était à la santé. Il faut sans doute compter pour beaucoup l'effet de plusieurs années de guerre; mais il n'en est pas moins vrai que le commerce avec les étrangers augmenta la corruption, dont les progrès devinrent de plus en plus rapides, surtout dans les basses classes du peuple, qui avaient le plus de rapports avec le soldat. La jeunesse de ces classes se montrait depuis lors bien moins traitable, et se livrait sans réserve au libertinage. Ce fut l'âge d'or des femmes livrées à la débauche. On en vit plusieurs s'enrichir au point de se constituer des rentes, ou de payer comptant, en napoléons, des maisons qu'elles achetèrent. L'aversion pour le travail s'accrut jusque dans les plus basses classes de la société. La facilité de gagner sa vie, et même de faire une petite fortune, par le métier de vivandier ou de vivandière, portait beaucoup d'individus à dédaigner un travail journalier. L'accaparement, rendu plus actif par les succès de ce genre d'industrie, entretenait la cherté des denrées de première nécessité, sans que l'inspection des marchés, nécessairement moins sévère au milieu du tumulte de la guerre, put y mettre obstacle. Ce mal n'était que passager; mais le genre de lucre dont nous parlons, produisit un mal de plus longue durée, et il faut le compter parmi les causes de dépravation qu'on doit attribuer à la guerre. On vit jusqu'à des enfans se livrer à ce pernicieux commerce. Le désir de recueillir quelques gouttes de la pluie d'or qui tombait au quartier-général, y avait attiré des spéculateurs du sein même de la France. On voyait à Dresde des tailleurs qui y avaient apporté, de Paris ou de Strasbourg, tout ce qui tient à l'uniforme d'officier; des bottiers français, et jusqu'à des décrotteurs venant des bords de la Seine, crier sur les bords de l'Elbe : *cirer les bottes*.

Les plus crédules renoncèrent à cet espoir de paix qu'ils avaient conservé au milieu de tous les préparatifs de la guerre, lorsque Bonaparte partit le 25 juillet pour se rendre à Mayence : étant retourné à Dresde le 4 août, tout le monde sut que sa fête allait être célébrée dans tous les camps français, le 10 au lieu du 15, dernier jour de l'armistice. Le bruit se répandit qu'immédiatement après la fête, toutes les armées allaient se mettre en marche. Les hôpitaux étaient presqu'entièrement évacués, et prêts à recevoir de nouvelles victimes de la guerre.

On s'occupa avec une grande activité des préparatifs de la fête militaire. Le 9 août, les comédiens français donnèrent, sur le théâtre de la cour, une représentation gratuite, surtout pour la garde. Après le spectacle, la solennité du lendemain fut annoncée par des salves d'artillerie qui furent répétées à la pointe du jour. On voyait de tous les camps défiler des troupes dans la grande place dite *Ostrawiese*, sur cette prairie dont l'émail était écrasé depuis plusieurs mois sous les pieds des chevaux et des soldats du train; on voyait en bataille, tant la vieille que la jeune garde à pieds; les dragons, les chasseurs à cheval et les lanciers de la garde, tous en grande tenue; de l'infanterie saxonne et westphalienne; de la cavalerie des duchés de Berg et de la principauté de Neufchâtel; toutes ces troupes formaient une armée magnifique d'au moins 40,000 hommes. Lorsque Napoléon parut dans la place, accompagné du roi et des princes qui s'étaient rendus à son hôtel, à huit heures du matin, dans des voitures de cérémonies, le *vivat* retentit de tous les rangs devant lesquels il passait au grand galop avec sa suite brillante : ces acclamations étaient, comme de coutume, commandées par les officiers, ainsi qu'une évolution. Pendant deux heures entières, les troupes défilèrent devant le héros de la fête, qui, à en juger d'après son regard, roulait dans son esprit quelque nouveau projet de conquête. Après la revue, un cortége, formé par tous les généraux, tant Français qu'alliés, et par tous les officiers de la cour de Bonaparte, ayant à la tête le prince de Neufchâtel, sortit à pied du palais de Brühl, où ce dernier était logé. Ce cortège traversant les haies formées par la garde, se rendit dans l'église catholique pour assister au *Te Deum*, qui fut chanté au bruit de l'artillerie. Le roi de Saxe et sa famille furent présens à cette cérémonie religieuse.

Après le service, la vieille garde, sa musique en tête, se rendit à la Ville neuve, où des tables étaient dressées pour un banquet, sous les tilleuls qui bordent la rue principale. Au milieu de files de tables destinées aux soldats, étaient préparées des places pour les officiers, sous des tentes. Sur la table réservée pour les généraux, les officiers supérieurs ou de la garde, tant saxonne que française, était le buste de Napoléon, couronné de lauriers et environné de fleurs. Près des tables étaient établis des orchestres d'instrumens guerriers pour animer la joie du festin. Ce jour-là chaque officier et chaque soldat de la garde touchait double paie, et chaque soldat double ration de viande. Le roi de Saxe avait donné plusieurs milliers de bouteilles de vin. C'est ainsi que la garde saxonne fut régalée par ses compagnons d'armes aux dépens de son souverain. On porta les toasts au bruit du canon. Le vin rendit bientôt le banquet bruyant; des deux côtés des tables était une foule mobile de spectateurs, dont quelques-uns tiraient parti, dans ce jour, de la libéralité hospitalière de soldats qu'ils avaient nourris pendant des mois aux dépens de leur propre nécessaire; des soldats isolés, s'échapant de leur hôpital, ou de quelque camp éloigné, dans lequel la munificence impériale avait répandu de moins riches dons, se glissant dans la foule, venaient ramasser quelque morceau de pain, attrapaient quelques feuilles de salade desservie, ou quelque morceau de viande que dédaignaient leurs frères d'armes plus favorisés. On voyait des festins semblables dans d'autres quartiers de la Ville neuve, ainsi que dans les camps devant la Ville vieille : ici les artilleurs français et saxons étaient réunis dans un jardin public; là les sapeurs des deux armées buvaient ensemble dans le fort impérial, devant la porte noire.

A huit heures du soir, Napoléon se rendit au château royal pour le banquet. Vers neuf heures, des salves d'artilleries annoncèrent qu'on portait les toasts de Bonaparte, de Marie-Louise, de son fils; ce fut en même temps le signal pour le feu d'artifice, préparé en face du château, sur l'une des piles du pont. Sur la rive droite, près d'Ubigau, à une demi-lieue de la Ville neuve, on avait placé quelques régimens de la garde, qui faisaient un feu de file très-vif, tandis que d'autres tiraient en l'air des pièces d'artifice sur la Ville neuve, des deux côtés du pont, sur lequel on faisait partir des boëtes. Un ciel d'azur prêtait à l'effet charmant de la multitude de fusées qui se croisaient sur les sombres toits de la ville, éclairaient au loin les airs et se réfléchissaient dans l'Elbe, dont les flots enflammés roulaient en silence entre les deux villes. Après une pause, le chiffre de Napoléon parut en l'air, au-dessus du château dont lui-même occupait le balcon. Les acclamations des soldats retentirent de l'autre rive; des milliers de pétards s'élancèrent dans les airs avec fracas, les eaux du fleuve brillèrent encore de mille feux. L'air n'était plus éclairé que par un seul globe de feu, les eaux de l'Elbe sans éclat roulaient sous l'arche brisée, et la foule pressée des spectateurs allait s'éclaircir, lorsqu'on entendit retentir sur le rivage les cris douloureux d'un pêcheur blessé mortellement pour s'être imprudemment approché. Était-ce là un présage pour la redoutable marche du héros de la fête?

Une illumination termina cette dernière apothéose de Napoléon. Nous ne fatiguerons pas nos lecteurs par de longs détails de ce brillant et futile étalage; nous ne décrirons point les ornemens dont le comte Durosnel avait environné cette inscription, où il appelle *invaincu* cet homme que devait abandonner sans retour, quelques semaines plus tard, la fortune dont il avait abusé; ni les emblêmes ajoutés à une autre, où il était question de *gloire*, de *victoire*. Nous nous contenterons d'observer que l'inscription :

Incolumem servate; instant majora peractis.
Dieux! conservez-nous César!

(Nous avons vu de grandes choses, mais nous en verrons de plus grandes encore), placée au-dessus du portail de l'hôtel de M. de Serra, ambassadeur de France, s'accomplit, pour le bonheur de l'Europe, dans un tout autre sens que ce savant panégyriste du héros qu'il célébrait ne l'avait entendu.

Deux jours après cette fête, commencèrent enfin les mouvemens qui devaient délivrer, pour quelque temps au moins, la ville de Dresde de ses hôtes incommodes. La grande batterie saxonne, qui était encore restée dans cette capitale, partit le 12 pour la Lusace : la nuit suivante, beaucoup de caissons la suivirent; le lendemain, la gendarmerie de la garde, plusieurs divisions, tant de la vieille que de la jeune garde, se mirent en marche et suivirent la route de Bautzen. Combien d'intelligences amoureuses, nouées pendant l'armistice, se découvrirent au moment du départ! Combien de belles accompagnaient les soldats de la vieille garde! les unes disaient adieu à leurs amans à la porte, en versant des torrens de larmes; d'autres, retenues par des liens plus forts, les accompagnaient courageusement sur la grande route. C'était apparemment pour prévenir les inconvéniens de semblables liaisons que, quelques jours avant le départ de la garde, on afficha partout un jugement rendu, conformément aux lois françaises, à Glogau, qui condamnait aux travaux forcés une femme qui avait engagé un soldat à déserter.

Le 14 de grand matin, arriva à Dresde le roi de Naples, qui devait prendre le commandement de la cavalerie française. Le même jour, le comte Bubna, qui avait conduit les négociations entre la cour de France et celle d'Autriche, quitta la ville. On plaça sur les remparts de la Ville vieille et dans les ouvrages avancés, beaucoup d'artillerie, que l'on retira en partie de la forteresse de Kœnigstein; l'on plaça des postes dans le grand jardin, et l'on transporta beaucoup de munitions dans les fortifications de la Ville neuve. Le lendemain (13 août), le comte de Narbonne revint de Prague; deux heures après son arrivée, Napoléon quitta la ville et prit la route de Bautzen, en se dirigeant par Pirna, où il passa l'Elbe, et par Stolpen. Déjà depuis quelques jours l'on parlait du prochain départ du roi; mais l'on sut bientôt qu'il ne quitterait point sa capitale, et les préparatifs, commencés pour le départ de ses frères, furent également contremandés, parce que Napoléon avait, disait-on, déclaré qu'il ne devait être question du départ du roi, que lorsque lui-même aurait été battu.

Le même jour, le prince de Neufchâtel suivit Bonaparte avec le quartier-général et avec les divisions de la garde qui étaient encore à Dresde. Le 16, le roi de Naples se mit en route pour Bautzen. Après ces grandes évacuations, qui diminuaient momentanément les charges de la ville, il y restait cependant encore un certain nombre de bureaux, et une armée entière d'employés.

De ce moment, Dresde devint le centre de tous les mouvemens de l'armée française et la clef de ses positions dans la Saxe. C'était un camp retranché qui, pourvu d'une garnison assez nombreuse, et ayant pour boulevards, sur l'une et l'autre rive, Kœnigstein et Lilienstein, pouvait opposer une vigoureuse résistance à toutes les entreprises de l'ennemi. Après le départ de Napoléon, on continua les travaux des fortifications avec la plus grande activité ; on poussait surtout ceux de la rive gauche, de la route de Pirna et de celle de Freiberg. On construisit des ponts-levis devant les portes intérieures de la ville ; les issues de quelques rues, à gauche de la porte de Wilsdruf, sur les remparts à moitié détruits, furent fermées par des palissades. On contraignit les habitans de plusieurs maisons, situées dans la ligne du rempart, près de la porte de Wilsdruf et de Pirna, et près du

Seethoor, de les évacuer, et l'on en fit des fortins. On nomma un commandant dans chaque faubourg.

Pendant que l'on faisait ces préparatifs de défense à Dresde, une nouvelle armée, bien équipée, sous les ordres du général Vandamme, en grande partie composée d'infanterie, et pourvue d'une artillerie nombreuse, passa l'Elbe du 17 au 19 août, et vint se présenter sur le théâtre de la guerre, forte d'à peu près 40 milles hommes; elle arrivait du bas Elbe, et après avoir passé sur la rive droite, elle se dirigea sur les frontières de la Bohême. Chacune de ses divisions campait successivement dans le bois de Dresde, où les baraques abandonnées par les troupes qui s'étaient portées en avant, subsistaient encore. La première arrivée cédait la place à celle qui suivait, et continuait d'avancer sur la route de Bautzen.

A peine cette armée eut-elle fini sa marche, qu'il courut des bruits contradictoires sur les succès des armes françaises, jusqu'à ce qu'enfin le maréchal Saint-Cyr, auquel était commise la garde des débouchés de la Bohême, sur la rive droite de l'Elbe, porta, le 22 août au soir, son quartier-général en arrière de Pirna à Dresde. Le bruit se répandit que sa division, que l'on estimait forte de plus de 20 milles hommes, avait été battue par les alliés près de Giesshübel, et qu'après plusieurs combats, elle avait été forcée d'abandonner sa position du

Hollenberg. Beaucoup de blessés venant de ce côté, confirmaient que les Français étaient vivement poursuivis par les alliés. Lorsque l'on sut que les Russes, sous le commandement du général Wittgenstein, avaient, le 22 août, emporté d'assaut les fortifications près de Pirna, et s'avançaient sans qu'on pût les arrêter, on conçut des alarmes sur le sort de Dresde. Selon quelques-uns, l'attaque de cette capitale entrait originairement dans le plan conçu par Moreau; selon d'autres, ce fut la prompte retraite du maréchal Saint-Cyr sur cette ville, et la rapidité avec laquelle Napoléon se porta en avant contre le maréchal Blücher, qui déterminèrent les alliés à changer leur premier plan et à réunir leurs forces sur les derrières de la grande armée française. Cependant, si l'on fait attention que de Dresde, Napoléon pouvait donner une direction quelconque à ses opérations offensives; que les alliés, à chaque attaque vers l'est, voyaient leurs derrières menacés si les Français étaient forcés de faire une guerre défensive, on doit trouver probable qu'il entrait originairement, dans le plan de la coalition, d'enlever à l'ennemi un point aussi important.

Le même soir, par ordre du commandant, les portes de la ville furent fermées à huit heures et demie, et celles des faubourgs à neuf heures. Le lendemain, 23 août, de très-bonne heure, on vit les lignes de l'infanterie française sur les hauteurs entre Leuben et Racknitz, à moins d'une demi-lieue de la ville. On entendait la fusillade d'assez près, et les Cosaques se montraient dans le lointain. Les Français furent repoussés jusqu'aux retranchemens des faubourgs. La cavalerie, les bagages, les blessés, entraient en foule par toutes les portes. Les craintes des habitans allaient toujours croissant. Ceux des faubourgs menacés se sauvaient en foule dans la ville; déjà l'on commençait à porter de l'eau sur les greniers.

On sait que l'armée combinée des Russes et des Prussiens était entrée en Bohême le jour même (12 août) où l'Autriche avait déclaré la guerre à la France (1): elle s'était réunie, le 17, aux Autrichiens; et cette triple armée alliée, commandée en chef par le prince de Schwarzenberg, était entrée en Saxe en quatre divisions: les Autrichiens, formant un demi-cercle très-prolongé, avaient pris par la route de Commotau; les Russes et les Prussiens, sous les ordres de Wittgenstein et de Kleist, par la route de Pirna. Pendant qu'une armée plus faible devait rester sur les frontières de la Silésie

---

(1) Le manifeste de l'Autriche, digne de figurer à côté de celui de 1809, se trouve dans le 4e. cahier *des Aktenstücke fui die Deutschen.*

pour occuper l'ennemi, les principales forces menaçaient la grande armée française qui marchait en avant, de se jeter sur sa route de communication, et garantissaient ainsi la Silésie et la Marche de Brandebourg.

Après l'arrivée du roi de Naples (24 août), les préparatifs de défense devinrent de jour en jour plus sérieux, et le moment d'une sanglante décision ne paraissait pas éloigné. Dans l'après-dîner, le roi de Naples s'approcha, à cheval, des hauteurs occupées par les Russes, pour reconnaître leur position; il fut très-exposé, pendant cette reconnaissance, aux balles, tant de l'infanterie des avant-postes que de la cavalerie, qui s'avançait avec beaucoup de hardiesse. Le soir même on tira le canon sur les remparts de la ville, à l'occasion des victoires remportées en Silésie, dont un bulletin, affiché dans les rues, parlait avec emphase. L'armée de Blücher, y disait-on, était en pleine retraite. On a vu depuis, que cette prétendue retraite n'était qu'un mouvement très-réfléchi, et qui se rattachait à tout le plan de la campagne. En faisant grand bruit de ces prétendues victoires, on avait plutôt l'intention de relever le courage des habitans de Dresde que d'en imposer à l'ennemi. Cependant les alliés approchèrent toujours davantage de la ville, et la ligne de leurs avant-postes s'étendait déjà depuis Blasewitz jusque sur les hauteurs du village de Plauen.

Le 25 au matin, l'armée descendit dans la plaine. Le quartier-général du comte Wittgenstein était à Lockwitz; la canonnade commença avec le jour, et l'ennemi tenta quelques attaques sur les ouvrages avancés, mais sans les soutenir beaucoup. Les Français se retirèrent plus près de la ville, en partie dans les fortifications extérieures, près des portes, en partie dans les jardins attenant aux faubourgs, où l'on continuait de faire des abattis et de construire des parapets.

Les troupes isolées de cavalerie, d'infanterie et de soldats du train, campées sur la rive droite, ne paraissaient avoir attendu que le signal du combat pour faire tomber sur les malheureux habitans les derniers maux de la guerre. Incertains si le lendemain ce qui restait à ce malheureux pays pourrait devenir encore leur proie, ils se livrèrent au pillage sans réserve, et le dépouillèrent de ce qu'ils avaient respecté jusque-là, comme pouvant encore leur devenir utile. Plusieurs de ces infortunés laissèrent leurs champs et leurs maisons à la merci des pillards, et se retirèrent dans la ville, où on les voyait dans les places, assis sur les tristes restes de leurs effets. C'est ainsi que se passa la veille des sanglans combats qui se préparaient. A l'est du grand jardin, l'incendie du village de

Streissen éclairait le ciel, faisait pâlir les milliers de feux de bivouac, et semblait présager aux habitans de Dresde le sort qui attendait leurs maisons.

Le tumulte des armes et le roulement des voitures éloignaient le sommeil des yeux de ceux mêmes à qui la crainte eût permis de dormir. Au lever du soleil, on vit des soldats couchés dans toutes les rues; toutes les avenues des portes étaient garnies d'artillerie; partout on voyait des enfans, des femmes éplorées, qui avaient quitté leurs maisons dans les faubourgs. Dès la pointe du jour, les Français avaient été chassés, par les Prussiens, du grand jardin, qui forme un carré de 6600 pieds de long sur à peu près 3000 de large, où les tirailleurs trouvaient un abri commode derrière les arbres touffus. Les troupes sous les ordres du général Saint-Cyr avaient pris position derrière les ouvrages. De tous côtés l'armée ennemie avançait sur la ville; elle ne fut cependant entièrement rassemblée devant Dresde que le 26 : y compris le corps sous les ordres du comte de Kleinau, on l'évaluait à 120,000 hommes : elle prit une position avantageuse, et annonçait avec confiance aux habitans des environs, que le succès ne pouvait être douteux pour elle. L'empereur Alexandre avait son quartier-général à Rœthnitz, et le roi de Prusse à Lockwitz. Après la pointe du jour, l'artillerie des alliés battait les fortifications de la ville, et la fusillade, toujours plus vive, annonçait que le danger approchait. Un effort un peu soutenu semblait suffire pour emporter d'assaut une ville que défendaient des troupes battues, et que l'on avait cernée en demi-cercle de toutes parts, excepté du côté de Friederichstadt resté libre, l'aile gauche des alliés n'étant point encore suffisamment avancée.

Déjà, depuis deux jours, le bruit public annonçait l'arrivée de Napoléon. Il avait, disait-on, abandonné la Bober avec l'élite de son armée, et marchait vers la Saxe pour chasser les alliés de l'Elbe. A neuf heures du matin il entra dans la ville, suivi d'une partie de sa garde; et depuis ce moment, on vit sur le rivage de l'Elbe, du côté de Bautzen, une marche non interrompue d'infanterie, de cavalerie et d'artillerie. Ce mouvement rétrograde si prompt était le résultat de la sagesse des plans que les alliés commençaient à exécuter; car Napoléon, pour vaincre les difficultés que lui opposaient à la fois trois armées formidables, celle du prince héréditaire de Suède dans le nord de l'Allemagne, celle du maréchal Blücher en Silésie, et celle des alliés en Bohême, paraissait, suivant son système favori, vouloir tomber avec des forces supérieures sur un des corps de l'ennemi. C'était dans cette intention, qu'avec le corps d'armée sous les ordres du prince Poniatowski, il avait fait, par Rombourg et Gabel, un mouvement sur les frontières de la Bohême. Cependant, apprenant que cette frontière était déjà dépassée par les alliés, il se jeta tout à coup dans la Lusace en Silésie, et se précipita sur Blücher. Mais conformément au plan de la campagne, dans lequel on voit éclater le génie de Moreau, Blücher évita l'attaque, et attira derrière lui son adversaire, au moment où le prince héréditaire de Suède put diriger ses forces sur la Lusace, et où l'armée de Bohême put avancer sur l'Elbe pour le dégager d'un combat inégal. Lorsque Napoléon eut reconnu ce plan de campagne de ses adversaires, il cessa de poursuivre Blücher, qui se retirait devant lui; il ne lui opposa plus qu'un corps, sous les ordres du maréchal Macdonald, et retourna lui-même du côté de l'Elbe avec le reste de ses forces. L'épuisement de ses soldats attestait la rapidité avec laquelle les mouvemens avaient été exécutés. A chaque instant des aides-de-camp volaient sur la route de Bautzen, pour hâter le mouvement des troupes: depuis midi jusqu'à sept heures du soir, 60,000 hommes passèrent l'Elbe. L'infanterie arrivait au pas de charge jusqu'à la porte noire; on profitait du moment de retard occasionné par l'étroiteté du passage pour rétablir les colonnes. En vain ces enfans soldats, comme les Français eux-mêmes les appelaient, enduraient-ils une soif ardente, en vain soupiraient-ils après quelques rafraîchissemens, on leur faisait traverser la ville au pas de charge, pour marcher sur-le-champ à l'ennemi. Les beaux régimens de cavalerie, sous les ordres de Latour-Maubourg, corps dont les cuirassiers saxons formaient l'élite, passèrent le pont d'une contenance fière, les yeux tournés précisément vers l'endroit où le lendemain ils devaient agir d'une manière décisive. « Quelle est la force des alliés? » demandaient les officiers français aux habitans, qui attendaient avec crainte le sort qu'allait leur préparer le succès du combat. Et après avoir entendu les conjectures des habitans, ils répondaient avec confiance : « Oh, nous sommes plus forts! » D'autres, remplis de plus de jactance encore, s'étendaient sur les victoires remportées près de la Bober, et sur la défaite des Prussiens, afin de se rassurer eux-mêmes, et de rassurer les citadins.

Napoléon, peu après son arrivée, parut avec sa suite sur la place entre le château et le pont. Un détachement de gendarmes formait le cercle, au milieu duquel on le voyait immobile sur son cheval blanc. Le moment où les alliés eussent pu tenter avec succès l'assaut de la ville étoit déjà passé; et comme vers midi la canonnade, qui ne discontinuait pas depuis le matin, commençait à s'affaiblir, l'on crut qu'il n'en viendrait pas à une attaque sérieuse. Après une heure, Napoléon sortit par la porte de Pirna, et se rendit aux portes extérieures du faubourg, pour observer la position des alliés; puis il fit ses dispositions pour la bataille, conformément au plan qu'il avait tracé, dit on, la nuit d'avant, sur les rapports du maréchal Saint-Cyr. L'on prétend qu'après avoir vu la position des alliés, il s'écria avec surprise: « Ces » dispositions sont d'un français, et non d'un al- » lemand. » Bientôt après il rentra; il était sombre et absorbé dans ses réflexions. Plusieurs de ses fourgons, qui d'abord étaient restés dans la Ville neuve, devant une maison que l'on avait destinée pour lui, passèrent l'Elbe. Le roi de Saxe, pour lequel on avait préparé une maison dans la Ville neuve, resta dans le château, où Napoléon était aussi descendu.

Vers quatre heures, au moment où toute la garde et une nombreuse cavalerie avaient déjà passé l'Elbe, les alliés avancèrent sur Dresde en six colonnes. Quarante pièces, placées dans le grand jardin, tiraient sur les fortifications françaises, et sur tout le demi-cercle entre la tuilerie et Friederichstadt; les alliés faisaient également un feu terrible sur les ouvrages. La ligne construite par les Français, comme je l'ai déjà dit, s'étendait au nord-est, depuis le rivage de l'Elbe jusqu'à la grande route de Freiberg, et jusqu'à la rivière de la Weiseritz, se prolongeant à plusieurs centaines de pas, dans la campagne. Entre ces deux points extrêmes, s'élevaient cinq forts considérables avec des fortins qui se couvraient réciproquement; le premier se trouvait sur le rivage de l'Elbe, à l'est de la ville, devant la tuilerie; le second, au sud de la ville, mais à une grande distance du premier, devant la porte du faubourg de Pirna, non loin du grand jardin, et sur cette route; le troisième, à droite de la route qui conduit à Dohna, non loin du jardin touffu, ci-devant de Moczinski; le quatrième, à gauche de la grande route, devant la fauconnerie, qui conduit dans la vallée de Plauen; le cinquième enfin, devant la barrière de Freiberg, à gauche de la grande route (1). Les faubourgs de la Ville vieille étaient

---

(1) *Le nouveau plan de Dresde et des environs, levé par J. G. Lehmann*, facilitera au lecteur l'intelligence des opérations; il embrasse une plus grande partie des environs que tout autre; au nord-est, il s'étend jusqu'au bois de Dresde; à l'est jusqu'à Striessen et Zschernitz, à l'ouest jusqu'à Priessnitz, et au sud jusqu'à Plauen; par conséquent il comprend les points principaux du champ de bataille, et indique même les fortifications construites en 1813. Ce plan se vend isolé et conjointement avec l'ouvrage, intitulé : *Dresden und seine*

entourés de fortes palissades, et le pont sur la Weiscritz, qui unit la Ville vieille avec Friederichstadt, était défendu par de l'artillerie. Les jardins, dans les faubourgs, étaient garnis d'infanterie légère; plusieurs maisons de plaisance, aux extrémités des faubourgs, sans en excepter celle du prince Antoine, dans le faubourg de Pirna, étaient crénelées, et tous les intervalles que laissaient les murs d'enceinte étaient clos par des palissades. Des soldats étaient au bivouac sur les remparts intérieurs de la Ville vieille; les fenêtres de plusieurs maisons, situées près des portes, étaient garnies de tirailleurs; devant les portes intérieures et les avenues des portes des faubourgs il y avait, en planton, des gendarmes qui examinaient avec soin les soldats rentrant dans la ville. On avait placé aussi des pièces dans les mêmes endroits, moins sans doute pour empêcher l'en-

---

shiksale im Jahr 1813 *vom mai bis november*; c'est-à-dire: Description de Dresde, et histoire des événemens qui s'y passèrent depuis le mois de mai jusqu'en novembre 1813, par C. A. Weinhold. Pour acquérir une connaissance encore plus exacte du terrain, on pourra consulter: *Topographische reise charte durch die umliegende gegend von Dresden*; c'est-à-dire : Itinéraire topographique des environs de Dresde, qui a paru également dans cette ville, et la carte connue de Backenberg.

nemi de pénétrer, que pour faire retourner au feu les fuyards, ou pour dissiper les rassemblemens (1).

Pendant que les pièces placées sur le rivage,

---

(1) Voici l'ordre secret que le général Drouot (*) donna aux officiers d'artillerie qui commandaient les pièces placées près des portes des faubourgs, et servies par des artilleurs de la garde : « Au cas que des troupes d'infanterie ou de cavalerie, n'importe de quel corps ou de quelle division, fussent assez lâches pour quitter leurs rangs, afin de se retirer en masse vers les faubourgs, il est ordonné aux officiers de la gendarmerie, gardant les barrières, de les renvoyer de suite, en leur fesant connaître qu'on tirerait sur eux s'ils ne retournaient pas sur leurs pas ; et si cependant les fuyards avançaient vers les barrières, *les officiers d'artillerie commandans les canons qui y sont placés, seront tenus de faire feu sur de telles bandes, et de ne pas souffrir qu'elles entrent dans la ville pour y répandre le trouble et la frayeur.* — Il faut en même temps *renvoyer dans leurs maisons les habitans qui se trouveraient dans les rues, et ne pas souffrir qu'ils forment des attroupemens. Au cas qu'ils montrent assez de mauvaise volonté pour ne pas respecter cet ordre et s'opposer aux gendarmes, on tirera également sur eux, sans les laisser trop approcher des pièces.*

(*) L'auteur n'indiquant point ses autorités, les ordres qu'il attribue au général Drouot n'ont aucune authenticité historique.

près de la grande route de Bautzen, secondaient le feu des fortifications devant le faubourg de Pirna, que les Russes et les Prussiens attaquaient avec fureur, Napoléon fit déboucher plusieurs colonnes de la jeune garde, par la tuilerie, ou la porte extérieure du côté de l'est, afin de déloger les Russes de leur position près du village de Blasewitz. Là, des rangs entiers de Français, attaquant avec furie, furent renversés, et la jeune garde ne parvint, qu'après des efforts inouïs, à obtenir quelque avantage et à repousser l'ennemi derrière le bois de Blasewitz (1). Les autres re-

---

(1) L'un de mes amis, qui eut l'occasion d'observer ce qui se passait sur ce point, m'a communiqué le récit suivant. Au moment où, pendant la bataille du 26, l'aile gauche des Français débouchait par la tuilerie, et que toutes les rues adjacentes étaient encombrées de soldats, de canons, de caissons, ces masses resserrées auraient pu éprouver des pertes considérables par l'accident suivant. Une batterie russe tirait sur quelques obusiers français, placés sur une hauteur près des fortifications en avant de la tuilerie, et qui devenaient meurtriers pour la masse de cavalerie russe. Un projectile russe mit le feu à un caisson français attelé de quatre chevaux et chargé d'obus, qui, sautant isolément, tuèrent d'abord deux des chevaux ; les deux autres prirent le mors aux dents, retournèrent sur leurs pas, et prirent au galop le chemin de la ville avec le caisson embrasé. Les bataillons

tranchemens, jusqu'au faubourg de Freiberg, surtout auprès des grandes routes de Racknitz et de

qui débouchaient reculèrent à ce spectacle, et il s'en suivit le plus grand désordre sous la porte. Par hasard, quelques obus crevèrent encore dans ce moment, et tuèrent un troisième cheval, mais de manière à détacher du caisson les trois chevaux tués. De la porte, on fit feu sur le cheval qui restait et qui traînait derrière lui la voiture enflammée. L'animal blessé retourna et s'arrêta près de là dans la prairie de l'Elbe, ne pouvant plus traîner le caisson. Quelques minutes après, la voiture sauta en l'air, et envoya sa charge jusque près du *beerbastion* (bastion de l'ours), dans la ville neuve. Le malheureux animal, tout déchiré, était encore debout devant les restes brûlans du caisson, et ne mourut que le soir. Le moment où ce caisson menaçait de boucher l'issue principale de la porte de la tuilerie était d'autant plus important, que l'aile gauche des Français était menacée d'être tournée sur la hauteur derrière le jardin dit de Stuckgiesser. La colonne française qui défendait cette hauteur était précisément l'extrême aile gauche ; entre elle et l'Elbe se trouvait un grand intervalle, dans lequel les tirailleurs russes commençaient déjà à pénétrer, et la cavalerie russe faisait un mouvement pour s'y porter. La porte de la tuilerie resta obstruée pendant quelques instans; mais des officiers supérieurs, qui y étaient accourus, rétablirent l'ordre et firent marcher de nouvelles masses à l'ennemi; les lanciers polonais chargèrent les tirailleurs russes, et l'on put reprendre

Plauen, furent attaqués avec la même fureur. De nouvelles troupes débouchaient sans interruption par les portes pour défendre les positions menacées. Les Français furent vivement serrés sur plusieurs points. Pendant que sur les routes de Plauen et de Freiberg, les Autrichiens résistaient vigoureusement aux troupes qui se portaient en avant sur Lœbtau, les Prussiens combattaient avec une bravoure admirable dans le grand jardin, dont les Français ne pouvaient pas réussir à les déloger. Quelques pelotons de la jeune garde furent repoussés jusque près des murs du jardin du prince Antoine; mais ils retournèrent au combat (1), lorsqu'ils se virent accueillis par les balles de leurs camarades. Des obus sans nombre se croisaient sur la malheureuse ville de Dresde, et mirent le feu à quelques maisons des faubourgs; dans la Ville vieille même, beaucoup de toits furent endommagés, surtout dans la *Seegasse*

---

l'offensive sur ce point. Des tirailleurs français formèrent une nouvelle ligne jusqu'à l'Elbe; les lignes russes, enfilées par l'artillerie de la rive droite, se retirèrent, et les alliés perdirent cette position si avantageuse en avant de Blasewitz.

(1) L'auteur ne fera croire à personne que l'on fut obligé de tirer sur des soldats de la garde pour les forcer à retourner au combat.

et dans la *Kreutzgasse*. Le danger devenait plus imminent d'un moment à l'autre; les habitans, dans un morne silence, s'attendaient aux événemens les plus funestes. Partout on ne voyait que trouble et confusion; l'angoisse était peinte sur tous les visages. A mesure que les boulets tombaient en plus grand nombre dans la ville, les rues devinrent de plus en plus désertes. Les habitans fermèrent les portes de leurs maisons, et plusieurs se retirèrent dans les caves; quelques-uns, cependant, qui n'avaient pu se retirer assez vite des rues, furent tués ou blessés. La ville entière était un camp. Les soldats prêts à marcher en avant au premier signal, étaient couchés dans les places publiques. Les voitures et les chevaux se pressaient en tumulte dans les rues. Les portes des faubourgs ne s'ouvraient que pour laisser sortir des troupes qui allaient combattre, ou pour donner entrée aux blessés. Vers six heures, le bruit se répandit que les alliés s'avançaient en force, et que les Prussiens avaient déjà pénétré dans le faubourg de Pirna. Le bruit du canon redoublait: quelques divisions de la garde qui étaient restées en réserve, avec 16 pièces, dans la place dite Altemarkt, sortirent de la ville au pas de charge, et rétablirent l'équilibre. Napoléon, au milieu d'une grêle de boulets et de balles, avait passé au grand galop dans la Schlossgasse (rue du château), pour gagner la porte du lac et la barrière de Dippoldiswalde. Après s'y être arrêté un instant, il avait couru sur le champ de bataille; un officier de sa suite fut tué à côté de lui, et plusieurs de ses aides-de-camp furent blessés. Les ouvrages en avant de la barrière de Freiberg, dont le canon autrichien avait fait taire le feu, étaient déjà abandonnés par les Français. Les travaux plus considérables encore, près du jardin Moczinski, avaient été emportés à l'entrée de la nuit par un régiment hongrois, après un combat opiniâtre qui coûta beaucoup de monde aux Autrichiens. Les Français firent de nouveaux efforts; vers les sept heures, ils firent une attaque vigoureuse sur les derniers ouvrages dont je viens de parler, et, soutenus par le feu des soldats de la garde placés dans le jardin, ils les reprirent. Le moment favorable pour prendre d'assaut une ville défendue par des ouvrages très-forts, et par une armée qui s'était déjà accrue au moins jusqu'à 100,000 hommes, était passé depuis long-temps; aussi les alliés se retirèrent-ils à la nuit sur les hauteurs dont ils étaient descendus au moment de l'attaque, et les Français restèrent maîtres de leurs fortifications. Quelques colonnes de prisonniers, composées en majeure partie de Polonais galliciens, furent le fruit de cette journée. La canonnade cessa sur tous les points vers neuf heures du soir. Les flammes de quelques maisons devant la barrière du Faucon, où il était tombé des obus, éclairèrent cette nuit d'alarmes. Si l'on ne craignait plus l'assaut, tout annonçait que le lendemain les deux armées allaient renouveler le combat. Les Français bivouaquèrent devant les barrières et dans les faubourgs. Sur plusieurs points, les alliés étaient à peine éloignés d'eux à une portée de fusil. Près du village de Strehla, derrière le grand jardin, des cantinières, tant françaises qu'autrichiennes, s'étaient établies pêle-mêle en bonnes camarades; les officiers et les soldats des deux armées venaient leur acheter de l'eau-de-vie indistinctement, et en réparant leurs forces, s'entretenaient des événemens de la journée.

Vers minuit il tomba une petite pluie qui augmenta bientôt tellement, que l'eau tombait en torrens, sans interruption; des troupes et des trains d'artillerie passaient le pont. Beaucoup de conscrits profitèrent des ténèbres profondes de cette nuit pour se soustraire aux dangers qui les attendaient le lendemain, en se cachant dans les environs; et voilà ce qui explique comment d'un régiment de la jeune garde, fort de 3,000 hommes, et qui avait peu souffert du feu de l'ennemi, il ne rentra, le lendemain, du champ de bataille que 900 hommes.

Le soleil était levé; les divisions de Marmont et de Victor se rangeaient en bataille. Les Français, couverts par leur ouvrages, et protégés par une nombreuse artillerie, avaient de grands avantages pour l'attaque ; leur route de communication n'était point coupée ; s'ils remportaient des avantages, ils pouvaient les poursuivre ; s'ils étaient battus, ils pouvaient se retirer en toute sûreté, sans que les alliés osassent les suivre jusqu'à portée du canon de Dresde (1). Vers six heures, Napoléon sortit par la porte de Wilsdruf. A peu près à la même heure, les alliés reçurent, par une canonnade, les Français qui avançaient sur eux. Les attaques de ces derniers commencèrent à huit heures, et ils dirigèrent la première sur le centre des alliés, placé sur les hauteurs de Zschernitz et de Racknitz, et qui s'étendait depuis Leubnitz jusqu'au bord oriental de l'enfoncement de Plauen. Les alliés défendaient vigoureusement leur position, et l'artillerie autrichienne faisait de grands ravages dans les rangs français. Pendant que Napoléon restait immobile entre la barrière du Faucon et la route de Dippoldiswalde, avec une armée de réserve au moins de 36,000 hommes, l'attaque était continuellement soutenue par l'infanterie, qui avançait de plus en plus contre l'ennemi, mais sans résultat.

---

(1) Voyez le rapport du général Stewart, supplément XLI.

Après deux heures de combat, l'armée ennemie n'était plus arrêtée dans cette partie de sa position que par une faible canonnade; les efforts des Français se tournaient contre l'aile droite, composée de Russes et de Prussiens, et qui s'étendait de Leubnitz par Striessen et Blasewitz. Mais ces attaques ne paraissaient aussi destinées qu'à faciliter les opérations contre l'aile gauche, qui s'étendait depuis Tœlschen, le long de la côte occidentale, dans l'enfoncement de Plauen jusqu'à Gorbitz, sur la route de Freiberg. Cette division, composée en bonne partie de conscrits galliciens et hongrois, mal équipés et peu exercés, était encore en prise par un vice de sa position, car la profonde vallée de Weisseritz, derrière Plauen, la coupait entièrement du centre et de l'aile droite. Napoléon sut profiter de cette faute de tactique: cette aile gauche n'était, du reste, pas assez forte pour couvrir suffisamment ni les défilés de Priessnitz et de Leutewitz, qui s'ouvrent à l'un de leurs bouts sur les bords de l'Elbe, et à l'autre dans la grande route de Freiberg, ni le *Zschonegrund*. Comme ces points importans étaient à peine observés, il ne fut pas difficile au roi de Naples de tourner entièrement la gauche de l'ennemi, avec une division d'infanterie et de cavalerie, commandée par le maréchal Victor et par le brave Latour-Maubourg. Vers midi, Joachim qui dès la veille avait préparé son opération, en occupant le défilé de Cotta, déboucha par le Zschonegrund, non loin du village de Pennerig. Ce mouvement fut décisif : l'ennemi fit une vive résistance sur les hauteurs qui bordent la vallée de Weisseritz; mais la pluie, qui tombait par torrens, rendait la défense très-difficile; elle empêchait le soldat de tirer, et ne lui permettait que l'usage de la baïonnette. L'aile gauche fut entièrement mise en déroute, tant par la cavalerie française, qui chargeait avec fureur, que par les pièces de l'artillerie à cheval, qui tiraient des hauteurs près de Nausslitz et de Rossthal.

Le général Vandamme, dès le 25, avait passé l'Elbe près de Kœnigstein : ayant appris que ce général avançait sur Pirna, et qu'il menaçait leurs communications avec la Bohême, les alliés s'étaient déjà déterminés à la retraite, lorsque le mouvement du roi de Naples entraîna la perte de l'aile gauche. Les Autrichiens, repoussés de la route de Dippoldiswalde, par laquelle ils pouvaient battre en retraite, entourés par la cavalerie, pris à dos près de Gorbitz, se rendirent au nombre de plus de 10,000, avec leur général Metzko; il n'y en eut qu'un petit nombre qui se sauva par les chemins creux qui conduisent dans la vallée de Weisseritz; un assez grand nombre même de ceux qui s'étaient dispersés fut encore pris sur le champ de bataille.

La mort de Moreau (1) eut, sans contredit, une grande influence sur l'issue malheureuse de ce combat. Ce héros magnanime, qui avait quitté sa paisible retraite au-delà de l'Atlantique, afin de combattre pour la liberté de l'ancien monde, que son implacable antagoniste foulait aux pieds, se trouvait, vers midi, à cheval à côté de l'empereur Alexandre, sur une hauteur derrière le village de Racknitz, d'où il pouvait suivre les mouvemens du centre et de l'aile droite : un boulet, parti probablement d'une batterie de campagne placée sur le bord du chemin creux, derrière le petit château de Plaisance, traversa le ventre de son cheval, et lui fracassa les deux jambes. On le mit d'abord à l'abri dans une maison de paysan voisine, puis on le porta sur un brancard à Nœthnitz, terre à deux lieues et demie de Dresde ; c'est là qu'on lui fit l'amputation, après quoi on le transporta à *Laun* en Bohême, où il mourut au bout de cinq jours, suivant l'expression de l'empereur Alexandre, *comme il avait vécu, avec toute la force d'une âme ferme et grande*. Autant l'on avait mis de soin à cacher à l'armée française la proximité de ce général révéré, de l'arrivée duquel,

---

(1) Voyez la note *b* à la suite du rapport du général Stewart, supplément XLI.

à ce que l'on rapporte, on défendit même sous les peines les plus sévères de parler dans l'armée française, autant on mit d'empressement à publier l'heureuse nouvelle de sa mort.

A cinq heures du soir, Napoléon, tout percé par la pluie, passa à cheval dans la rue de Wilsdruf, accompagné de quelques généraux autrichiens prisonniers, et suivi d'un détachement de la jeune garde, pour rentrer au château : quelques régimens qu'il rencontra furent obligés de s'arrêter pour laisser passer le cortége, et le saluèrent par leurs joyeux *vivat* (1). Dix drapeaux autrichiens furent portés en triomphe à travers la ville par des soldats de la garde, jusqu'au château du prince Antoine ; on les suspendit publiquement dans le grand vestibule, et l'on plaça des factionnaires auprès. Cette place n'était pas choisie avec beaucoup de délicatesse, puisqu'ils se trouvaient sous les yeux de l'épouse du prince, sœur de l'empereur d'Autriche. Suivait l'artillerie prise dans la bataille, et les prisonniers, formant plusieurs colonnes (2) : c'était un triste spectacle.

---

(1) On dit qu'il répondit, en criant : *les Autrichiens sont battus !*

(2) Voyez les rapports officiels sur les événemens du 26 et du 27, suppl. XXXVIII et XLII.

Exténués par une longue et pénible marche à travers l'Erzgebirge, où la pluie avait rendu les chemins presque impraticables, ces malheureux, après avoir souffert les plus rudes privations, épuisés par de cruelles fatigues, étaient arrivés sur le champ de bataille, où les légions destructives de leurs ennemis avaient campé pendant plusieurs mois. Plusieurs d'entre eux étaient griévement blessés : tous, enveloppés dans des manteaux déchirés, étaient dévorés par la faim, qu'ils disaient n'avoir pu satisfaire depuis leur départ de Bohême. Faute de pain, et n'ayant trouvé que rarement des pommes de terre, ces malheureux tombaient avec la plus grande avidité sur les rafraîchissemens que leur offrait la commisération des habitans de Dresde. On renferma dans l'église protestante, et dans le Wallgarten de Brühl, tous ces prisonniers, au nombre d'à peu près 13,000 hommes, la plupart Autrichiens, dont le nombre fut augmenté encore le lendemain par des soldats dispersés, qui se rendirent volontairement dans la ville, ou qui furent conduits sous escorte. Comme le local qui leur était destiné ne se trouvait pas prêt, plusieurs d'entre eux cherchèrent, la première nuit, un abri dans le vestibule des maisons, où des personnes charitables les pansèrent et les secoururent. Les autorités françaises ne firent presque rien pour ces infortunés, et si les habitans n'eussent pris pitié d'eux, il en eut péri un bien plus grand nombre encore dans ces prisons, où leurs blessures négligées, et la faim, leur arrachaient des cris lamentables. Les bourgeois portèrent dans les églises de grandes quantités de pain et de vivres de toute espèce ; mais il était impossible de satisfaire aux besoins de tous, et la presse était telle autour des distribuans, que les factionnaires avaient souvent beaucoup de peine à les protéger. Les paisibles citadins, peu habitués à ces scènes d'horreurs, virent un matin, avec effroi, devant l'une des églises, les cadavres de plusieurs de ces malheureux, morts de besoin. Les jours suivans, nouveau spectacle digne de pitié, lorsque l'on transporta des églises dans les hôpitaux (1) ceux qui étaient le plus grièvement blessés : plusieurs étaient tous nuds. Les Français traitaient les blessés ennemis avec une indifférence plus froide encore que les leurs propres. Dans les deux dernières journées, il y avait eu 10,000 Français de blessés. Les églises furent dégradées de plus d'une manière par le séjour des prisonniers, et on n'y put célébrer le culte de quelque temps. Ce ne fut que le 31 août que l'on évacua, par Meissen, une partie des Autrichiens,

---

(1) Il y avait à cette époque vingt-quatre hôpitaux dans la ville.

Russes et Prussiens. Leur extérieur attestait combien ils avaient souffert; lorsqu'on les voyait dévorer avec avidité des morceaux de cheval cru, on n'avait pas de peine à ajouter foi à ce que rapportaient les bruits publics, des mauvais traitemens qu'ils avaient essuyés. Une grande partie des Autrichiens, en particulier les milices nouvellement enrôlées dans la Pologne, prirent sur-le-champ du service dans l'armée française: vêtus de leur nouvel uniforme, on les vit bientôt faire l'exercice à la française, afin d'être en état de figurer sans retard dans les rangs de leurs nouveaux camarades.

Les rues de Dresde continuaient toujours de servir de bivouacs. Ici l'on tuait des animaux volés, et l'on voyait sous les tilleuls des feux innombrables, près desquels on préparait les repas; là on apercevait des blessés négligés, et couchés à côté de chevaux morts, ou prêts à périr de fatigue. D'un autre côté, des paysans de la rive gauche s'établissaient avec leurs enfans demi-nuds, les bestiaux qu'ils avaient pu sauver, et les debris de leurs effets. Sur le pont, une masse confuse de soldats, de voitures, de bestiaux et de paysans: c'était un coup-d'œil horrible que celui du champ de bataille; cependant la cupidité ou la curiosité y attirèrent un très-grand nombre de spectateurs dès que la canonnade eut cessé. A un rayon d'une lieue autour de la Ville vieille, l'œil ne rencontrait que scènes d'horreur. Des milliers de morts des quatre nations les plus belliqueuses de l'Europe jonchaient le champ où l'on avait combattu avec acharnement; beaucoup de ces corps étaient demi-nuds, ou entièrement dépouillés; plusieurs étaient déchirés par des blessures effrayantes, écrasés par les roues des canons et des voitures; les fossés et les mares étaient remplis de chevaux et d'hommes. Nulle part les morts n'étaient en plus grand nombre que près de l'ouvrage à proximité du jardin Moczinski, devant la barrière des Faucons, près du petit château, dans le grand jardin et près des moulins, devant la porte de Lœbtau. Suivant l'usage, les morts français avaient été, surtout dans la partie la plus rapprochée de la ville, enterrés, comme de coutume, aussitôt après le combat; et les monceaux de terre fraîchement jetée, les membres sortant des fossés légèrement creusés, faisaient seuls reconnaître les ravages que la mort avait exercés dans leurs rangs. Des soldats français et des femmes publiques se glissaient sur le champ de bataille, et arrachaient aux cadavres encore sanglans une pièce d'habit, ou cherchaient l'argent et les montres; vieux et jeunes rôdaient pour ramasser des boulets et des armes, dispersés dans un épouvantable désordre sur le lieu du combat, au milieu des débris des équipages et des caissons sautés. Tous les villages voisins avaient souffert par l'incendie et par le pillage; tout ce qui avait échappé à la fureur de l'armée en retraite, était pillé ou ravagé par les Français à sa poursuite. Partout on voyait éparses des gerbes abondantes qu'on avait enlevées des granges pour servir de lits aux soldats, ou pour la nourriture des chevaux; partout on voyait de malheureux paysans se tenant tristement auprès des débris fumans de leurs maisons, ou cherchant, en soupirant, à recueillir dans les champs les restes dispersés des fruits de leurs travaux, et retrouvant quelquefois les portes de leurs maisons dans les débris d'une cabane du camp, et leurs meubles volés dans les tas de bois en feu d'un bivouac.

CHAPITRE IV.

La joie de la victoire obtenue près de Dresde, et dont les avantages étaient extraordinairement exagérés par les rapports français, fut promptement troublée, et on ne reconnut que trop tôt l'impossibilité d'améliorer la situation actuelle des forces militaires de la France. Quoique les efforts des alliés, à cette époque, n'eussent point encore été récompensés par des succès décisifs, l'observateur clairvoyant remarquait déjà dans les opérations de Napoléon un changement frappant.

Ce capitaine, habitué à maîtriser les entreprises de ses adversaires, à déployer contre leurs efforts des forces supérieures, était, cette fois, dès l'ouverture de la campagne, gêné et reserré dans tous ses mouvemens. Les alliés, au contraire, en plaçant leurs principales forces dans la Bohême, avaient l'avantage de dominer les deux rives de l'Elbe, d'arrêter l'ennemi dans toutes ses tentatives d'attaque, que rendaient encore plus difficiles les mouvemens des deux armées du prince royal de Suède et du feld-maréchal Blücher, pour empêcher la réunion des forces françaises. Par l'effet de ces circonstances, l'heureux succès que Napoléon venait d'obtenir près de Dresde, demeurait sans influence décisive sur l'ensemble des opérations, et portait à peine quelque atteinte au plan originaire des alliés. Déjà se développaient les suites de la grande victoire qu'ils venaient de remporter sur les frontières de la Marche de Brandebourg et de la Lusace, dans le même temps où l'étoile de Napoléon jetait à Dresde un dernier éclat. Sa fortune militaire avait atteint son terme; et avec quelque soin que l'on empêchât de se répandre les nouvelles sur la véritable situation des affaires; cependant la voie de la renommée, forçant toutes les gardes et toutes les barrières qu'accumulait une prévoyance inquiète, annonçait toujours plus clairement qu'une fatale destinée s'attachait enfin aux projets d'un chef accoutumé à la victoire.

Dans la nuit qui suivit la bataille, les divisions de l'armée alliée s'étaient retirées vers les frontières de la Bohême, et le bruit du canon, toujours plus éloigné, prouvait que le combat continuait avec les Français à leur poursuite. Cependant elle n'était ni vive ni pressante; car un rapport apprit au public que le 28 août, dans la matinée, un corps d'armée avait paru sur les hauteurs, avec de l'artillerie, pour couvrir la retraite des alliés. Plusieurs divisions françaises les poursuivirent vers les frontières de la Bohême (1); le roi de Naples, au-delà de Freiberg, vers les défilés sortant de l'Erzgebirge; le maréchal Gouvion Saint-Cyr

---

(1) A travers les montagnes qui ferment la Bohême du côté du nord, s'étendent six défilés dépendans de la Saxe, de l'orient à l'occident, et sur la rive droite de l'Elbe : 1°. la route de Reichenberg à Friedland, qui se partage en deux branches, l'une desquelles conduit à Greifenberg en Silésie, et l'autre à Seifenberg en Saxe; 2°. route de Zittau, par Leipa et Gabel, sur la rive gauche de l'Elbe; 3°. route de Giesshübel, par Peterswalde, route principale entre Prague et Dresde; 4°. celle de Tœplitz à Zinnwalde; 5°. celle de Commotau, par Passberg à Aunaberg; 6°. celle du cercle d'Ellenbogen à Plauen, dans le Voigtland.

vers Giesshübel. Napoléon lui-même se transporta, le lendemain du combat, le matin, vers sept heures, dans les environs de Pirna; mais dès le soir il était de retour à Dresde. Les nouvelles victoires que, d'après les rapports français, leurs troupes remportèrent dans ce jour et le jour suivant sur les armées alliées en retraite, se bornaient à quelques combats insignifians dans la campagne de Dresde, avec l'arrière-garde ennemie. Mais pendant que l'on annonçait de nouveau des événemens heureux qu'on se promettait de la réunion des armées qui marchaient en avant, avec le corps de Vandamme sur les frontières de la Bohême, la nouvelle d'une suspension d'armes, conclue au moins entre l'Autriche et l'armée française, se répandit à Dresde; la renommée parla même d'une entrevue des puissances belligérantes, et le 29 août, on fit des préparatifs pour mettre de nouveau le château de Marcolini à Friedrichstadt en état de recevoir Bonaparte.

Mais à peine ce bruit s'était-il répandu, que l'attention se porta d'un autre côté, que la renommée désignait déjà. Le premier résultat de la défaite du maréchal Oudinot, qui tentait une trouée sur Berlin, fut l'envoi du maréchal Ney, qui, sortant à peine du champ de bataille de Dresde, s'efforça de rassembler les débris de l'armée battue, le 23 août, à Grossbeeren, pour arrêter les progrès du prince royal de Suède. Le danger était encore plus menaçant du côté des frontières de la Silésie, où Blücher avait vaincu, le 26 août, à la bataille de la Katsbach, les divisions de Macdonald et de Sébastiani. A peine l'influence fâcheuse de ces événemens s'était-elle fait sentir sur les opérations de la grande armée, que la défaite complète de Vandamme, le 30 août, auprès de Culm, à deux milles de Tœplitz, où la veille 8,000 Russes, sous le général Ostermann, lui avaient déjà opposé la plus vigoureuse résistance, anéantirent tous les projets d'attaque du chef des Français, et le réduisirent complettement à la défensive.

Ces revers avaient déjà l'influence la plus malheureuse sur la situation de la capitale opprimée; de ce moment commencèrent les marches et contre-marches des armées françaises, qui pesaient de plus en plus sur Dresde, comme sur leur point d'appui, et qui, ravageant tous les jours davantage le pays, resserraient plus étroitement le théâtre d'une lutte remplie de vicissitudes.

Le 30, dans l'après-midi, plusieurs divisions de la jeune garde, revenues des frontières de la Bohême, filèrent sur la rive droite de l'Elbe, et campèrent dans la campagne derrière Neudorf, non loin des retranchemens sur la route de Grossenhain, où Napoléon les passa encore en revue le soir même. Une partie de ces troupes fila plus loin, sur la route de Grossenhain, témoin, pendant tout le jour, de ce mouvement tumultueux. Un train de plus de cinquante voitures, venant de Torgau, avait une escorte de 300 hommes; car la cavalerie légère russe se répandait déjà sur la rive inférieure de l'Elbe. Quelques bandes de militaires français et allemands, venus, les uns de la même route, les autres de Kœnigsbrücke, et faisant partie des débris de l'armée battue à Berlin, furent dispersés. Une longue file de brouettes, remplies de blessés français qui arrivèrent fort tard, pendant la nuit, par la route de Stolpen, augmentèrent l'embarras déjà effrayant dans les rues de Neustadt et sur le pont. Mais dans la matinée du jour suivant, la plus grande partie des troupes qui, le soir de la veille étaient passées sur la rive droite du fleuve, traversèrent la ville à la hâte, et se portèrent sur la route de Pirna. La cause de ce mouvement était la perte qu'on venait d'éprouver en Bohême, perte dont la nouvelle se répandit le jour même à Dresde, et fut confirmée par les fuyards. Quelques centaines de prisonniers russes et autrichiens furent, il est vrai, amenés dans la ville au même moment; mais, au rapport de ceux-ci, autant de milliers de prisonniers français étaient conduits sur les routes militaires de la Bohême. Le lendemain arrivèrent les débris dispersés, et en partie désarmés, de ce brillant corps d'armée, que, quatorze jours auparavant, Vandamme conduisait à travers la ville, comme s'ils eussent marché à une victoire certaine. Ces troupes occupèrent le camp abandonné dans le bois de la rive droite de l'Elbe, pour s'y rétablir.

Le 2 septembre, de nouveaux corps de troupes revinrent sur cette même rive : de ce nombre était la division sous les ordres du général Mortier. Quelques divisions se dirigèrent sur la route de Berlin; mais la plupart sur Bautzen, pour appuyer le maréchal Macdonald, vivement pressé. L'après-midi, le roi de Naples revint de l'Erzgebirge, où il s'était avancé jusqu'au-delà de Marienberg, vers les frontières de Bohême; et presque aussitôt la division de cavalerie du général Latour-Maubourg, placée sous ses ordres, suivit cette route si souvent battue : un détachement de prisonniers russes, sous la conduite de soldats espagnols, augmenta le tumulte croissant de ce jour.

Napoléon, disait-on, voulait rétablir, par un coup vigoureux, ses affaires dérangées par le mauvais succès de ses généraux. La marche des troupes continua le jour suivant, et Bonaparte partit lui-même le soir, après avoir passé en revue, dans la cour du château, un régiment composé de prisonniers de la Pologne autrichienne, et qu'il avait rapidement formé et équipé. Le roi de Naples l'accompagnait, et toute l'administration tenant à l'état-major marchait à leur suite, ayant derrière eux des files de voitures et des troupeaux de bœufs et de moutons. On annonça avec confiance que la victoire marquerait les progrès de l'armée. Pendant le court intervalle où les habitans furent délivrés d'une partie de leurs hôtes, il s'ensuivait un délogement de la troupe, à la suite duquel beaucoup de soldats se trouvant sans abri, mendiaient le jour, s'attachaient aux vivandiers, et, la nuit, couchaient dans les boutiques, dans des échoppes ouvertes, ou même sur le pavé.

Avant le départ de Napoléon, on avait déjà commencé à fortifier encore davantage les alentours de la Ville vieille. On avait élevé trois nouvelles redoutes pour fortifier davantage l'espace faiblement défendu entre les ouvrages construits sur la route de Plauen, et la redoute orientale, près de la tuilerie. La redoute était construite à la barrière de Dippoldiswalde, qui jusque-là n'avait été fermée que de palissades, et qui conduit, à droite, à la route militaire de Racknitz; la seconde était établie sur la route devant la barrière de Dohna, moins éloignée de la grande redoute, près le jardin Moczinski, et la troisième était élevée devant la barrière de Rampsch, près la route de Pilnitz. Les gens de la campagne, et les soldats de la division campée sur la rive droite de l'Elbe, travaillaient avec zèle à ces ouvrages, pour les terminer promptement. On élevait en même temps les fortifications de Meissen, qui devaient former un nouvel ouvrage extérieur pour la défense de Dresde. Sur la rive droite, en face de la ville, les plus riches vignobles des montagnes avaient été ravagés pour faire place à des retranchemens qui convraient le pont de bateaux. Le vieux bourg d'Albert, situé sur une colline qui s'élève à 160 pieds au-dessus du fleuve, et dont les monumens pacifiques datent de plus d'un siècle, devint une forteresse. Les salles où l'on fabriquait la porcelaine se remplirent de munitions de guerre; les ponts de pierres, construits avec tant de hardiesse, ouvrage de l'illustre comte Henri, dans le treizième siècle, qui réunissent le Schlossberg à l'Afra-Berg et à la partie inférieure de la ville, furent fermés par des palissades; les maisons qui s'y trouvent furent brûlées.

Ainsi Dresde avec ses alentours fut transformé en un camp retranché, où l'armée française, resserrée de tous côtés, parut décidée à braver, derrière des remparts que l'on croyait inexpugnables, les forces supérieures des alliés. Mais les brillantes espérances qu'avait fait naître la seconde expédition dans la Lusace furent encore trompées; car Napoléon fut de retour le 6 septembre, vers le soir, et l'armée qui le suivait rentra pendant toute la nuit. Dans la matinée du jour suivant, la garde, faisant flotter six drapeaux autrichiens qui faisaient partie des trophées de la bataille de Dresde, et qu'elle portait depuis dans toutes ses expéditions, pour faire illusion par l'apparence de nouveaux trophées, revint dans la ville, et rentra, sans attendre une nouvelle distribution de logemens, dans ceux qu'elle avait quittés quatre jours auparavant. L'armée de Blücher, attaquée le 5 par Napoléon à Reichenbach, s'était, après un combat insignifiant de cavalerie, retirée vers la Neisse et la Queiss; on n'en avait laissé qu'une faible division sur la rive droite de la Neisse pour observer l'ennemi. Pendant que l'armée se retirait devant Bonaparte, celle de Bohême franchit aussitôt les frontières de Saxe, vers Peterswalde et l'Erzgebirge. Il n'y était resté que les divisions du prince Poniatowski et du maréchal Saint-Cyr, avec ce qu'on avait pu réunir des débris du corps de Vandamme, commandé alors par le comte de Lobau, pour repousser les attaques de l'ennemi : ces troupes avaient à lutter contre toutes les difficultés d'une saison rigoureuse et d'une disette cruelle, tandis que les alliés, au moyen des routes qu'ils avaient derrière eux, étaient abondamment pourvus de viande, et de toutes sortes de provisions. Déjà, dès le 5 septembre, des essaims de Cosaques s'étaient montrés près de Dresde, à Possendorf et à Kesselsdorf; en même temps se répandaient sur les routes de la Lusace, derrière la grande armée française, des partis russes et prussiens, enlevant de petits détachemens et s'emparant de tous les convois. Napoléon fit des préparatifs sérieux contre l'armée venant de Bohême, qui, le 7, avait forcé le maréchal Saint-Cyr à se retirer sur Dresde. De nombreux corps de troupes, arrivant de Bautzen et de Kœnigsbrücke, se hâtaient d'occuper la rive gauche de l'Elbe. Le 8, Napoléon lui-même se dirigea sur Dohna, où l'avant-garde du comte de Wittgenstein avait poussé les Français. Ceux-ci cependant s'y maintinrent vigoureusement dès que leurs renforts furent arrivés. La petite ville de Dohna fut canonnée; plusieurs maisons prirent feu, et les environs furent horriblement ravagés. Infanterie, cavalerie, artillerie s'avancèrent, jusque bien avant dans la nuit, sur les routes militaires de la Bohême. Le lendemain, Napoléon décampa de Dohna, où il avait passé la nuit, s'avança sur les frontières de Bohême, et le 10 septembre, la grande armée déboucha en avant sur les routes de Nollendorf et d'Ebersdorf, tandis qu'au même moment une division de 15 milles hommes, sous le maréchal Saint-Cyr, perçait par la vieille route sur Geiesberg. Napoléon resta avec trois divisions à Nollendorf; mais après quelques combats insignifians, il se retira par la route ordinaire. Le 12, il était de retour à Dresde. Pendant tout le jour, il fut suivi de la vieille garde et de plusieurs divisions de la jeune garde, qui passèrent aussitôt sur la rive droite de l'Elbe, s'avançant sur la route de Kœnigsbrücke. Ces mouvemens étaient la suite de la sanglante défaite qu'avait éprouvé, le 6 septembre, à Dennewitz, un des plus braves généraux français, et des nouveaux progrès du général prussien, qui était déjà revenu à Herrnhut.

Depuis la route de Kœnigsbrücke, sur les hauteurs du bois de Dresde, jusqu'au village de Pieschen, dans la plaine et sur la route de Meissen, de nombreux bataillons étaient campés sous des huttes de paille, de feuilles et de planches. Tous les villages étaient remplis de soldats turbulens et pillards, entassés depuis 50 jusqu'à 100 dans les plus petites huttes. On avait brisé les granges et les maisons qui se trouvaient dans la ligne de défense, ou dans les endroits où manquait le bois pour les bivouacs, ou les planches pour les cabanes : jusqu'aux ustensiles de ménage furent enlevés, et devinrent la proie des flammes ; on n'épargna pas même le cimetière de Neustadt, ni les sépulchres dans le voisinage du camp. Les croix sur les fosses furent brûlées; on fouilla les fosses; on jeta les cercueils en bois dans les feux des bivouacs; on dépouilla les cadavres de leurs linceuils, que les soldats vendaient dans la ville, avec les couronnes de fleurs artificielles et de clinquant qu'ils avaient trouvées dans les tombeaux. Tout ce qui restait de fruits d'hiver devint la proie de ces guerriers affamés, qui battaient au loin la campagne pour ramasser des pommes de terre et des fruits dont ils revendaient une partie dans la ville. Les fossés où les gens de la campagne avaient enfoui beaucoup d'objets, furent bientôt découverts par la sagacité des soldats, dont les perquisitions, continuées avec avidité, firent perdre à beaucoup de pauvres habitans jusqu'aux derniers débris de leur avoir. Les moyens irréguliers qu'on employait pour se procurer du fourrage n'étaient pas moins oppressifs, et en général ceux dont on se servait pour s'approvisionner de tout, étaient si désastreux, que dès le 31 août, les administrations françaises voulurent y opposer un réglement, qui ne fut cependant publié qu'à la mi-septembre, et qui, au total, ne put produire que peu d'effet; car l'égoïsme et le mauvais exemple des officiers ne firent que trop de progrès. Déjà, depuis quelques semaines, les rations des soldats étaient de plus en plus diminuées. Les distributions de viande devenaient rares, et le soldat était presque entièrement réduit à subsister de pillage, qu'il ne pouvait exercer que dans la campagne et dans les huttes des paysans. Les munitions de guerre paraissaient éprouver une égale diminution; aussi, pour en prévenir le défaut, ou par une prévoyance inquiète, obligea-t-on, par des ordres sévères, dans le commencement de septembre, les habitans à livrer toutes leurs provisions de poudre et de plomb. L'impression fâcheuse que tant de défaites faisaient sur les troupes, les peines et les difficultés contre lesquelles elles avaient à lutter dans des marches qui ne décidaient rien, au milieu des plus rigoureuses privations, provoquèrent le mécontentement et un relâchement de discipline, que ne purent arrêter ni des dispositions menaçantes, ni le respect pour le chef suprême. Dès le 5 septembre, on avait publié un ordre de Napoléon, pour faire arrêter tous les traîneurs, et en faire fusiller un sur dix ; mais toutes les troupes ne formaient plus que des bandes de traîneurs et de pillards. Une division de cavalerie, campée près de Meissen, d'après le rapport de témoins oculaires, s'amusait à tirer des hauteurs sur les paisibles voyageurs passant dans la plaine, jetaient dans l'Elbe le pain qu'on leur distribuait, et se procuraient d'autres vivres aux dépens des paysans. L'un d'eux osa tirer sur un officier qui voulait empêcher ces excès. Il fut saisi, jugé à mort par un conseil de guerre. Mais le général, soit dans des vues imprudentes, soit par crainte d'irriter encore davantage par la sévérité, fit grâce au coupable.

Les marches des corps isolés sur le théâtre si resserré de la guerre, continuaient toujours. Les mouvemens sur la rive droite, vers Grossenhain, Kœnigsbrücke et Bautzen, n'avaient pour but que d'observer les entreprises de l'ennemi, et de se tenir en garde contre des suprises. De nombreux détachemens de blessés, de cavaliers non dressés, de traîneurs et de chevaux perdus, couvraient la route de Bautzen. Dès la mi-septembre, des Cosaques se répandaient partout, et le 16, avant la pointe du jour, une bande de 200 d'entre eux s'avança jusqu'aux retranchemens de la porte Noire : dans le voisinage étaient campés des conducteurs de chariots, qui, à la vue des Russes, s'enfuirent. Un fourgon et des voitures de bagages furent pillés. Il s'ensuivit un trouble général ; les tambours battirent dans les rues de la Ville neuve ; mais à peine la garnison avait-elle marché aux retranchemens, que les Cosaques, prenant la fuite, avaient disparu derrière les hauteurs garnies de bois.

Depuis le 14 septembre, les forces françaises avaient marché de nouveau vers les frontières de Bohême. Napoléon même se porta le lendemain avec la garde à Pirna. Après de vifs combats de postes, le 16, les Français débouchèrent avec impétuosité des montagnes sur plusieurs points. Les alliés se retirèrent jusqu'à Culm, où leurs forces attendirent, dans la plaine, l'attaque de l'ennemi. Les Français furent repoussés avec une perte considérable. La garde souffrit le plus. Napoléon resta encore quelques jours à Pirna, pendant qu'on avait répandu à Dresde le bruit de ses progrès dans la Bohême; mais la vue de quelques pièces de campagne enlevées aux Russes, put à peine procurer à ce bruit quelque consistance. Le nombre considérable de blessés qu'on vit arriver, depuis le 18; enfin, le retour de Napoléon le 21, dévoilèrent complètement le peu de succès de cette tentative. Tout le pays, depuis Dresde jusqu'aux frontières de la Bohême, avait été ravagé et pillé dans cette expédition.

Les préparatifs de défense furent, après ce revers, poussés sur ce point avec encore plus d'activité. Depuis plusieurs mois il y avait à Sonnenstein, près de Pirna, une maison de santé pour les insensés. Le 14 septembre, elle fut tout-à-coup évacuée, et fut convertie en une forteresse. Le directeur de l'établissement n'obtint, pour toute réponse du chef suprême, que cette décision laconique : « Qu'on chasse les fous. » Il parvint cependant à sauver quelques provisions. Mais dans le court espace de trois heures accordé pour l'évacuation, il ne put emporter tout ce qui était nécessaire aux besoins des malades, et le major.... chargé de prendre possession du château, rendit encore plus dure, par la rigueur des mesures qu'il prit, l'exécution de cet acte de violence.

La position de l'armée française devenait de plus en plus critique : de plus en plus les communications de Napoléon avec l'Allemagne méridionale et occidentale, ainsi qu'avec la France, étaient menacées par les mouvemens de l'ennemi, qui préparait une attaque décisive. Dès la dernière expédition des Français en Bohême, plusieurs divisions des alliés avaient passé à Leutemeritz, sur la rive droite de l'Elbe, pour se diriger vers la Lusace. Les autres corps avaient déjà, dès le commencement de septembre, occupé les routes de l'Erzgebirge, et les Autrichiens avaient pris Freiberg le 17.

Pendant que ces événemens portaient le trouble et l'effroi sur les derrières de l'armée française, Napoléon hasarda une dernière tentative pour repousser les forces qui s'avançaient contre lui, avec un appareil menaçant. Aussitôt après son retour de Pirna, le 22 septembre, il marcha contre Blücher qui s'était avancé de nouveau; une division de l'armée autrichienne, sous le comte de Bubna, avait occupé Neustadt, près de Stolpen, et communiquait avec l'armée de Bohême. Les Français s'étaient retirés derrière Bischofswerda et Stolpen. Une division détachée de l'armée de Silésie, qui occupait une ligne depuis Camentz jusqu'à Neustadt et Schandau, avait été poussée à proximité de Dresde. Le pont entre Kœnigstein et Lilienstein avait été en partie détruit par des brûlots qui descendirent l'Elbe. Quelques divisions françaises s'avancèrent vers Bischofswerda ; après quelques combats sans résultat, les alliés se retirèrent à Bautzen, et les Français occupèrent de nouveau Neustadt près de Stolpen. Napoléon revint à Dresde le 24. Sa position parut alors devenir de jour en jour plus périlleuse. Il sembla vouloir renoncer à de nouvelles attaques, et attendre le développement des progrès qu'annonçaient les mouvemens de ces adversaires.

L'armée de Silésie s'approchait toujours de Dresde. Des essaims de Cosaques battaient la campagne sur la rive droite de l'Elbe, et forçaient les paysans de leur vendre les provisions destinées pour la ville. L'approvisionnement de Dresde devenant ainsi plus difficile, les ressources que l'on pouvait tirer de la Bohême et de l'Elbe étant complètement interdites à cette capitale, la disette des objets de première nécessité se fit bientôt cruellement sentir : les provisions amassées pour les besoins de l'armée diminuaient peu à peu, et la faim forçait le soldat à dépouiller le cultivateur de ce qui lui restait. Les troupes se prétendaient autorisées à prendre tout ce qu'elles trouvaient dans la campagne, pourvu qu'elles respectassent les caves. Mais bientôt aucune réserve ne fut en sûreté avec eux, et les provisions amassées dans les caves du Weinberg, sur la rive droite de l'Elbe, furent à moitié consommées, à moitié gaspillées par eux. Rarement un détachement se portait sur la rive gauche de l'Elbe sans en ramener des vaches que l'on tuait, ou que l'officier vendait comme le soldat. On n'épargna pas même les troupeaux du roi, et ce ne fut qu'après de longs pourparlers, que l'on rendit ces superbes troupeaux, mais sous la réserve qu'ils seraient livrés, en cas de nécessité, pour la subsistance de l'armée. Les chevaux étaient dans le plus triste état, et le manque toujours croissant de fourrages rendit plus sensible la perte qu'on éprouva, lorsqu'un bâtiment sur l'allée de l'Ostra, où on avait emmagasiné des provisions considérables en avoine, en foin et en paille, fut consumé par les flammes, la nuit du 25 septembre, soit par le défaut de surveillance des charetiers, soit, comme d'autres le prétendaient, qu'on y eût mis le feu à dessein.

Les militaires campés autour de la ville avaient, depuis la bataille, plutôt par le goût du désordre, et par cupidité, que par un besoin réel, dévasté les rians environs de Dresde. Les châtaigniers de la plus belle croissance qui bordaient la route de Meissen, les rangées d'arbres touffus qui rendaient si agréable le chemin de la porte Blanche à la porte Noire, furent jetés dans les feux de bivouac, ou vendus par les soldats comme bois à brûler. Les terres labourables, les prairies et les jardins, surtout le long de la lisière du bois de Dresde, furent changés en une plaine déserte, où aucune herbe ne croissait plus, et l'air fut infecté. Ici l'on voyait, auprès des débris d'une cabane, des ustensiles de ménages brisés; là, un charretier jurant s'efforçait en vain de relever une bête de trait tombée, et paraissant chercher par terre le repos ou la fin de ses souffrances; là étaient assis des soldats affamés, que menaçait la mort, auprès d'un feu mesquin, pour faire rôtir des pommes de terre, ou cuire dans l'eau des croûtes de pain mendiées; plus loin, d'autres étaient occupés à écorcher un cheval tombé, et à en découper les meilleures pièces pour se nourrir.

Depuis le 25 septembre, on remarqua dans l'armée des mouvemens empressés qui annonçaient de nouveaux événemens. Déjà se répandait le bruit de l'établissement prochain du quartier-général à Freiberg, ou à Leipsick, et depuis le 27, tout fut prêt pour le départ. Les troupes parurent cette fois avoir quitté leur camp avec l'espoir de ne plus être forcées de revenir sur des routes si souvent parcourues, emportant ce qui restait dans un pays si fréquemment pillé. On voyait tous les hommes appartenant à la cavalerie, assis au milieu des gerbes épaisses; soldats et vivandières traînaient après eux des vaches, des chèvres, de la volaille de toute espèce; ils étaient chargés de lattes, de bâtons, d'ustensiles en pièces pour entretenir les feux de bivouac. Le 15 septembre, dans l'après-midi, arriva des frontières de Bohême la division aux ordres du prince Poniatowski, tellement fondue, que les bataillons d'infanterie ne comptaient pas plus de 600 hommes; et au même moment, le roi de Naples revint de la rive droite de l'Elbe. La marche des troupes continua le lendemain. Le 27, plus de 30,000 hommes campèrent dans la ville. La plus grande partie des troupes se dirigea vers la Mulde, où les corps réunis de nouveau par le maréchal Ney, étaient en mouvement pour s'opposer aux entreprises du prince royal de Suède. Il ne restait, sur la rive droite de l'Elbe, que de faibles divisions qui pouvaient à peine s'étendre à deux lieues de Dresde. Le maréchal Macdonald, dont le corps d'armée occupait la route de Bautzen, s'était toujours plus rapproché de la ville jusqu'au commencement d'octobre, qu'il établit son quartier-général dans le jardin de Cosel. La division du maréchal Marmont avait de même campé long-temps sur la rive droite, dans le voisinage de la ville; mais elle s'était de là dirigée sur Meissen, par la route de Moritzbourg, et elle y fut attaquée le 27 septembre par les alliés. Vivement poursuivi, Marmont se retira, en combattant, au-delà du fleuve, à Meissen. La marche pressée de ses troupes ressemblait au désordre d'une fuite. En le poursuivant, les alliés portèrent leur artillerie sur les hauteurs escarpées de la rive droite de l'Elbe; les Français établirent leurs pièces de campagne sur la route militaire qui conduit le long de la rive gauche à Leipsick, non loin du village de Zehren, et sur une hauteur qui s'élève au-dessus de la ville. Les boulets et les bombes volaient sur les maisons, sans cependant y causer de dommages. Mais le bourg de Cœln et des bacs appartenant à la ville, sur la rive droite de l'Elbe, furent en grande partie consumés par les flammes. Cependant la division de Marmont filait sur Leipsick, et d'autres corps prenaient la route de Nossen. Les combats se prolongeaient près de Meissen, et le 28 septembre surtout, ils furent si acharnés, que l'alarme se répandit jusque dans Dresde. Le lendemain, les alliés s'efforcèrent d'emporter de vive force les retranchemens établis sur les bacs réunis pour la défense du pont de bateaux. Mais le 30, après des efforts inutiles, ils se retirèrent, et la tête du pont demeura au pouvoir des Français, qui s'y maintinrent, ainsi que sur la rive droite du fleuve, jusque dans le mois suivant.

La victoire que les alliés remportèrent aux

frontières de la Bohême et de la Lusace, l'appel aux peuples, répandu par leurs généraux, pour annoncer une prochaine délivrance, l'état dans lequel on voyait l'armée française depuis le commencement de septembre, toutes ces circonstances réunies devaient éveiller de nouvelles espérances dans le cœur d'un peuple gémissant sous l'oppression, et surtout des habitans du pays le plus vexé; il n'était donc pas moins naturel que ces dispositions s'étendissent jusqu'au camp des guerriers saxons. Le premier qui les manifesta fut le major de Bünau, qui passa, avec la division d'infanterie qu'il commandait, dans le camp du prince royal de Suède. Tous les jours, des troupes de la confédération quittaient les rangs des Français, surtout les Westphaliens, qui souvent, sur les hauteurs de la rive droite de l'Elbe, attendaient les Cosaques, voltigeant dans la plaine, et, à leur approche, secouant leurs schakos, jetaient leurs armes et fuyaient vers leurs nouveaux protecteurs. Dans ces circonstances, le roi fit un appel aux guerriers saxons pour réclamer leur ferme persévérance dans la lutte, et quelques jours après, parut une proclamation pour exhorter le peuple saxon à ne point se laisser égarer par l'appel des généraux alliés.

Cependant, de jour en jour, on annonçait le départ du quartier-général; mais l'attente était vaine. Dans les premiers jours d'octobre, les avant-postes étaient sur la rive droite de l'Elbe, sur la route de Meissen et de Grossenhain, environ à une demi-lieue de Dresde; plus loin, vers Moritzbourg, et même jusqu'à Kœtschen-Broda et Hoflœsnitz, on voyait voltiger les Cosaques. Le corps du maréchal Macdonald, qui ne consistait plus qu'en faibles divisions d'infanterie, décampa, vers la même époque, pour se porter sur la route de Nossen, et fut suivi, dans la même direction, par la cavalerie aux ordres du général Sébastiani. Le 4 octobre, on fit marcher de nouveau de l'infanterie sur la rive gauche, et le roi de Naples quitta en même temps la ville pour s'opposer aux divisions des alliés qui s'avançaient sur Chemnitz.

Tandis que l'on dégarnissait de plus en plus la rive droite de troupes, on ne discontinuait pas les préparatifs de défense sur les routes qui conduisaient dans les parties du pays occupées par les alliés. A Pilnitz, on établit une tête de pont pour protéger le pont de bateaux que l'on venait d'y construire; le 1.er octobre, Napoléon lui-même voulut l'examiner, et, dans cette occasion, courant avec sa suite dans les rues de Pirna, il tomba de cheval.

La route de Bautzen fut défendue par des palissades, dont on ferma le pont sur la petite rivière de Priessnitz. Plusieurs magasins de munitions, placés devant la porte Noire, furent détruits, et les habitans des bâtimens neufs, qui s'étendaient de cette porte jusqu'au bord de la forêt, furent avertis de se préparer à évacuer leurs demeures.

Le 6 octobre, on remarqua à la fin parmi les troupes qui étaient dans la ville, des mouvemens empressés qui annonçaient un prochain départ. Plusieurs circonstances semblaient indiquer que la résolution de Napoléon était de se tirer d'une position dangereuse et menacée de tous côtés; de mauvaises nouvelles lui en avaient déjà fait sentir la nécessité; mais la nouvelle surprenante de la marche rapide de Blücher sur Kœnigsbrucke et Wartenbourg pouvait l'y décider. D'autres événemens arrivant dans le même temps, n'étaient pas des avis moins menaçans. Pourrait-on envisager autrement la position de l'armée de Bohême sous le prince de Schwartzenberg, qui poussait sur Chemnitz et Zwickau vers Altenbourg; l'expédition de Czernitscheff contre Cassel, et le bruit déjà répandu alors à Dresde, du changement des dispositions du roi de Bavière?

Dans la nuit suivante, les gardes décampèrent, et le 7 octobre, au matin, après six heures, Napoléon partit avec sa suite, se dirigeant par

Wilsdruf sur Meissen; une demi-heure après, le roi de Saxe le suivit avec la reine et la princesse Augusta, sur la même route. On passa par Oschatz et Eilenbourg pour se rendre à Leipsick, où le roi entra le 14 octobre. Les princes Antoine et Maximilien, avec leurs familles, et le reste des membres de la maison royale, restèrent à Dresde. Le roi confia l'administration des affaires à son ministre des conférences, à qui le chef du 1er. département du collége des finances, le conseiller privé de Manteuffel, directeur de la commission territoriale, le conseiller privé de Schœnberg, et le président du haut consistoire de Ferber, furent subordonnés.

Les forces que Napoléon laissa à Dresde pour la défense des rives de l'Elbe, consistaient dans la 14me. division sous le maréchal Saint-Cyr; dans les débris de la 1re., qui, sous les ordres du comte de Lobau, observait encore les passages des frontières de la Bohême, aux environs de Giesshübel et de Pirna; et en une faible division de cavalerie, dans laquelle étaient compris un régiment de lanciers Polonais, et un régiment de cavalerie italienne très-diminués. Cette armée, dont la partie capable de combattre se montrait bien équipée, était forte d'environ 30,000 hommes, en y comprenant les nombreux malades qui se trouvaient dans les hôpitaux. Le comte

Durosnel, gouverneur de la ville, et le comte Dumas, intendant général, demeurèrent de même à Dresde avec bon nombre d'employés d'administration. La plus grande partie de la 14me. division, formant 15 mille hommes, revint encore, le 7 octobre, dans la ville, où le maréchal, forcé de reculer par l'armée des alliés qui s'avançait de Pirna, entra aussi le même jour. L'opinion s'était répandue parmi les Français, que l'on serait bientôt obligé d'évacuer Dresde; que les troupes qui restaient étaient destinées à couvrir la retraite, et à favoriser le transport des approvisionnemens les plus importans; mais les mesures que l'on prenait pour une vigoureuse défense, et dont l'exécution se continuait avec zèle, ne permettaient pas d'ajouter foi à ce bruit. La conjecture la plus généralement accréditée était que l'issue de la bataille, qui paraissait devoir se livrer dans les plaines de Leipsick, ou aux rives de la Saale déciderait seule si, et combien de temps, la position de Dresde pourrait encore être maintenue. Au-dessus de la ville, il ne restait au pouvoir des Français que le poste, très-bien fortifié, de Sonnenstein. Le commandant de Kœnigstein, dont la garnison était toute saxonne, avait obtenue des alliés de rester neutre.

Le 8 octobre, dans l'après-midi, les alliés attaquèrent une partie des ouvrages extérieurs de la rive droite de l'Elbe, qui consistaient en un grand demi-cercle, muni de huit redoutes, et formant une enceinte autour de la ville, sur la route de Bautzen, depuis Pieschen jusqu'au bureau de la chaussée. Le combat dura jusqu'à l'entrée de la nuit. Ce fut à la redoute numéro 8, à l'extrémité orientale de cette ligne, qu'il fut le plus violent (1). Au même moment, le comte de Bubna emporta de vive force la tête du pont de Pirna. Les Français firent passer la garnison de Lilienstein sur le pont, de l'autre côté du fleuve, et levèrent l'autre, pour conduire le pont de bateaux à Dresde; mais le feu des chasseurs autrichiens contraignit le commandant français à se rendre.

Le même jour on fit, comme la veille, descendre le fleuve à un grand nombre de malades, dans des bateaux couverts. Un bateau échoua, et plusieurs malheureux trouvèrent dans les flots la fin de leurs souffrances. On laissait, sans y faire attention, couchés sur la route, une foule de malades, trop faibles pour souffrir le transport. On vit encore dans cette occasion des preuves de cette insensibilité révoltante, dont quelques jours auparavant nous avions été les témoins. On trouva

---

(1) Tous ces travaux sont exactemenent marqués sur le grand plan cité plus haut de la ville et des alentours.

un soir, jetant des cris sur la route, un français malade de la dyssenterie, qui s'était enterré dans un tas de fumier; on fit remarquer l'état de cet infortuné à un de ses frères d'armes bien portant. Il répondit avec indifférence, « cela ne nous regarde pas. » On réclama le secours d'un gendarme, « je n'ai aucun ordre pour cela, » dit-il froidement. Enfin, un officier s'écria : « Il est bien heureux, s'il meurt. »

Sur la rive droite de l'Elbe, un intervalle de repos suivit le combat; cependant on se maintint avec vigueur en possession des retranchemens qui défendaient les accès de la ville, et une nombreuse division d'infanterie campa sur le pont de Priessnitz, défendu par une clôture. Mais le bruit d'une prochaine évacuation des retranchemens se propagea de nouveau, lorsqu'on se prépara à enclouer l'artillerie, dont une grande partie appartenait aux Saxons et aux Westphaliens, pour la rendre inutile au besoin. Cependant les alliés avançaient sur la rive gauche, vers Dohna, près de la ville. La division du général Bennigsen se porta, sans éprouver d'obstacles, et presque sans être remarquée, par les Français, derrière les hauteurs de Rœcknitz et de Plauen, au-delà de Nossen, sur Leipsick. Les Français campés entre Giesshübel et Dresde, ayant été dispersés, furent repoussés vers la capitale. Le 10 octobre, il y eut une vive canonnade dans les environs de Sedlitz, et le soir les Français décampèrent de la prairie pour se retirer sur Rœcknitz. Mais comme le lendemain, les Russes dirigèrent une attaque sur Zschernitz, les Français mirent le feu à leurs huttes de paille; sur les hauteurs de Rœcknitz, et en même temps le village de Grüma, derrière le grand jardin, parut tout en flammes. Une division, commandée par les généraux Tolstoi, Iwanoff et Markoff, forte d'environ seize mille hommes, que Bennigsen avait laissée en arrière, se logea sur les hauteurs, au midi de la ville. Le 12, les Français étaient postés à proximité, dans le village de Lœbtau, dans le grand jardin, dans le jardin de Moczinski, et dans les redoutes. Un combat très-vif commença dans ce demi-cercle. Ce fut le 13 surtout que l'on se battit avec le plus de vivacité entre la barrière de Dohna et celle de Freiberg, quoiqu'il n'y eût d'engagé qu'une partie des Russes, qui occupaient deux camps près de Dœltschen et de Rœcknitz. Les environs de la ville ne souffrirent pas moins par la dévastation qui eut lieu durant le combat, que par la continuation des travaux défensifs dans les jardins et dans la campagne, où on avait fait des abattis, élevé des retranchemens, et creusé des fossés.

Mais ce fut le 15 octobre qu'eut lieu le combat le plus remarquable. Le maréchal Saint-Cyr sortit de Dresde et s'avança, à la tête de quatre divisions, pour attaquer, sur les hauteurs de Rœcknitz et de Zschernitz, le général Tolstoi, qui n'avait que peu de troupes de ligne, mais qui comptait dans ses rangs, outre une forte division de landwehr, un grand nombre de Cosaques, de Basckkirs, et de Kalmoucks. Quelques retranchemens avaient été élevés sur ces hauteurs. Le comte de Lobau, vers dix heures du matin, sortit du grand jardin et déboucha sur Breslau, vers Zschernitz. Bientôt le général Claparède s'avança du jardin de Moczinski sur Racknitz, et au même moment le général Mouton-Duvernet partit du faubourg de Wilsdruf pour se porter sur les hauteurs de Plauen. Vers les onze heures, les Français étaient en possession des villages sur lesquels leurs corps d'armée s'étaient dirigés. Mais, pendant la nuit, le général Bonel, avec sa division, fut détaché au-delà de Gorbitz, à travers le terrain creux de Plauen, vers le lac Gitter, pour tourner l'aile gauche des Russes. Le général russe fit de vains efforts pour se maintenir sur les hauteurs. Mais lorsque, pendant le combat, il s'aperçut que le projet de tourner l'armée russe avait réussi, il se retira, vers midi, par les défilés de Mokritz et de Nœthnitz, où le combat fut très-sanglant vers Dohna, sous la protection de sa cavalerie. Six pièces de campagne, abandonnées dans le chemin creux, tombèrent entre les mains des Français, et environ cent prisonniers russes, qui furent encore suivis le lendemain de deux cents autres, furent transportés dans la ville; ceux-ci campèrent sur le Marché-Neuf. Saint-Cyr établit son quartier-général à Nickern; mais le 20, les Russes revinrent à la charge avec une telle supériorité, que le maréchal fut forcé de se retirer dans la ville. Le 22, les Français furent repoussés jusqu'à Lockwitz, et en même temps le général autrichien de Chasteler s'avança à la tête de 10,000 hommes de Tœplitz jusque dans les environs de Sporwitz. Mais la supériorité des alliés fut encore plus décisive, lorsque le comte de Klenau, détaché par le prince de Schwartzenberg, aussitôt après la bataille de Leipsick, se dirigea sur Freiberg pour conduire le siége de Dresde, de concert avec le général Tolstoi. Sur la rive gauche de l'Elbe, les Cosaques s'approchaient également par la route de Meissen; ils s'étaient emparé de cette ville le 23 octobre, après une courte résistance. Le corps qui la prit était commandé par le colonel Busmann, sous les ordres du général russe de Knorring (1), avant que le comte Klenau eût son quartier-général dans

---

(1) On trouve dans le rapport français (voyez le supplément n°. 17), que Saint-Cyr fit raser le château de Meissen. Le fait n'est pas exact.

l'Herzogs-Walde. Le 26, l'ennemi avança de Gorbitz et de Pennerich, et le jour suivant, de Dœltzchen et de Priessnitz. Les Français perdirent beaucoup de prisonniers dans ces combats; mais un plus grand nombre de soldats, et surtout des Westphaliens, passèrent à l'ennemi. Sur la rive droite, les Français avaient eu au contraire le champ plus libre, les alliés s'étant en grande partie retirés. Dans la dernière moitié du mois, ils s'étaient étendus sur les routes de Bautzen et de Radeberg, et par le flanc, vers Meissen; ils profitaient de cet avantage pour se procurer des provisions de fourrage : mais vers la fin d'octobre, une division de l'armée de siége, conduite par le feld-maréchal-lieutenant autrichien, prince de Wid-Runkel, se porta à travers les bois de Dresde, sur les hauteurs de Weinsdorf, à côté de la route de Grossenhain, pour couper aux français la communication avec Torgau.

Vers la mi-octobre, les communications de Dresde avec les environs furent entièrement coupées. Les portes furent fermées depuis dix heures jusqu'à sept heures du soir, et rouvertes à neuf heures du matin; un ordre sévère défendit aux habitans de se hasarder aux avant-postes et de parcourir le terrain sur lequel on avait combattu. A la rive droite de l'Elbe, avant la retraite de la division française, les granges furent vidées; et sur la rive gauche, tout ce que l'on put atteindre, fut pillé et enlevé. Tous les villages étaient déserts; les habitations des paysans étaient sans toits, sans meubles, sans portes; tout avait été employé à faire des bières, ou consumé dans les bivouacs. Les débris des maisons devinrent la proie des soldats; et les produits de l'automne, les choux, les pommes de terre étaient mangés presque crus. Les bandes pillardes parcouraient le pays d'après l'indication de la carte, protégées par de l'artillerie, et par une infanterie et une cavalerie nombreuse; souvent on en vint aux mains, surtout sur la rive droite. Ceux qui conduisaient ces détachemens savaient très-bien où il y avait encore à prendre; et quand on avait tiré ce qu'il y avait de meilleur dans les villages, épargnés jusqu'alors à cette intention, on les abandonnait aux soldats pour les piller à fond. On savait que les généraux français avaient amassé de grandes provisions de fourrage, et qu'ils envoyaient tous les jours, à cet effet, leurs maraudeurs. C'était un fardeau oppressif que l'approvisionnement des troupes, et la disette, les privations le rendaient de jour en jour plus sensible. Une proclamation des autorités françaises, du 10 octobre, promettait à la vérité d'alléger le fardeau par le renvoi des militaires et employés non autorisés à séjourner à Dresde; mais au moment que cet ordre allait s'exécuter, le commandant français déclara qu'il resterait sans exécution, aucun chemin n'étant ouvert, et ceux qu'on renverrait étant dans l'impossibilité de rejoindre leurs divisions. Après la victoire du 17, qui, pour quelques jours, avait rendu au général Saint-Cyr les chemins libres sur un point, et lui faisait espérer qu'il s'ouvrirait des communications sur d'autres routes, des mesures furent prises pour l'exécution de l'ordre en question. Jamais, dans aucun temps, le fardeau des logemens n'avait été réglé à Dresde d'après des principes réguliers et à l'abri des contestations. Mais il était encore trop rigoureux pour que, dans des temps de besoins pressans et de trouble, on pût maintenir quelque ordre. Aussi, à cette époque critique, n'était-il pas rare de voir les soldats se loger avec violence, ainsi qu'il arriva dans la nuit du 11 au 12 octobre, que les troupes arrivant comme un ouragan, se précipitaient aux barrières, heurtaient avec fureur aux portes dans les faubourgs, menaçaient de briser les fenêtres, et enfin, envahissaient les maisons. Il n'avait été possible qu'à un petit nombre d'habitans de penser à se procurer des provisions. Le fleuve était entièrement fermé; au lieu de bateaux de transport pour les denrées, on n'y voyait que des bateaux chargés de blessés et de mourans. La clôture bien antérieure du débouché de la Bohême réduisait la ville au produit des campagnes les plus voisines, si souvent pillées; enfin, les provisions de farine manquaient, depuis que les moulins étaient uniquement employés à la boulangerie française de campagne, et que les assiégeans avaient enlevé, à la ville, la ressource de la vallée de la Weisseritz. Le manque de sel ajoutait encore à la disette; depuis quelques mois, on n'en pouvait point tirer, par l'Elbe, des salines du pays, et les Français s'étaient emparé de toutes les provisions pour saler la viande; les soldats et les habitans étaient obligés d'y suppléer par la poudre, dont on ne manquait pas. Tous les employés des administrations françaises contraignaient tous ceux qui venaient leur acheter du riz, à prendre de leur poudre préparée avec de très-mauvais salpêtre, et qui, par conséquent, ne salait que très-peu. Tous les marchands ayant été obligés de livrer leurs provisions de riz dans les magasins, on n'en pouvait plus trouver que là. A l'approche du froid, le chauffage devint aussi plus rare; on l'avait gaspillé pendant l'été, et les provisions qu'on avait fait venir pendant le printemps, par l'Elbe, des forêts de la Lusace, étaient restées sur les lieux d'embarquement, faute de moyens de transport ou de sûreté dans le voyage; les trains de bois de la Weisseritz et de la Kirnitsch avaient également manqué. Le charbon de terre, que l'on tirait des riches mines de

Plauen, n'arrivait plus, à la fin, qu'en trop petite quantité. L'occupation continuelle de la vallée de la Weisseritz par les troupes alliées, en gênait l'extraction. Les Cosaques, battant la campagne aux environs de la ville, fermaient l'accès des bois les plus voisins; ils saisirent quelques coupeurs de bois, et les conduisirent au quartier-général. La disette de chauffage devint si sensible, et les suites de cette disette inspirèrent tant d'inquiétudes, pour un avenir très-prochain, qu'une décision de l'administration exempta, à peu d'exceptions près, de toute taxe, pour un temps déterminé, tous ceux qui amenaient du chauffage dans la capitale.

Dans le moment de la disette la plus pressante, le 28 octobre, un ordre, émané du général français, enjoignit aux habitans de se pourvoir de vivres pour deux mois; quant à ceux qui ne pourraient pas s'en procurer, on les laissait libres, et on leur conseillait de sortir de la ville. L'on pouvait d'autant moins compter sur l'exécution de cet ordre, que le but, assez évident d'une pareille mesure, était de faire croire à la résolution de se défendre jusqu'à la dernière extrémité. Cependant beaucoup d'habitans se déterminèrent à quitter une ville malheureuse; mais les assiégeans, après avoir permis l'émigration pendant un jour, refusèrent des passeports et des escortes.

Dans le même temps, il fut ordonné de déclarer tout ce qui se trouvait de vivres dans la ville, et on signifia aux habitans qu'ils eussent à livrer exactement toutes leurs provisions en blé et farine, en viande de boucherie, en viande salée et fumée, en légumes de toute sorte, en vin, en bière et en eau-de-vie. Un employé français et un saxon furent chargés d'en faire perquisition ; cependant ils se contentèrent de recevoir des habitans leurs déclarations, sans procéder à des recherches effectives. Le résultat de cette recherche se réduisit à peu de choses, comme il était facile de le prévoir ; mais le comte N..... prétendit qu'on avait caché de grandes provisions de blé et de farine, et, comme on en avait menacé, fit faire des visites domiciliaires par des gendarmes français : on lui attribuait d'avoir dit que tous les habitans devaient mourir de faim avant qu'un soldat français pérît de misère.

La nouvelle de la victoire remportée par les alliés à Leipsick s'était déjà glissée dans la ville dès le 22 octobre ; mais elle n'adoucit que très-peu le sentiment d'une cruelle détresse, les Français se préparant toujours à la plus vigoureuse résistance : on ne pouvait, à ce qu'il paraissait, et comme le déclara le comte de Klenau lui-même, dans ses rapports officiels, s'emparer de la ville qu'après un siége en règle ; et déjà, d'après le bruit public, on faisait venir de la grosse artillerie de Theresien-Stadt pour canonner la capitale. Toutes les rues des faubourgs, dans un grand demi-cercle, depuis l'Elbe jusqu'à Friederichstadt, étaient défendues par des abattis d'arbres, par des levées de terre qui les traversaient, et fermées par des palissades. Sur plusieurs points, l'accès à la porte du faubourg et les autres issues étaient conservées et défendues de la même manière. Dès le 23 octobre, on avait fait évacuer les bâtimens élevés à la dernière extrémité de la Vieille ville, nommément à la porte du Lac, à celles de Wilsdruf et de Pirna. Ces maisons furent converties en blockhaus, crénelées, et les ouvertures des fenêtres bouchées avec des sacs de sable. Le 29 parut un ordre du maréchal Saint-Cyr, prescrivant de livrer tous les tonneaux, barriques, caisses, paniers couverts et de transport, pour barricader l'entrée des rues dans les faubourgs. Tous les canons, pour peu qu'ils fussent encore en état de servir, furent tirés de l'arsenal à la même époque, le 30 octobre, comme on l'avait fait auparavant à Torgau. On laissa aux militaires saxons le choix, ou de prêter serment de fidélité à Napoléon, ou d'évacuer la ville : cette mesure était la suite de la défection des troupes saxonnes et des autres troupes allemandes. On avait préparé à cette mesure tout ce qui se trouvait de militaires saxons à Dresde, en leur retirant les provisions de bouche et de fourrage. Ils pouvaient se retirer librement et en sûreté, en quittant la ville sans armes. Cependant on permettait aux officiers comme aux soldats d'y rester, sous la condition de ne plus porter aucune distinction militaire, de renoncer aux rations, et de vivre à Dresde en bourgeois. On devait livrer les chevaux, les sabres, les armes, les manteaux, et tout l'attirail de guerre à des préposés français ou saxons, pour être transportés dans les magasins nationaux. Cependant, en laissant à la garde bourgeoise ses armes, on lui fit continuer son service, lorsque le général français, ayant pris des renseignemens, se fut convaincu que cette institution n'avait pour objet que la police, ce qui devait dissiper pleinement les inquiétudes qu'il paraissait avoir conçues. Le reste des militaires allemands, faisant encore partie de l'armée française, surtout les Wesphaliens, qui étaient encore au service, réduits à quelques centaines d'hommes, par le nombre des déserteurs, furent, en même-temps désarmés et congédiés. Déjà depuis long-temps ils en venaient à des querelles sanglantes avec leurs frères d'armes pour se disputer le bétail volé.

On continuait cependant de combattre aux environs de la ville, et le 29 octobre, dans la matinée, l'artillerie russe salua les avant-postes français dans le grand jardin; et à la fin, le combat s'étendit depuis Gruna jusque dans la campagne de Cotta, non loin de Priessnitz. Les alliés reprirent les hauteurs qui s'élèvent au sud-ouest de la ville, au-dessus de Plauen, de Rœcknitz et de Strehla, où l'on plaça de longues files d'infanterie autrichienne: les Français se replièrent dans les ouvrages extérieurs, et dans les fortifications de la ville. Le pays sur la rive gauche du fleuve fut alors complettement dévasté. On coupa les plus beaux arbres dans le grand jardin, et l'on ravagea, de la même manière, la belle allée de l'Ostra, si bien plantée; partout les soldats vendaient, à vil prix, des troncs d'arbres fraîchement arrachés, avec les portes et les solives des maisons détruites des paysans; les chefs même ne rougissaient pas de trafiquer du produit du pillage; on vit, entre autres, un jour, dans le faubourg de la Ville neuve, décharger une charrette remplie de toutes sortes de meubles que quelques officiers vendaient à l'enchère.

Les défenseurs de la ville étaient alors resserrés dans l'enceinte des murs et des ouvrages extérieurs les plus rapprochés, qui leur servaient de bons remparts contre les forces supérieures des assiégeans. L'état de siége qui affligeait la ville, incroyablement tourmentée depuis le 26 octobre, fit naître de nouvelles inquiétudes, de nouvelles terreurs. Quelques Français ayant été maltraités dans plusieurs occasions, une proclamation, en date du 1er. novembre, menaça de la peine de mort tout habitant qui se permettrait d'insulter ou de maltraiter les soldats français. Il n'y avait que trop d'occasions pour les opprimés de se laisser emporter à la violence, au mécontentement, quand, ce qui arrivait souvent, des Français, assiégeant en foule les boutiques des boulangers, s'en retournaient en faisant des imprécations pour avoir attendu un pain plusieurs heures, ou que des gendarmes français, placés dans ces boutiques dès la pointe du jour, pour empêcher le tumulte de la foule qui se pressait, et assurer aux soldats la faculté d'entrer, répétaient, avec dérision, qu'il fallait que les militaires eussent la préférence, quand même les habitans devraient mourir de faim.

On continuait sans relâche, dans la ville, les travaux des fortifications, et tous les bâtimens, dans le voisinage, dont on pouvait craindre que les alliés ne s'appuyassent dans une attaque, furent démolis. Cette destruction s'étendit à la plupart des constructions de la riante campagne entre Dresde et Plauen, à droite de la route; entre autres, à plusieurs moulins, tels que le moulin royal pour polir les glaces, avec ses belles machines, qui fut détruit le 5 novembre; les moulins à foulon, les moulins à drêche, une ferme, dite die Sorge, et le jour suivant le moulin royal de Kunad. Ces constructions furent en partie abattues et brûlées sans utilité et sans but; le moulin à poudre échappa seul, heureusement, à la proscription; plusieurs jardins, plusieurs pavillons du voisinage eurent le même sort. Cependant beaucoup de jardins entourés de haies furent épargnés, quand les propriétaires, à l'apparition des sapeurs français qui en annonçaient la destruction, eurent l'adresse de leur prouver, à l'aide de quelques pièces d'argent, que ces haies ne pouvaient ni nuire ni servir aux entreprises militaires.

Le 4 novembre, les portes du faubourg de la Ville vieille furent entièrement fermées, et la garnison fut complettement resserrée dans l'enceinte de ses fortifications. Le maréchal ne put manquer de reconnaître combien sa situation était périlleuse, lorsqu'il apprit, par un espion, la nouvelle de la défaite décisive et de la fuite précipitée de son maître. On prit, dans un conseil de guerre, la courageuse résolution de se frayer, à travers l'armée des assiégeans, une route sur la rive droite de l'Elbe, vers Torgau. Afin de se procurer une quantité de vivres suffisante pour cette expédition, à travers un pays dépouillé, on ordonna, le 5 novembre, aux habitans de la ville de livrer, dans le grand magasin de l'église

Notre-Dame, le tiers des vivres qu'ils avaient précédemment déclarés : on s'engageait à rembourser, par la suite, cette fourniture au prix des mercuriales ; mais sous la condition de déduire un sixième du montant des déclarations pour la consommation postérieure aux déclarations, et de livrer le tiers de ce qui leur restait. Les marchands et les vendeurs de comestibles devaient donner la moitié de leurs provisions. Il fallut qu'une grande partie des habitans se soumit à ces ordres rigoureux.

Cependant on refusa le riz, le vin, dont on avait trouvé moyen de s'approvisionner d'une autre manière, ainsi que l'eau-de-vie, les pommes de terre, les légumes frais, et généralement tout ce qui était trop pesant.

Un mouvement empressé que l'on remarqua, le 5 novembre, dans la garnison, trahit l'exécution prochaine de cette expédition dangereuse. Les portes des faubourgs furent occupées par de forts détachemens ; des détachemens également nombreux d'infanterie campèrent dans les rues de la Ville neuve. On prit des provisions de bouche pour plusieurs jours ; le comte de Lobau vendit ses provisions de fourrages, et l'enlèvement de quelques chevaux, opéré avec violence, décéla le besoin, comme l'espérance, d'un heureux résultat. Le 6, à la pointe du jour, le corps d'armée, sous la conduite du comte de Lobau, renforcé de deux divisions du 14e., s'avança, hors de la ville, sur la route de Grossenhain. Ce corps était au moins de 10,000 hommes, auxquels se réunirent environ 1,000 hommes, formant tout ce qu'on avait pu trouver de cavalerie à Dresde; suivait un train de plus de 200 chariots, chargés de tout ce que possédaient les Français, et qu'on se proposait surtout de sauver; obstacle très-gênant dans une retraite. Ce train fit halte non loin de l'auberge de l'Homme-Sauvage, pendant qu'une partie du corps d'armée gagnait les hauteurs par la route, et le reste, par le chemin de Weinberg. Les alliés campaient sur les hauteurs, dont ils s'étaient emparés dans les derniers jours d'octobre. Les Français se dirigeaint vers le bas de la forêt, où conduisait la route; mais ils étaient incroyablement incommodés par les tirailleurs, qui les épiaient derrière les murailles de Weinberg. Une très-vive canonnade annonça l'attaque, dès le point du jour, aux habitans de la ville. La résistance des alliés, sous les ordres du prince de Wied-Runkel, fut d'abord assez faible; ils furent culbutés par les Français, qui percèrent dans la plaine de Drachenberge, entre le bureau de la chaussée et Reichenberg; mais les assaillans y furent si vigoureusement reçus par l'infanterie autrichienne et russe, et l'artillerie, qu'on venait d'y transporter, y agit d'une manière si terrible, qu'après un violent combat, qui coûta aux Français 890 hommes, ils se décidèrent à la retraite. Des députés de la ville étaient venus le matin solliciter le maréchal Saint-Cyr, qui les avaient renvoyés avec des espérances consolantes. Vous voyez, leur avait-il dit, que je me mets en route. A midi, il courut sur le champ de bataille, et revint, vers quatre heures, avec le comte Lobau et les autres généraux. Les troupes commencèrent à rentrer dans la ville vers le soir; les soldats étaient si trempés d'eau, si harassés, qu'il fallut en envoyer un grand nombre à l'hôpital des malades. Ces bandes affamées avaient, pour la dernière fois, pillé les vignobles voisins, et saisi l'occasion de se rassasier de viande fraîche, qu'ils avaient coupée sur les cuisses des chevaux blessés. Quelques prisonniers et quelques pièces de campagne qu'ils avaient déjà montrés à Dresde comme des trophées, devaient faire croire aux résultats heureux d'un combat dont ils se faisaient gloire.

Pendant cette sortie, on avait tenté une attaque sur les ouvrages extérieures de la Ville vieille, et on avait fermé et barricadé toutes les rues extérieures en toute diligence. Mais tout demeura tranquille de ce côté; car la triste situation des assiégés semblait rendre inutile tous efforts de la part des alliés. La malheureuse tentative qu'on avait fait pour une retraite fut suivie de nouvelles souffrances. Le comte....... avait solennellement promis aux députés de la bourgeoisie, que le sacrifice du tiers de leurs provisions serait le dernier qu'on exigerait d'eux; mais presqu'au même moment on fit transporter dans les moulins de la ville les provision de blé et de farine, dont la majeure partie appartenait aux habitans et aux boulangers. On s'empara même de celles des établissemens d'éducation et de charité, et de l'hospice des malades; et il fallut de longs pourparlers pour obtenir des administrations françaises la restitution de la moitié de ce qu'on avait pris.

La disette et la misère étaient, à cette époque, montées au plus haut degré: les moulins étaient oisifs; car les assiégeans avaient coupé les eaux. Les eaux publiques, que l'on se procurait par des conduits au moyen des réservoirs établis derrière Plauen, étaient desséchées; et les réservoirs pour les incendies, ouverts sur le Marché-Neuf depuis la fin d'octobre, éveillaient à chaque moment la crainte qu'enfin le feu ne rendît encore plus horrible la misère de la ville. La plupart des boulangers, ayant épuisé leurs provisions, avaient fermé leurs fours, et la foule, les violences devenaient tous les jours plus fréquentes devant les boutiques où l'on vendait du pain. Beaucoup de pauvres en manquaient pendant des jours entiers; et comme les provisions de viande diminuaient aussi, un grand nombre d'habitans en étaient réduits aux plus tristes ressources pour se soutenir. Le marché était vide, ou l'on n'y voyait que quelques paniers contenant des légumes frais, ou des fruits, que se disputaient les habitans et les soldats affamés; à peine pouvait-on, au plus haut prix, se procurer la plupart des denrées. Les soldats français souffraient cruellement du fléau de la disette ; les employés de l'administration abandonnaient ces malheureux à leur misère, uniquement occupés à adoucir, autant que possible, les privations pour les chefs. On tuait journellement plus de trente chevaux, dont on sala un grand nombre, depuis le commencement de novembre, et, au lieu de la ration accoutumée d'une once et demie de viande de boucherie, à laquelle le soldat était réduit depuis long-temps, il n'en recevait plus que le double en chair de cheval, le plus souvent si mauvaise, que les soldats la rejettaient, quoique tourmentés par la faim. A la fin, ces malheureux s'arrachaient les débris des chevaux morts et à moitié pourris, qu'on trouvait partout dans les rues; on y rencontrait fréquemment des carcasses dont on avait détaché tous les filamens. Ici l'on voyait quelques-uns de ces misérables occupés à écorcher un chien maigre, pour en faire rôtir la chair. Là on en voyait d'autres ramasser, pour se nourrir, des restes jetés dans les ruisseaux, ou recueillir sur le fumier les pelures de pommes et de pommes de terre; et pour achever d'un seul trait ce tableau de la plus affreuse misère, on vit un de ces infortunés dévorer avidement des pommes de terre qu'un de ses camarades avait rejetées de son estomach presque crues. Les ravages que la fièvre nerveuse exerça parmi les habitans de la ville ajoutèrent un nouveau degré à la misère publique. On comptait 2 à 300 morts par semaine, dont le tiers était enlevé par le terrible fléau que le chagrin et la disette, contre lesquels les habitans avaient à lutter, rendaient tous les jours plus meurtrier. Des familles entières en avaient été victimes. On voyait fréquemment dans des coins de rues écartées, ou sur des tas de fumiers accumulés partout, des soldats étendus, mourans sans secours, et qui aimaient mieux attendre leurs derniers momens à la vue du ciel et à l'air libre, que de mourir dans les hôpitaux. Souvent des prêtres catholiques cherchaient ces malheureux sur leurs lits de morts, et s'agenouillaient auprès d'eux pour leur donner l'extrême onction. Il sortait tous les jours au-delà de 200 morts des hospices de malades, où, s'il faut en croire le bruit public, on ne reculait devant aucune mesure meurtrière. Les cadavres nus restaient pendant des heures entières rangés le long des lieux de sépulture, les charriots de transports étant dans un mouvement continuel, et ne pouvant attendre. Les enterremens avaient été donnés à forfait à des fossoyeurs, qui recevaient 8 gros (1) pour chaque cadavre, et pour en charger beaucoup à la fois, foulaient souvent aux pieds ces corps morts sur les voitures avec une insensibilité que ces hommes sans pitié, et endurcis par l'habitude, poussaient jusqu'à un excès effrayant (2). Ces tas de corps étaient accumulés dans de larges fosses. Souvent les employés français des hospices de malades donnèrent l'exemple d'une impitoyable insouciance, en faisant enterrer des malades encore vivans; d'autres revinrent à la lumière dans les maisons mêmes des fossoyeurs, et il arriva quelquefois que des mourans, qu'on jetait dans l'Elbe, achevaient dans les flots de se débattre en vain contre la mort. Le manque de remèdes dans toutes les apothicaireries, la mort d'un grand nombre de médecins et de chirurgiens, porta au comble le malheur général.

---

(1) A peu près un franc 30 centimes.

(2) On peut comparer à notre récit l'écrit très-remarquable d'un témoin très-instruit, intitulé : *Horreurs des hôpitaux militaires français*, imprimé dans les feuilles allemandes en 1814.

Enfin, après le peu de succès de la sortie, les autorités françaises accordèrent la permission qu'elles avaient auparavant refusée, d'envoyer des députés des administrations de la ville dans le camp du comte de Klenau, pour émouvoir sa pitié en faveur de la malheureuse capitale. Les députés, le président du haut-consistoire de Ferber, le capitaine du cercle de Zeschwitz, et le bourguemestre Beck, se mirent en route le 7 novembre. Cependant ils furent d'abord rebutés aux avant-postes, et à la seconde tentative, ils ne purent être admis auprès du général en chef. Mais le lendemain, ils remirent aux avant-postes une requête qu'ils avaient signée; ils y demandaient qu'on épargnât la ville, et faisaient entendre que les généraux français étaient disposés à entrer en négociation. Le zèle dont ces députés firent preuve, dans cette occasion, est digne de la plus vive reconnaissance, et l'histoire n'oubliera pas d'honorer l'infatigable activité avec laquelle ils travaillèrent à écarter toutes les difficultés, jusqu'à ce que la négociation eût pris un heureux cours. Les colonels français Marion et Périn parurent, à la même époque, aux avant-postes des alliés, pour proposer, au nom du maréchal Saint-Cyr, la reddition de la ville, sous la condition d'une libre retraite. Cette proposition fut écartée. Le général autrichien laissa cependant, dans cette occasion, aux membres de la famille royale, la faculté de s'éloigner d'une ville réduite à la détresse. Le maréchal Saint-Cyr renouvela son offre, et ce fut ainsi que, le 9 novembre, on en vint à une convention provisoire pour la reddition de la ville. Cette convention fut signée au village de Gorbitz, sur la route de Freyberg, par le général quartier-maître, comte Klenau, et le colonel Rothkirch d'un côté, et le colonel Marion de l'autre. L'intervention active de l'épouse du prince Antoine, sœur de l'empereur d'Autriche, n'y contribua pas peu. Le 10, dans la matinée, le maréchal Saint-Cyr, et le comte Durosnel, se rendirent en cérémonie au château pour annoncer à la famille royale la nouvelle agréable qui déjà se répandait dans la ville, et remplissait tous les cœurs d'heureuses espérances. Les principales conditions furent connues le même jour; car les Français observaient sur toute cette affaire un profond silence, et il restait à s'entendre sur plusieurs articles des négociations. Le lendemain matin, ce silence alarmant durait toujours, et quoique des drapeaux blancs, flottant aux avant-postes, parussent prouver qu'on pouvait prochainement compter sur des mesures pacifiques, on commença cependant à douter de la vérité de l'heureuse nouvelle, lorsqu'on vit les pionniers français continuer leurs travaux dans les faubourgs. Cependant, vers midi, la nouvelle de la convention pour la reddition de la ville fut confirmée, et une publication officielle fit cesser les inquiétudes.

D'après cette convention, conclue le 11 novembre dans le camp du comte de Klenau, à Herzogswalde, et confirmée par les généraux en chef autrichiens et russes, la garnison eut la faculté de se retirer librement en France : elle devait sortir de la ville en six divisions, avec armes et bagages, du 12 au 17 novembre; mais après avoir déposé ses armes devant les fortifications, on lui imposait cependant la condition que ni officiers ni soldats ne pourraient servir jusqu'à ce qu'ils eussent été tous échangés contre les officiers et soldats alliés pris pendant la guerre avec la France; conditions que le maréchal Saint-Cyr s'engageait à remplir, promettant en même temps de réaliser le plus promptement possible l'échange de la garnison contre un pareil nombre de prisonniers des armées alliées. Les caissons, les munitions, toute l'artillerie, tout ce qui dépendait des fortifications et du service des ponts, toutes les voitures de transport devaient être livrés dans le jour après la signature de la convention, et en même temps la moitié des fortifications, les portes des faubourgs sur les deux rives de l'Elbe, aussi-bien que les deux portes de la Ville vieille, et une porte de la Ville neuve, devaient être occupées par les alliés; mais la forteresse de Sonnenstein devait être évacuée six heures après la signature. Parmi les clauses ajoutées plus tard au projet provisoire, clauses que la prolongation des négociations leur valut pour leur adoucir l'idée d'être prisonniers de guerre, on remarque surtout la détermination par laquelle on permit à 600 hommes de conserver leurs armes, avec deux pièces de campagnes, les chariots de munitions et les attelages, et à 50 gendarmes de garder leurs chevaux et leurs armes. Dans l'après-midi du 11 entra, avec un officier autrichien et un russe, le général saxon de Mellentin, chargé de recevoir tout l'attirail de guerre que les Français devaient livrer avant de sortir, et surtout de veiller sur les planches de la caisse des billets, sur la caisse d'escompte et sur les objets d'art. Cette surveillance était d'autant plus nécessaire en ce moment, que les Français avaient déjà auparavant détruit, dans l'arsenal, beaucoup d'instrumens de guerre.

Néanmoins il n'est pas prouvé que, par l'ordre du maréchal, beaucoup de provisions de guerre, même d'armes et de canons, aient été mis hors d'état de servir, ou jetés dans l'Elbe. Cependant les soldats français cherchèrent encore à s'assurer en dernier lieu quelques profits, en vendant sur la place du rempart, des voitures, des chevaux, et toutes sortes d'objets militaires, ainsi que les planches de la boulangerie de campagne que l'on détruisit; et même au dernier moment, des quantités considérables de fourrages furent enlevées de vive force dans la ville et dans les fauxbourgs.

La garnison prisonnière de guerre devait être conduite sur les derrières de l'armée alliée, par la Saxe, la Bavière, le Wirtenberg et Bade, à Strasbourg. Le 12 novembre, vers huit heures du matin, plusieurs divisions de l'infanterie française se rendirent entre les portes de Pirna et de Willsdruf, et vers onze heures, prirent, au nombre d'environ 6,000 hommes, la route de Freyberg. Devant la porte du fauxbourg, sur la plaine de la Weisscritz, étaient postées, à la droite, quelques divisions d'infanterie autrichienne, avec de l'artillerie, et à gauche, des divisions de hussards autrichiens, de Cosaques, et de landwehr russes. Deux corps de musique, autrichiens et russes, jouaient alternativement. Vers midi, les Français sortirent de la ville, tambour battant, et lorsqu'ils furent arrivés aux fortifications établies sur la route militaire, on entendit retentir de tous les rangs le terrible mot d'ordre : « A bas les armes. » Tout obéit dans chaque division.

Les armes furent élevées en pyramides ; les gibernes, les sabres et les épées détachées, les tambours déposés : les troupes désarmées suivirent la route militaire. La plupart, surtout les jeunes soldats, étaient joyeux de se voir délivrés d'une vie douloureuse. Mais on lisait dans les traits des officiers une fureur concentrée ; les vieux guerriers ne se soumettaient qu'avec répugnance à la dure nécessité, et n'obéirent à l'ordre rigoureux de leurs colonels qu'après que d'autres leur eurent donné l'exemple de l'obéissance. Beaucoup d'entre eux jetaient avec fureur leurs gibernes en l'air, et dans leur colère, d'autres criaient : « Napoléon vit encore. » Dans la première division se trouvaient aussi les lanciers et les hussards polonais, toute la cavalerie du corps prisonnier, et les deux divisions récemment formées d'infanterie polonaise. Le 13 novembre, le comte de Lobau sortit avec sa division, et l'on pouvait lire sur son visage ce qu'il éprouvait lorsqu'il abaissa son épée devant les généraux des alliés, et qu'au mot d'ordre de la capitulation, les troupes mirent bas les armes. Cette division était suivie de la troupe des goujats de l'armée, ces cruels persécuteurs des habitans de la campagne, qui, à la grande joie de la foule rassemblée des paysans, furent obligés de rendre leurs chevaux et leurs sabres. Le 15 novembre, le maréchal Saint-Cyr quitta la ville avec la quatrième division, et à la tête de la dernière marcha, le 17, le comte Durosnel, jusque-là gouverneur de la ville, emportant des témoignages glorieux d'estime, tandis que le comte...... J..... de l'armée ne laissait, en se retirant, aucun souvenir honorable.

D'après les rapports officiels, toute l'armée prisonnière consistait en un maréchal, 11 généraux de division (1), 20 généraux de brigade (2), 452 officiers, et 6,500 sous-officiers et soldats de la 1re. division, sous le comte de Lobau; en 945 officiers, et 17,129 sous-officiers et soldats de la 14e. division, sous le maréchal Saint-Cyr, et 360 officiers avec 4,078 soldats de l'ancienne garnison de la ville; ainsi, le tout ensemble montait à 1,759 officiers, et 27,714 soldats. De ce nombre étaient 6,031 malades qui restèrent dans les hôpitaux à Dresde, mais demeurant soumis à toutes les conditions de la capitulation. L'artillerie livrée aux alliés consistait en 25 obusiers et 69 canons, appartenant aux divisions françaises, et en 8 mortiers, 26 obusiers, et 117 canons de l'artillerie de la place, dont la plus grande partie retourna aux Saxons. Le prix de tous les instrumens de guerre livrés fut estimé au-dessus de cinq millions d'écus (20 millions de francs environ).

Dès le 12 novembre, conformément aux clauses de la capitulation, une partie de la ville et des ouvrages extérieurs furent occupés par les alliés.

---

(1) Les comte Lobau, Durosnel, Dumas, Claparède, Bonnet, Mouton-Duvernet, Berthesme, Dumonceau, Razout, Gérard, Teste, Freyre, Cassagne.

(2) Borelli, Schramm, Paroletti, Bertrand, Couture, Godard, Le Tellier, Goguel, D'Estlevin, Stedmann, Jaquet, Fezensac, Chartraud, Doucet, Gobrecht, Poskoski, Weissenhof, Baldus, O'Méara, Bernard.

On vit alors dans les rues un mélange très-extraordinaire; des soldats français et des Cosaques en faction à côté les uns des autres dans la même maison : l'indignation long-temps contenue contre d'arrogans oppresseurs éclatait souvent; un jour, entre autres, dans la Ville neuve, des officiers et soldats français éprouvèrent presque sans résistance les mauvais traitemens de la populace, qu'avait rassemblé en foule un incendie causé par de la poudre à laquelle quelques Français avaient mis le feu. Qu'elles que difficiles à supporter que fussent, au surplus, les souffrances du moment, on respirait plus librement, et l'on sentait renaître l'espérance, en contemplant l'avenir plus favorable, dont la perspective semblait s'ouvrir aux peuples opprimés. Dès les premiers jours qui suivirent la délivrance, on voyait déjà un mouvement plus actif dans les rues, grâces aux mesures fermes de l'administration locale, qui, peu à peu, fit disparaître les immondices dont elles étaient encombrées. Les vivandiers autrichiens et russes apportaient de la fertile Bohême des vivres de toutes espèce, et surtout du pain. Ils remplissaient les marchés dépourvus de denrées. Les cimetières, depuis long-temps changés en campemens tumultueux, furent rendus au repos, et l'on put inhumer les corps qui gissaient encore accumulés. Les Français malades, errans dans la ville comme des spectres, et ceux que renfermaient les hôpitaux, reçurent des soins plus assidus, et, par des mesures efficaces, on mit un terme aux ravages de l'épidémie.

A peine la dernière division des Français avait-elle quitté la ville, que le son solennel des cloches célébrait l'entrée des alliés. En avant marchaient deux régimens de Cosaques du Don; venait ensuite l'artillerie russe; et enfin le régiment autrichien de Zach, que le comte de Klenau et les autres généraux firent défiler devant le château des frères du roi, qui parurent sur le balcon avec leur famille. L'infanterie russe, les Hulans, l'artillerie et la cavalerie autrichienne fermaient la marche. Le principal corps-de-garde, dans la Ville neuve, fut occupé par les Russes, et depuis le 17 novembre, le général Gourieff, comme commandant russe, prit le gouvernement de la ville. Le même jour, une partie des troupes s'avança au-delà de la ville; mais une plus grande partie y demeura, et les autres divisions qui restèrent les jours suivans, augmentèrent le fardeau des nouvelles fournitures qui pesèrent sur les habitans épuisés. Les troupes autrichiennes furent les premières qui se retirèrent au bout de quelques temps. Il resta, jusqu'à l'année suivante, une forte garnison russe; et au commencement de décembre, l'administration générale russe pour le royaume, qui avait été organisée en octobre à Leipsick, se fixa aussi dans la capitale. Les membres de la famille royale étaient déjà partis le 19 novembre pour Prague, à l'exception de la princesse Elisabeth, qui, au commencement de cette nouvelle époque, voulut encore rester au milieu des habitans de Dresde.

Mais à peine la reddition de la ville était-elle effectuée, que l'on reçut, du grand quartier-général des alliés, la nouvelle inquiétante que le général en chef, prince de Schwartzenberg, avait refusé de ratifier les conditions consenties par le comte de Klenau, et avait donné l'ordre au feldzeugmestre de Chasteler de remettre le maréchal Saint-Cyr en possession de la ville de Dresde, et de tous les moyens de défense que ce général avait à sa disposition avant l'évacuation. Les généraux Dumas et Durosnel, qui étaient déjà arrivés près du Rhin, furent obligés de retourner à Altenbourg, où le maréchal Saint-Cyr était encore. Sa division s'était campée entre cette ville et Nossen, au grand chagrin des habitans de cette contrée, opprimés de toute manière. Le maréchal se refusa à la proposition qu'on lui faisait, et le résultat fut qu'il dut à la fin se soumettre à la décision qui le reléguait, lui et ses compagnons de captivité, en Moravie et en Hongrie.

Ainsi fut terminée la dure épreuve des souffrances auxquelles cette malheureuse ville était en proie depuis huit mois. Après tout ce qu'elle avait euduré, après un si grand épuisement, le poids de ses maux se faisait encore sentir. Mais combien était consolante la perspective d'un meilleur avenir, qui la soutenait au milieu de ses derniers efforts! Elle voyait croître et se fortifier sur le sol de la patrie la palme de la paix, et ses habitans allaient goûter le repos sous son ombrage. Celui qui voudra raconter dignement et avec impartialité les événemens de la nouvelle époque à laquelle nous sommes parvenus, n'oubliera pas de célébrer le dévouement avec lequel les habitans d'une ville si long-temps opprimée, et tout le peuple saxon, jeunes gens et vieillards, ont offert le sacrifice de leurs biens et de leurs vies dès qu'ils eurent rompu des chaînes qu'ils portaient avec impatience, et ont volé aux combats, afin d'obtenir pour eux et leur postérité ce que les peuples peuvent posséder de plus précieux, la liberté.

ÉCLAIRCISSEMENS
ET PIÈCES
A l'appui du récit des événemens qui se sont passés à Dresde en 1813.

III.

Publication de la Commision immédiate.

SA Majésté, en quittant Dresde, a exhorté ses fidèles sujets à conserver l'honneur saxon par une conduite décente et en maintenant le repos et la tranquillité. Cependant des habitans de cette ville se sont portés à des excès qui nous forcent à rappeler les dispositions de la loi, et notamment les §§. 10, 11, 12 et 13 de l'ordonnance contre les émeutes pour maintenir le repos public et le bon ordre, qui doivent être sacrés pour tout bon citoyen attaché à son roi. La commission immédiate fait souvenir les habitans que les dispositions relatives au pont et autres, qui ont pour but de garantir la ville d'une surprise de la part de l'ennemi, ne seront exécutées que dans le cas d'une extrême urgence, et que tout tumulte à ce sujet, non seulement attirera un châtiment à ses auteurs, mais peut encore avoir les suites les plus fâcheuses pour le repos public.

La Commission royale immédiate saxonne.

Extrait de l'ordonnance du 18 janvier 1791, contre les émeutes.

§. 10. En cas d'émeute, personne ne quittera sa maison pour aller joindre le rassemblement, ni ne permettra aux siens de le faire. Ceux qui se trouveraient dans les rassemblemens, conduits par le hasard ou par la curiosité, devront s'en éloigner de suite et se retirer chez eux, faute de quoi ils seront punis comme perturbateurs du repos public.

§. 11. Seront considérés et traités comme auteurs du tumulte, ceux qui entraînent d'autres personnes à des rassemblemens, qui les induisent à s'opposer à l'autorité, à lui résister, ou à exiger quelque chose par la force; ceux qui, dans de pareils cas, donnent des conseils aux rassemblemens, les convoquent ou marchent à leur tête; ceux qui publient des écrits séditieux, qui, dans un rassemblement déjà formé, provoquent à des voies de fait, ou forcent par leurs violences ou leurs menaces, des citoyens paisibles à prendre part au désordre.

§. 12. Les auteurs ou les chefs d'une émeute, lorsque l'émeute a réellement éclaté, seront condamnés à être décapités; s'il y a des circonstances aggravantes, ils ont encouru la peine de la roue.

§. 13. Lorsque l'émeute n'éclate pas, ou qu'il y a des circonstances atténuantes, les chefs seront condamnés, selon les circonstances, aux travaux forcés pour la vie ou pour dix ans.

IV.

Publication du Conseil municipal.

Nous avons appris, avec le plus vif chagrin, que dans l'après-dîner et dans la soirée d'hier, une troupe d'habitans de cette ville, se livrant aux inquiétudes que leur inspirent les mesures militaires que l'on prend relativement au pont, se sont permis des propos et même des violences contraires au bon ordre, et qui peuvent devenir funestes à la masse des habitans de Dresde. Nous sommes persuadés que la partie sensée du public improuve une semblable conduite tout autant que nous-mêmes; cependant nous exhortons tous les habitans à ne pas augmenter, dans ces momens désastreux, nos maux communs, en se livrant à leurs inquiétudes, mais à attendre avec courage et avec ce calme qui honore le bon citoyen, ce qu'il aura plu à la Providence de décider, la volonté des hommes ne pouvant rien y changer. Que tout homme éclairé, que tout père de famille se fasse un devoir d'inspirer ces sentimens à ses enfans et à ses concitoyens : ceux qui, ne comptant pour rien les dangers qu'ils nous préparent, continueraient de troubler le repos public par des discours ou par des violences, encourront toute la rigueur des lois. Citoyens, soyez assurés que nous avons mis en usage tout ce que peut dicter la prudence, et que nous continuons de faire tous nos efforts pour éloigner de cette capitale les maux qui peuvent la menacer, ou du moins pour en diminuer l'amertume !

Dresde, le 11 mars 1813.

Le Conseil municipal de Dresde.

V.

Rapport d'un témoin oculaire sur les événemens qui ont eu lieu à Meissen.

Le 3 mars, le général de Rechberg arriva ici de Kœnigsbrücke avec à peu près 1,400 Bavarois.

Les soldats furent logés dans la ville et dans les environs.

Le 9, le général reçut du commandant français de Dresde, l'ordre de brûler le pont à l'approche des Russes.

Le 10 et le 11 on garnit le pont d'à peu près 40 cordes de bois, de paille, de goudron et d'autres combustibles. Le conseil municipal ayant fait des représentations, le général promit de ne faire brûler que la petite arche en bois. En conséquence, on démolit le toit et les parois latérales en planches, et l'on prit toutes les mesures nécessaires pour que le feu ne pût pas gagner les maisons voisines (1).

Le 12, à midi, le prince d'Eckmühl arriva dans cette ville, et après qu'il eût inspecté le pont, il donna l'ordre de le brûler en entier; on y porta sur-le-champ une nouvelle quantité de combustibles. On présumait que le moment décisif n'était pas loin, quoique l'on n'eût rien publié à cet égard. A neuf heures du soir on retira les postes avancés de la rive droite. Un détachement de 28 Bavarois, sous les ordres d'un sergent-major, fut commandé pour mettre le feu au pont. A dix heures et demie, la grande arche était en flammes; un peu plus tard, on mit aussi le feu à la petite. C'était un spectacle à la fois effrayant et magnifique! Les habitans, muets de douleur, le contemplaient les larmes aux yeux ; leur morne silence n'était troublé que par le pétillement des flammes, ou le bruit avec lequel une poutre brûlante, ou une ancre rougie, tombaient de temps en temps dans le fleuve ; la grande arche, dont les flammes éclairaient l'antique cathédrale, la rivière et les montagnes du rivage, brûla pendant à peu près trois quarts d'heure, puis elle s'abîma avec fracas dans l'Elbe, écumant sous sa chute. Peu après le petite arche s'enfonça également, et les deux masses furent entraînées lentement par le fleuve.

Le 13 au matin, le prince d'Eckmühl se rendit à Dresde avec son corps et avec une division de Bavarois. Vers midi, tous les Bavarois se mirent en marche pour Riesa et Strehla (au-dessous de Meissen), afin de garder l'Elbe. Il restait à peu près 200 Français avec 4 pièces, sous les ordres du chef de bataillon de Lobhausen. On posa un factionnaire sur les débris du pont, et l'on plaça 2 pièces à chacun de ses côtés. Vers le soir, on vit quelques Cosaques en face de la ville.

Le lendemein parut la publication suivante (qui, comme on le voit par le style, a été dictée à la municipalité, ou peut-être tout simplement publiée en son nom).

Publication.

L'incendie du pont a répandu l'alarme parmi les habitans qui paraissent craindre d'autres maux semblables. Monsieur le colonel qui commande actuellement dans cette ville, et avec l'assentiment duquel nous faisons la présente publication, a déclaré que les habitans pouvaient bannir toute crainte; que jamais on ne songera à brûler les foins et les pailles qui se trouvent dans cette ville, d'autant moins que les provisions en sont peu considérables; que lui-même ne se trouve dans la ville que pour notre sûreté. Citoyens! reprenez courage, ne craignez point de plus grands maux, ouvrez vos cœurs à l'espérance, continuez de maintenir au milieu de vous l'ordre et la tranquillité. Des excès attireraient de sévères châtimens sur celui qui s'en rendrait coupable. Montrez-vous dociles dans tout ce que l'on est obligé d'exiger de vous dans les circonstances actuelles. Vos magistrats ne cessent de veiller à vos intérêts.

Meissen, le 14 mars 1813.

La Municipalité et le Conseil.
Le Commandant supérieur de la ville de Meissen,
    De Lohhausen.

Le 16, le 17 et le 18, on fit passer sur la rive gauche tous les moulins à bateaux, et l'on détruisit toutes les embarcations, même celles qui avaient été coulées à fond.

Le 19, le prince d'Eckmülh revint de Dresde avec son corps, et occupa la rive gauche de l'Elbe. Il fit retrancher l'entrée du pont. Le lendemain il se remit en marche, et descendit le long de l'Elbe.

Le 21, les Français qu'on avait laissés dans la ville, la quittèrent aussi et furent remplacés par des Bavarois. Tant du pont que des hauteurs adjacentes, on tira quelques coups de canon sur les Cosaques qui paraissaient sur la rive opposée, mais sans effet.

Le 23, les Saxons, sous les ordres du général Lecoq, qui avaient quitté les Français, passèrent par la ville pour se rendre à Torgau. Les Bavarois quittèrent alors Meissen pour se rendre à Dresde, et furent remplacés par un bataillon du régiment d'infanterie du prince Clément. Deux jours après, ce bataillon quitta Meissen, et il y vint 50 hussards saxons.

Le 26, à six heures du matin, après que les Cosaques eurent passé l'Elbe à Nieschietz (à une lieue au-dessous de Meissen), on mit le feu aux drapeaux d'alarme, que l'on avait dressés sur les hauteurs près de la ville, et les hussards se mirent en marche sur la route de Nossen. A huit heures du matin, il arriva des troupes bavaroises de Dresde; on en détacha un fort piquet, qui se rendit à Zehren (à une lieue et demie au-dessous de Meissen), avec deux pièces; on les braqua sur le pont d'une petite rivière qui coupe la route près de Zehren, et l'infanterie fit feu sur les Cosaques qui caracolaient dans les environs. A huit heures du soir, le général de Rechberg arriva, de Dresde à Meissen, avec de l'infanterie bavaroise, des hussards et des dragons saxons. Le piquet de Zehren fut retiré, et le 27 au matin, toutes les troupes se mirent en marche sur la route de Nossen. Dans l'après-midi, les premiers Russes se montrèrent sur la rive gauche, sur la hauteur dite Plossen (1); c'étaient à peu près 80 Uhlans, dont quelques-uns s'avancèrent jusque dans le faubourg. Deux heures plus tard, quelques centaines de Cosaques passèrent l'Elbe à la nage, et s'établirent dans la ville et dans le faubourg.

Le 28, il arriva un plus grand nombre de Cosaques, sous les ordres du prince Madatoff; ils

---

(1) Le chemin de Wilsdruf et de Nossen passe sur cette hauteur, qui domine la ville.

avaient passé l'Elbe à Werschwitz : le lendemain ils continuèrent leur route.

Le 30 et le 31, il arriva beaucoup de cavalerie russe, et deux batteries légères, qui se remirent en marche le 2 avril : déjà auparavant, 40 pionniers prussiens étaient arrivés de Dresde pour construire un pont de radeaux ; mais comme on manquait de bois, on établit un pont de bateaux, qui fut achevé le 6 ; alors les ouvriers se rendirent à Mühlberg, pour y construire un pont semblable.

VI.

Publication.

Toute communication avec la rive droite est interrompue jusqu'à nouvel ordre. Il est expressément défendu aux habitans de s'avancer jusqu'aux avant-postes ; ceux qui le feraient seront traités comme ennemis. Il n'est permis de se rendre dans le faubourg qu'à ceux qui y ont des affaires. Au premier coup de canon qui sera tiré sur la rive droite, tous les habitans se retireront dans leurs maisons.

Dresde, le 15 mars 1813.

VIII.

Par ordre du prince d'Eckmülh, les habitans

sont avertis que ce matin, du moment où l'on tirera trois coups de canon, ils se retireront dans leurs maisons, d'où ils ne sortiront que trois heures après.

Dresde, le 19 mars 1813.

Le Conseil municipal de Dresde.

IX.

Par ordre exprès de M. le général de division Durutte, commandant en chef, par *intérim*, de cette ville et de ses faubourgs, les habitans, tant de la ville que des faubourgs, sont avertis qu'en cas que l'ennemi s'approche et tente d'inquiéter les postes en deçà de l'Elbe, tous les citoyens ont à se tenir tranquilles et à se retirer paisiblement dans leurs maisons.

Ceux qui se permettraient de rôder autour des troupes placées sur quelque point que ce soit, seront regardés comme espions; s'il se formait des groupes qui ne se disperseraient pas au premier avertissement, les troupes tireront dessus, conformément à l'ordre qu'elles en ont reçu.

Tout homme raisonnable sentira de lui-même combien ces mesures sont rendues indispensables par les circonstances où nous nous trouvons. La sollicitude paternelle que nous avons pour nos administrés, se trouvant augmentée encore par l'expérience des derniers temps, nous ne tardons pas une minute à les instruire de ces mesures, et nous les exhortons sérieusement à s'y soumettre.

Les propriétaires communiqueront, sans délai, la présente à leurs locataires.

Dresde, le 23 mars 1813.

Le Conseil municipal de Dresde.

X.

Les habitans de Dresde sont prévenus qu'aujourd'hui, à midi, les troupes russes occuperont la Ville neuve; que, pour ménager l'une et l'autre ville, il ne sera commis d'hostilités, ni sur la rive droite ni sur la rive gauche, dans le rayon d'une lieue, tant au-dessus qu'au-dessous de la capitale.

Cependant, d'après cette convention, à partir d'aujourd'hui à midi, toute communication entre la Ville vieille et la Ville neuve est rigoureusement interdite; ceux qui tenteraient de passer l'Elbe, au mépris de cet ordre, seront arrêtés sur-le-champ par les troupes, et traités comme espions.

Dresde, le 22 mars 1813.

Le Conseil municipal de Dresde.

XI.

Comme dès ce soir les hostilités pourraient recommencer entre les troupes qui se trouvent en présence, nous exhortons les habitans, tant de la ville que des faubourgs, à se retirer dans leurs maisons dès qu'ils entendront l'alarme, afin de ne pas gêner les troupes dans leurs mouvemens, et de ne pas s'exposer eux-mêmes aux plus grands désagrémens, ou même à la mort. Nous rappelons aux maîtres des différens métiers l'ordre que nous leur avons donné de vive voix, de retenir dans leurs maisons les compagnons et apprentifs qui travaillent chez eux. Les maîtres, en cas de contravention, seront rendus responsables, et punis de trois jours de prison. Nous rappelons aussi à cet égard la teneur de plusieurs articles des précédentes publications: les propriétaires fermeront les portes de leurs maisons à 9 heures et demie du soir; les personnes que l'on rencontrerait dans les rues plus tard, et qui ne justifieraient pas que des affaires indispensables les appellent hors de chez elles, seront arrêtées par les patrouilles, et, s'il y a lieu, conduites en prison.

Dresde, le 25 mars 1813.

Le Conseil municipal de Dresde.

XV.

Aux habitans de la Saxe.

Saxons !

A la tête des Prussiens je mets le pied sur votre territoire ; nous venons vous tendre la main comme à des frères. Dans l'est de l'Europe, le Dieu des armées a porté un jugement terrible ; l'ange de la mort a exterminé, par le fer, par la faim et par les frimats, 300,000 étrangers qu'il a fait disparaître de cette terre, que, dans leur arrogance, ils voulaient subjuguer. Nous portons nos pas dans les lieux que nous montre le doigt de la Providence, afin de combattre pour le maintien des antiques trônes, et pour notre indépendance nationale. Nous avons pour compagnons d'armes un peuple valeureux, qui, par sa fermeté, a fait échouer les projets que méditait contre lui l'oppresseur de l'Europe : forts de leurs victoires, les Russes promettent la liberté aux peuples gémissans sous le joug. Notre présence est pour vous l'aurore d'un jour nouveau. Le moment est venu de briser le joug sous lequel vous gémissez depuis six longues années.

Une guerre commencée sous des auspices funestes, terminée sous des auspices plus funestes encore, nous imposa les dures conditions du traité de Tilsit. L'ennemi n'a lui-même exécuté aucun des articles de ce traité; chaque convention subséquente n'a fait qu'aggraver le poids de celles qui la précédaient : secouant ce joug de fer, nous marchons au glorieux combat qui doit nous rendre à la liberté.

Vaillans Saxons! peuple éclairé! est-ce à vous que je dirai que tous les biens de la vie n'ont plus de prix pour un cœur généreux, sans l'indépendance; que vivre sous le joug est le plus avilissant de tous les opprobres! Non, vous ne courberez pas le front plus long-temps; l'heure de votre délivrance est venue! Assez et trop long-temps une politique astucieuse et perfide, pour exécuter ses plans odieux, a fait couler le sang de vos fils, a tari les sources de votre commerce, a détruit la liberté de vos presses, a fait de votre pays, jadis fortuné, un champ de carnage. Déjà le vandalisme des étrangers qui vous oppriment a détruit, pour le seul plaisir de dévaster, le che'-

d'œuvre de l'architecture, ce pont, le plus beau monument de votre capitale. Saxons, aux armes! accourez dans nos rangs, levez l'étendard contre vos oppresseurs, soyez libres.

Votre souverain est au pouvoir de l'étranger; il n'a point la liberté de se déterminer; il gémit des démarches auxquelles le forcent une politique perfide; nous sommes aussi loin de les lui imputer que de vous en faire porter la peine. C'est pour le compte de votre roi que nous administrerons les provinces de votre pays que la fortune, la supériorité de nos armes, la bravoure de nos troupes soumettront à notre puissance. Satisfaites aux besoins modérés de nos soldats, et attendez-vous de notre part à la plus sévère discipline. Moi-même j'entendrai les plaintes de tous les opprimés, j'écouterai tous les sujets de mécontentement qu'on pourra m'exposer, j'examinerai tous les griefs que l'on portera à ma connaissance, je punirai sévèrement tout manque de discipline.

Le moindre d'entre vous peut s'approcher de moi avec confiance, je le recevrai en ami.

Nous traiterons comme frère tout partisan de l'indépendance de l'Allemagne; nous ferons rentrer avec douceur dans le chemin du devoir, tout esprit faible, égaré par les circonstanses; mais nous poursuivrons sans pitié, comme traîtres à la patrie commune, les instrumens abjects d'une tyrannie étrangère.

Bunzlau, le 23 mars 1813.

Signé BLUCHER.

XVI.

Aux troupes sous mes ordres.

Prussiens!

Nous passons les frontières de notre pays pour mettre le pied sur un territoire étranger; mais ce n'est point en ennemi que nous y entrons, c'est en libérateurs. Allant combattre pour notre indépendance, nous n'opprimerons pas des voisins qui parlent la même langue, qui professent la même foi que nous, dont les guerriers se couvrirent souvent de gloire à nos côtés, qui sentent comme nous une haine invincible contre l'oppresseur; la politique de son souverain, égaré par l'astuce des Français, est le seul obstacle qui les empêche de tourner leurs armes contre les satellites d'un despote étranger. Soldats, soyez humains envers ce peuple; regardez les Saxons comme les amis de la cause sacrée pour laquelle nous allons combattre; considérez-les comme des alliés futurs. Les habitans de la Saxe, de leur côté, satisferont à vos besoins en suivant une marche régulière d'administration. Imitez l'exemple de vos compagnons d'armes du corps d'Yorck, qui, ayant vécu long-temps sur un territoire étranger, ont fait honneur au nom prussien par leur exacte discipline.

Je ne regarderai plus comme Prussien, le soldat indigne qui déshonorerait le nom de son pays par des violences; je saurai punir son crime par des peines infamantes.

Soldats! vous savez que j'ai toujours eu pour vous la tendresse d'un père; mais vous n'ignorez pas que je ne souffre point d'excès; que ceux qui s'en rendent coupables, trouvent en moi un juge inflexible.

Bunzlau, le 23 mars 1813.

Signé BLUCHER.

XVII.

Lettre de Monsieur de Blücher, général de cavalerie, commandant en chef les troupes prussiennes, à la direction générale de l'administration de la Saxe.

Extrait du journal intitulé *Dresdner Anzeigen*, (l'Indicateur de Dresde), 1er avril, n°. 74.

Les devoirs de général m'imposent l'obligation d'exiger des pays qui ne sont point nos alliés, et dans lesquels nous conduisent les événemens de la guerre, de subvenir aux besoins de mes soldats.

Les sacrifices que je demande aux Saxons sont bien au-dessous de ceux que s'imposent avec joie nos compatriotes les Prussiens, malgré toutes les pertes qu'ils ont éprouvées pendant sept années de malheurs. Je n'ai d'ailleurs articulé nulle part que c'est gratuitement que j'exige des fournitures et des prestations; il faut espérer, au contraire, que dans un traité d'alliance qui ne tardera pas à être conclu avec les Saxons nos voisins, on fixera le mode d'indemnisation.

J'accorderai de grand cœur le sursis que vous me demandez pour tous les objets qui ne sont pas pour l'instant même d'une nécessité absolue, et j'attendrai à cet égard la décision de mon souverain; mais accorder le moindre délai pour les articles dont les soldats ont un besoin urgent, ce serait manquer essentiellement aux devoirs sacrés que j'ai à remplir envers l'armée, composée de troupes des augustes alliés.

Je vous fais observer, du reste, Messieurs, que le ton d'aigreur qui règne dans votre mémoire d'hier, serait capable d'irriter tout homme qui aurait moins à cœur que moi le bonheur de l'Allemagne, notre commune patrie. Je finis, en vous assurant que je ferai tous mes efforts afin d'alléger pour votre pays les fardeaux de la guerre, et que je ne souffrirai jamais que les autorités qui ressortissent de moi prennent le ton d'aigreur que la Commission immédiate a commencé à se permettre dans sa correspondance.

Dresde, Ville neuve, le 31 mars 1813.

XVIII.

Aux habitans du cercle de Cottbus.

Habitans du cercle de Cottbus, une paix conclue dans des jours de malheurs vous a détachés de nous. Vous êtes au nombre des plus anciens enfans de la monarchie prussienne. Vos pères ont combattu en braves sous les drapeaux de *Frédéric-le-Grand*; leur sang a coulé pour l'indépendance de la Prusse. Votre attachement à la famille de nos rois vous donne le droit irrécusable d'être nos concitoyens; par le cœur, nous n'avons jamais cessé d'être les vôtres.

Au nom du roi notre souverain, je déclare que vors êtes de nouveau ses sujets; l'aigle prussienne, sous les ailes protectrices de laquelle vous avez vécu long-temps heureux et libres, dès aujourd'hui sera encore érigée sur votre territoire.

Que ceux qui jadis ont porté les armes sous les bannières prussiennes, se rassemblent de nouveau sous nos étendards; que ceux qui veulent les prendre pour reconquérir notre indépendance, saisissent le fusil et joignent nos rangs. Que l'homme distingué donne un noble exemple à celui qui ne jouit d'aucun titre : jetez les yeux sur vos compatriotes que sept années de malheurs avaient séparés de vous; voyez le sublime enthousiasme qui échauffe tous les cœurs; les fils de nos citoyens les plus distingués et les plus riches, renonçant à toutes les prérogatives de la naissance, à toutes les jouissances, rompant les liens les plus doux, se pressent sous les drapeaux sans demander quel sera leur grade, jaloux du seul titre de défenseurs de la patrie. Vous n'êtes pas moins généreux que vos frères, dont la violence, secondée par la fortune, a pu vous séparer un instant; vous ferez ce que l'honneur et le devoir vous ordonnent.

Ne manquez pas d'égards aux autorités établies au milieu de vous : le gouvernement saxon eut des intentions paternelles pour ses nouveaux sujets; obéissez-leur tant qu'ils ne compromettront pas la cause sacrée de notre indépendance ; montrez-vous dociles à tout ce que le commissaire royal que je vous envoie demandera de vous au nom de notre souverain.

Bunzlau, le 22 mars 1813.

Signé BLUCHER.

XIX.

Les amis de la Saxe aux Saxons.

Frères, auxquels nous sommes unis par les liens du sang, de la même langue et d'une commune oppression, nous nous rapprochons de vous ; ouvrez-nous vos cœurs comme vous nous avez ouvert vos portes; la longue nuit de l'opprobre a fait de nous des amis intimes; l'aurore d'un jour plus heureux nous trouvera réunis. Nous sommes compatriotes, nous sommes frères; dans la persuasion intime que vous ne trahirez point la sainte cause de la patrie, plusieurs d'entre nous se font une gloire de vous appartenir, d'être nés au milieu de vous, d'avoir été élevés dans vos usages.

Nous prendrons notre route à travers vos vallées comme il convient à des frères. A qui la terre de la patrie, cette grande maison paternelle commune à tous les cœurs allemands, serait-elle plus sacrée qu'à nous, qui avons juré de verser tout notre sang pour la rendre à la liberté!

C'est pour la liberté de l'Allemagne que nous saurons vaincre ou mourir, si tels sont les décrets de l'Éternel. Le despotisme d'un étranger insultera-t-il encore à vos lois sacrées, aux vénérables traditions de vos pères? Des juges étrangers usurperont-ils encore vos tribunaux? Un idiôme étranger remplacera-t-il plus long-temps dans vos cours la langue de vos aïeux? Vos caves, vos greniers engraisseront-ils encore vos bourreaux? Vos épouses, vos filles, vos fiancées seront-elles encore la proie de leur luxure? Vos fils continueront-ils d'être égorgés pour la cause d'une tyrannique et impudente ambition? Qu'il vous souvienne des exploits de vos aïeux, des guerres que soutinrent les Saxons contre Charlemagne, du bonheur dont ils jouirent sous le sceptre des Othons! qu'il vous souvienne des héros de votre nation, de vos

Henri, de vos Maurice, de vos Luther! Les siècles ont contracté l'habitude de transmettre à la postérité les noms d'hommes nés dans la Saxe; vos pères ont acquitté leur dette sacrée envers la gloire. *Que le siècle mémorable où nous vivons ne trouve pas des hommes indignes de lui!*

Jetez un regard sur vous-mêmes! — Vous êtes des victimes vendues aux caprices insensés d'un seul forcené. Votre aisance a disparu, votre commerce est détruit, vos fabriques sont ruinées! vos enfans seront égorgés par milliers; ils périront dans les flammes et au milieu des frimats; la faim dévorera leurs entrailles; la soif brûlante desséchera leur palais; ils rendront le dernier soupir dans la rage du désespoir! — De tous vos fils que le barbare arrache au cœur de leurs pères, quelques centaines seulement ne revoient le toit paternel que pour apporter dans vos campagnes le germe de la mort; les tourmens et le désespoir que la contagion répandent dans les fertiles contrées de votre patrie, est le salaire unique dont le farouche tyran paie le sang de votre jeunesse!

Pouvez-vous vous attendre à des ménagemens, à de la bonne foi de la part de ceux qu'enfanta une terre étrangère; qui furent conduits sur le sol de votre patrie, non par l'amour, mais par la soif du pillage et de la débauche? Quelque chose leur fut-il jamais sacré? n'ont-ils pas profané les églises et les autels? ne se sont-ils pas souillés de parjures et d'assassinats? *Naguère encore n'ont-ils pas, pour le seul plaisir de dévaster, détruit ce monument qui faisait l'orgueil de votre capitale?* Et vous resteriez dans un lâche repos! le crime resterait impuni! l'opprobre sans vengeance! Non, braves Saxons, votre opprobre ne restera point sans vengeance! Avez-vous vu le Moscovite lancer la torche dans ses palais? Voyez-vous les Prussiens, vos frères, vos alliés naturels? tous courent aux armes; tout homme dont le bras peut porter un fusil ou une pique, cherche son rang dans la landwehr ou dans le landsturm; tous ont juré de vivres libres ou de mourir! Et vous balanceriez? Non, je vous vois vous élancer et secouer vos chaînes!

Voyez nos légions valeureuses; nous avons juré dans le temple du seigneur de combattre, *de mourir pour notre liberté, pour votre liberté ;* les bénédictions de l'église sont avec nous; les vœux et les prières de tous les cœurs droits nous accompagnent.

A nous, jeunes guerriers de la Saxe subjuguée! à nous, hommes valeureux d'une nation belliqueuse! Que celui qui ne peut pas combattre dans nos rangs serve la cause de l'Allemagne, en contribuant aux armemens de ses moyens, en vivifiant le patriotisme par ses paroles. Vos frères en Wesphalie vous attendent, les aigles russes et prussiennes combattent avec vous, et Dieu est à nos côtés.

Toute distinction de naissance, de rang, de pays est bannie de nos légions. Nous sommes tous des hommes libres; nous affrontons l'enfer et ses alliés; nous les vaincrons, dussions-nous les noyer dans notre sang.

Nous ne sommes point des mercenaires; la vengeance a formé nos rangs; la paix, le bonheur dissoudront nos cohortes. Lorsque l'ennemi aura expiré dans la poussière; lorsque, des montagnes du Rhin, les flammes éclaireront la plaine; lorsque la bannière germanique flottera sur les frontières de la France, nous suspendrons nos épées aux chênes antiques de notre patrie rendue à la liberté, et nous rentrerons dans nos paisibles demeures.

Notre œuvre, s'il plaît au ciel, sera bientôt accomplie! Nous avons pour nous Dieu et la justice de notre cause! Notre Dieu est un fort inexpugnable! *Amen!*

En avril 1813.

XX.

Appel aux Allemands.

Pendant que les guerriers victorieux de la Russie, et ceux de la Prusse, son alliée, paraissent en armes dans l'Allemagne, sa majesté l'empereur de Russie et sa majesté le roi de Prusse annoncent aux princes et aux peuples allemands le retour de l'indépendance et de la liberté. Ces souverains n'ont quitté leurs États que pour aider les nations à reconquérir ces biens héréditaires et inaliénables dont on les a dépouillés; que pour donner leur puissante protection, et assurer une garantie durable à la régénération d'un empire respectable. Ces motifs seuls, bien élevés au-dessus de tout égoïsme, et par cela même uniquement dignes de leurs majestés, leur ont imposé la loi de faire avancer leurs armées, et en dirigent la marche.

Ces armées, commandées par les généraux des deux souverains, sous les yeux mêmes des monarques, se confiant à la providence d'un Dieu juste, espèrent de pouvoir achever pour toute l'Europe ce qu'elles ont si heureusement commencé, en brisant le joug honteux sous lequel elles-mêmes gémissaient. Elles espèrent surtout rendre pour jamais à la liberté l'Allemagne. Elles s'avancent, pleines de l'enthousiasme que leur inspirent ces grandes idées; leur mot de ralliement est honneur et liberté. Que tout Allemand qui veut porter désormais ce nom avec honneur se joigne à nous; que tout Allemand, qu'il soit prince, noble, ou né dans la classe qui forme la grande majorité dans les nations, concoure aux plans libérateurs des armées russe et prussienne de tout son cœur; qu'il sacrifie pour la cause de la liberté son bien, son rang, sa vie.

Leurs majestés, parfaitement instruites quelle est maintenant l'opinion publique sur cette monarchie universelle, ébranlée par les armes russes, croient pouvoir compter sur ces sentimens et sur cet esprit de la part de tous les Allemands.

Elles demandent le concours de tous les princes de l'Allemagne, et elles aiment à croire qu'il ne s'en trouvera pas un seul qui, en continuant de trahir la cause de la patrie, veuille encourir l'anéantissement que décréterait contre lui l'opinion publique, et que ne tarderait pas à exécuter la force des armes.

La confédération du Rhin, cette entrave perfide dont l'astucieux conquérant, qui sut toujours diviser pour régner, a enlacé naguère les débris de l'Allemagne, ne peut plus subsister; cette chaîne, rivée par des mains étrangères, doit être rompue. LL. MM. croient prévenir les vœux contenus depuis long-temps dans le cœur opprressé de tous les Allemands, en leur annonçant que la dissolution de la confédération du Rhin entre nécessairement dans leur plan.

Ceci fixe en même temps les relations dans lesquelles S. M. l'empereur de toutes les Russies veut se trouver avec l'Allemagne régénérée, et avec sa constitution. Comme ce souverain désire que toute influence étrangère sur les Allemands soit détruite, il ne peut avoir que l'intention de leur tendre une main protectrice pour une réorganisation qui doit être toute entière l'ouvrage des princes et des peuples de l'Allemagne. Plus la nouvelle constitution portera l'empreinte du caractère germanique, plus l'Allemagne reparaîtra avec éclat au milieu des nations de l'Europe dans toute la force de la jeunesse et avec toute la puissance de l'unité de principes.

Du reste, S. M. l'empereur, qui est parfaitement d'accord avec ses alliés dans les sentimens qu'elle manifeste ici, fera, conjointement avec eux, tous ses efforts pour délivrer l'Allemagne du joug étranger.

Que la France, forte et florissante par elle-même, ne s'occupe plus à l'avenir que de sa prospérité intérieure! aucune puissance ne tentera de la troubler du dehors; aucune entreprise hostile ne sera dirigée contre ses frontières légitimes. Mais que la France apprenne l'intention invariable des autres souverains de conquérir, pour leurs sujets, un repos qui ne soit plus troublé, et de ne poser les armes que lorsque les bases de l'indépendance de tous les États de l'Europe seront solidement affermies.

Au quartier-général de Kaliseh, le $\frac{13}{25}$ mars 1813.

Au nom de S. M. l'empereur de toutes les Russies, et de S. M. le roi de Prusse.

Le prince KUTUSOFF-SMOLENSKOI, *feldmaréchal, et général en chef des armées alliées.*

XXI.

Aux Saxons.

Braves Saxons !

En quelle qualité vous parlerai-je ? En qualité d'ennemi ? je suis bien loin de l'être. Vous êtes de braves Allemands, et je suis venu au nom de l'empereur, mon maître, pour délivrer tous les Allemands d'un joug honteux. C'est donc en ami que je vais vous parler ; écoutez-moi, car je désire votre bonheur.

Vous êtes frappés d'étonnement peut-être à la vue des Russes et des Prussiens en armes qui franchissent vos frontières ; peut-être vous livrez-vous à la douleur, incertains sur le parti que vous avez à prendre, puisque votre roi vous a quitté en vous recommandant le repos. Mais lorsqu'une maison est en flammes, on ne va pas prendre l'avis du propriétaire pour savoir s'il faut éteindre l'incendie. La maison de votre roi est en flammes depuis long-temps; lui-même gémit sous le joug, et n'ose point articuler ce que lui inspire un cœur allemand. Lui, roi allemand; lui, qui depuis des années est forcé de prodiguer aux Français vos sueurs et votre sang, vous ordonnerait le repos dans un instant où le repos est un crime! L'heure est sonnée, et elle ne sonnera pas une seconde fois l'heure de la délivrance; et votre roi vous ordonnerait de boucher vos oreilles! Depuis 45 ans il a voulu votre bonheur et votre gloire; et maintenant il voudrait votre malheur et votre opprobre! Le pourriez-vous croire! N'est-ce pas lui qui vous a exhorté à conserver intact l'antique honneur Saxon? En quoi consiste-t-il cet antique honneur? Ouvrez vos chroniques; vous y lirez qu'il fut un ambitieux, un empereur des Francs, Charlemagne est son nom, qui vous fit la guerre pendant trente ans pour vous subjuguer. A cette époque Wittikind était votre roi; Wittikind ne vous abandonna point au moment du danger, et ne vous cria point restez tranquille; mais lui-même vous conduisit au combat pour reconquérir votre liberté. Voilà l'antique honneur Saxon que vous devez conserver! Mille ans se sont écoulés depuis, et depuis mille ans Dieu n'avait pas affligé l'Europe par un fléau semblable à Charlemagne. Ce fléau existe de nouveau, et vous ne combattriez point comme ont fait vos pères pour vous en délivrer! vous courberiez votre tête sous le joug! Combien la victoire vous sera plus facile qu'elle ne le fut à vos aïeux il y a dix siècles! Ils étaient seuls. Seuls ils se défendirent contre le puissant Charlemagne.

Vous n'êtes point seuls; l'empereur mon maître, avec toute son armée; le roi de Prusse, avec toute son armée, accourent à votre secours, viennent consommer votre délivrance : sous de tels auspices, la lutte ne durera pas trente ans. Veuillez secouer vos chaînes, et elles tomberont. Avec le secours de Dieu, dans un an vous serez libres, et alors chacun pourra avec honneur se livrer au repos; alors vos fabriques détruites renaîtront, votre commerce verra se rouvrir ses anciens canaux, maintenant fermés; votre agriculture refleurira, vos fils ne seront plus conduits à la boucherie; alors sera venu le moment du repos, et votre roi lui-même vous témoignera sa reconnaissance. Mais celui qui avant ce moment voudra se livrer au repos, n'est point un vrai Saxon; il n'est point Allemand. Celui qui n'est point pour la liberté, est contre elle. Choisissez donc entre mon baiser fraternel et la pointe de mon épée! Réunissez-vous avec moi pour reconquérir votre roi et son indépendance; et qu'alors, si telle est la volonté de Dieu, votre roi vous gouverne encore pendant quarante-cinq ans au sein de la paix et de la prospérité, ne craignez pas que je veuille aliéner vos cœurs de votre prince; moi-même je resserrerai entre vous et lui ces liens qu'un tyran étranger avait rompus: je veux que votre roi soit un souverain indépendant, et vous un peuple libre. Aux armes, Saxons! si les fusils vous manquent, armez vos bras de faux et de massues; détruisez les étrangers! qu'ils disparaissent du sol de votre patrie! moi, mes Russes et les braves Prussiens, nous serons partout où sera le danger. Déjà les jugemens de Dieu se sont manifestés sur l'insolent oppresseur: croyez-en ma parole, nous serons vainqueurs; la longanimité de Dieu est épuisée; la victoire est à nous. Ce n'est point un vain orgueil qui me dicte ce langage; je parle ainsi, parce que j'ai confiance en Dieu, en vous, et dans la justice de notre cause.

En mon quartier-général, le 23 mars 1813.

Le comte DE WITTGENSTEIN.

XXII.

Saxons!

J'ai mis le pied sur votre territoire, afin de vous faire la guerre, ou afin de combattre conjointement avec vous pour votre liberté et votre honneur outragé. Choisissez; mais souvenez-vous que si votre choix peut bien compromettre la couronne de Saxe, et faire rougir un jour vos enfans au nom de leurs pères, il ne saurait retarder la liberté de l'Allemagne.

Jetez les yeux sur ce qui se passe autour de vous. Voyez ces braves Prussiens, vos voisins; la nation toute entière se lève en masse; dans leurs rangs vous trouvez le fils du laboureur placé à côté de celui du prince; toute distinction de rang est effacée par ces grandes idées : le Roi, la liberté, l'honneur, la patrie; il n'y a plus d'autre distinction que celle du talent et de l'ardeur avec laquelle on vole au combat pour la cause sacrée. La liberté ou la mort, tels sont les mots de ralliement des soldats de Frédéric-Guillaume. Tous les Prussiens ont juré de vaincre ou de mourir dignes d'un tel roi.

Saxons, Allemands; à partir de l'an 1812, nos arbres généalogiques ne comptent plus pour rien. Les exploits de nos aïeux sont obscurcis par l'avilissement de leurs descendans. La régénération seule de l'Allemagne peut produire de nouvelles familles nobles, et rendre leur éclat à celles qui le furent jadis.

Au quartier général de Belzig, le 30 mars 1813.

Le comte DE WITTGENSTEIN.

XIII.

Le public est instruit de l'ordre du jour qui suit :

Ordre du jour du 2 avril 1813.

Si les troupes des deux puissances alliées rencontrent des troupes saxonnes, on ne fera pas feu sur elles, et on les traitera en alliées ; l'on aura pour elles toutes sortes de prévenances.

Dresde, le 5 avril 1813.

Le colonel russe, commandant de place de cette résidence,

De Heydecken.

XXIV.

Avis au Public.

Les habitans des contrées occupées par les troupes de sa majesté l'empereur de Russie et de sa majesté le roi de Prusse, sont avertis que par ordre supérieur, toute communication avec les contrées non occupées par ces troupes leur est interdite : ceux qui commenceraient ou continueraient de communiquer avec ces contrées, seront traduits devant une commission militaire, comme coupables de contraventions aux ordres des armées alliées, et jugés par un conseil de guerre.

Dresde, le 5 avril 1813.

Le colonel russe, commandant de place de cette résidence,

DE HEYDECKEN.

XXVI.

Sa majesté l'empereur de Russie, et sa majesté le roi de Prusse, voulant mettre de l'ordre, de l'ensemble et de l'uniformité dans la marche des affaires, ont résolu d'établir un conseil d'administration pour le nord de l'Allemagne. Ce conseil, conformément à l'instruction, s'entendra avec les différens gouvernemens sur tous les objets qui ont trait aux finances, à la police, à l'armement, sur tout ce qui concerne le bien public, le recrutement et l'entretien des armées qui combattent pour reconquérir l'indépendance de l'Allemagne.

Il est enjoint à tous les fonctionnaires publics, et à tous les habitans du nord de l'Allemagne, d'obéir aux ordres de ce conseil d'administration.

Leurs majestés ont nommé président provisoire de ce conseil *M. le baron Charles de Stein.*

Au quartier général de Kalisch, le 26 mars (6 avril) 1813.

Au nom de sa majesté l'empereur de toutes les Russies et de sa majesté le roi de Prusse.

Le prince Kutusoff Smolenskoi, *feld-maréchal et général en chef des armées alliées.*

XXVII.

Tous ceux dont le cœur allemand bat avec force à l'idée du bonheur et de la liberté de la patrie, et qui veulent combattre dans les rangs sacrés de leurs compatriotes, pour faire triompher la bonne cause; ceux aussi qui voudront concourir de leurs moyens à l'armement et à l'équipement des volontaires peu fortunés, sont priés de s'adresser au soussigné. Un don quelconque sera reçu avec reconnaissance, comme une offrande déposée sur l'autel de la patrie. On en donnera quittance, et l'on remerciera publiquement les donataires.

Le baron de Burstini,

Capitaine de cavalerie dans le corps franc de sa majesté le roi de Prusse.

XXVII.

Le sousigné fait ses sincères remercîmens à l'honorable magistrat et aux braves citoyens de Bischofswerda, pour la manière prévenante et amicale dont ils l'ont reçu dans leur ville, pour la générosité avec laquelle ces braves Allemands ont concouru au succès de la bonne cause, en habillant six volontaires de son corps, et en fournissant encore une somme considérable pour servir à l'équipement de jeunes braves peu fortunés.

Le baron DE BURSTINI,

Capitaine de cavalerie dans le corps franc de sa majesté le roi de Prusse.

XXVIII.

Description de la fête de la Pâque, telle qu'elle a été célébrée par les Russes à Grossenhain.

(Extrait du numéro 18 de la feuille hebdomadaire de Grossenhain.)

Le 25, les Russes, arrivés la veille, sous les ordres du capitaine Noponowski, célébrèrent la

Pâque en notre ville, en conséquence des dispositions faites par leur chef. Dès cinq heures trois quarts du matin le son des cloches annonça la solennité; les militaires russes se rassemblèrent, tant à pied qu'à cheval, avec armes et bagages sur la grande place, devant le logement de leur capitaine. A six heures, le son de toutes les cloches appela la foule assemblée dans le temple du Seigneur, selon le désir qu'en avait témoigné le commandant russe. Un détachement d'arquebusiers en uniforme bordait la haie dans l'église principale: les militaires s'y rendirent: on portait devant eux un gâteau et une jatte remplie d'œufs rouges; leur musique guerrière se faisait entendre, et la foule des habitans les accompagnait. Arrivés devant l'église, ils placèrent leurs armes en faisceaux et attachèrent leurs chevaux devant la porte; puis ils entrèrent dans l'enceinte sacrée au son des trompettes et des tymbales, conduits par le bourguemestre. Le gâteau fut placé sur une table devant l'autel, et les soldats se rangèrent autour.

Les paroissiens assemblés chantèrent avec accompagnement le beau cantique de Pâques: *Entonnez des chants d'allégresse*; puis on exécuta une musique d'église. L'archidiacre, M. Gendtner, prit place devant l'autel, et chanta une belle prière composée pour la circonstance; il bénit le pain et les œufs; après quoi il entonna, en langue russe, le cantique *Christ est ressuscité*, et le chœur lui répondit. Ce chant solennel fit une profonde impression sur tous les chrétiens grecs qui se trouvaient présens dans l'église. Après que la bénédiction eut été prononcée sur les Russes, et qu'ils eurent été sanctifiés par l'eau bénite que l'on distribuait, et dont chacun d'eux s'arrosa la face, ils sortirent de l'église et se rangèrent en bataille, sur deux fronts, devant la porte du temple : le gâteau sacré fut porté en procession, et à son passage, chacun des fronts fit une triple décharge. Le cortége se rendit de l'église devant la demeure du commandant; là, les soldats russes placèrent encore leurs armes en faisceaux, et les arquebusiers de la ville formèrent le cercle ; au centre se trouvait une table portant le gâteau sacré, coupé en petits morceaux, et quelques œufs également divisés. Les soldats s'approchèrent un à un du festin fraternel; chacun d'eux s'avançait à son tour, la tête découverte, portant dans sa main un œuf rouge ; il s'inclinait en prononçant, en russe, ces mots : *Christ est ressuscité*, échangeait l'œuf rouge avec son capitaine, qui l'embrassait à plusieurs reprises, en répondant, *oui, en vérité, il est ressuscité*. Après cette salutation, chaque soldat recevait un morceau du gâteau et un verre d'eau-de-vie. Après que tous eurent pris part à ces agapes, la joie se répandit parmi eux, les

Cosaques montèrent à cheval ; parcourant tous les quartiers de la ville en tirant des coups de pistolet; l'infanterie tirait aussi isolément des coups de fusil, et cet amusement militaire continua, avec quelques intervalles, jusqu'au coucher du soleil.

XXXVI. *TABLEAU* des militaires qui, depuis le 26 février 1813 jusqu'au 31 décembre 1814, ont été logés chez les bourgeois de Dresde.

ÉPOQUES.	DISTRICTS.				TOTAUX.
	Ville vieille.	Ville neuve.	Faubourgs.	Friederitstadt	
	Nombr. d'homm.	Nombr. d'homm.	Nomb. d'homm.	Nomb. d'homm.	
Du 26 fév. au 25 mars.	117,538	67,250	43,832	8,385	236,805
Du 26 mars au 7 mai.	208,600	95,862	49,128	21,137	374,727
Du 8 mai au 14 juin.	499,149	274,709	273,832	90,513	1,088,293
Du 15 juin au 15 nov.	1,635,275	1,270,457	1,523,595	633,544	5,062,871
Du 16 nov. au 31 déc.	280,375	162,646	110,068	61,160	614,249
Du 1er janvier au 31 décembre 1814. Conformément au tableau ci-joint.	1,346,971	463,465	724,735	177,174	2,712,545
TOTAUX.	4,087,708	2,284,479	2,725,192	991,913	10,089,292

Dresde, le 1er Janvier 1813.   *Le Bureau des logemens*,

Le Docteur FREDERIC-CHRÉTIEN TITTMANN, *Directeur.*

Suit le tableau des militaires logés chez les bourgeois de Dresde, dans le courant de 1814.

XXXVI. TABLEAU particulier des militaires qui ont été logés chez les bourgeois de Dresde dans le courant de 1814.

Mois de l'année 1814.	Généraux.	Colonels.	Officiers.	Employés.	Soldats.	TOTAUX.
Janvier....	243	542	15,628	3,240	300,727	415,612
Février....	222	486	12,823	3,112	271,559	365,648
Mars.....	304	487	11,293	3,288	240,840	329,751
Avril.....	169	402	6,948	2,595	84,712	144,171
Mai......	102	355	7,062	2,827	116,117	170,296
Juin.....	315	572	10,786	3,196	139,866	226,295
Juillet....	425	1,126	13,505	3,340	151,065	239,605
Août.....	165	660	7,743	2,387	97,188	161,687
Septembre..	220	686	8,575	2,419	97,650	167,610
Octobre....	157	556	7,018	2,165	84,097	142,150
Novembre...	152	514	6,661	2,410	116,134	173,729
Décembre...	23	348	5,365	2,017	130,914	175,683
TOTAUX....	2,497	6,734	113,407	32,996	1,810,869	2,712,245

XXXVIII.

Bulletin Autrichien provisoire de la bataille de Dresde.

Après que la jonction, sur la rive droite de l'Elbe, de l'armée autrichienne avec les armées alliées russes et prussiennes eut été effectuée, et que l'on eut acquis la certitude que Napoléon s'était porté vers la Silésie avec ses principales forces, toute l'armée alliée déboucha de la Bohême en Saxe, afin de menacer les lignes de communication de Napoléon, et de le forcer ainsi à diriger une partie de son armée sur la rive gauche de l'Elbe. Ce mouvement dérangeait ses plans; il protégeait l'armée russo-prussienne, et celle qui, de la Marche de Brandebourg, s'avançait dans la Silésie, contre des forces trop supérieures en nombre.

L'entrée en Saxe fut effectuée sur quatre colonnes, dont celle de l'extrême gauche s'avançait sur la route de Commotau, et celle de l'extrême droite sur la route de Pirna : cette dernière colonne russe se rendit, le 21 août, maîtresse du camp retranché des Français près de Pirna, coup hardi et digne de la bravoure et du génie du général de la cavalerie, comte de Wittgenstein, qui la commandait. Les autres colonnes surmontèrent tous les obstacles qu'elles rencontraient à chaque pas dans les montagnes escarpées qu'elles avaient à traverser dans leur marche. Le courage et la persévérance de l'armée mirent le général en chef à même de faire sur sa droite un mouvement brusque, au moyen duquel il put concentrer, dès le 25, ses forces près de Dresde.

Le 26 au matin, l'armée prit position dans les environs de cette ville. Dans cette journée, on fit une reconnaissance suivie pour s'instruire des forces que pouvait avoir l'ennemi près de Dresde, et de l'étendue de ses fortifications. Toutes les troupes donnèrent des preuves non équivoques de l'enthousiasme dont elles étaient animées.

Plusieurs ouvrages furent emportés d'assaut, les pièces qui s'y trouvaient enclouées, et les Français repoussés sur tous les points. On apprit des prisonniers, que peu d'heures auparavant Napoléon était arrivé, à marches forcées, avec une partie de l'armée qu'il avait fait avancer en Silésie.

La déposition des prisonniers se confirma bientôt ; car des colonnes considérables, composées en partie de troupes de la garde, s'avancèrent avec impétuosité ; elles s'étaient formées dans la ville, et leur intention était de la tourner. Ces sorties trouvèrent une vigoureuse résistance sur tous les points, et l'ennemi fut repoussé avec perte jusques dans les retranchemens. Notre armée reprit le soir la position qu'elle avait quittée le matin.

Le 27 au matin, l'ennemi tenta de déboucher partiellement de Dresde ; il attaqua vivement notre centre, et soutint cette attaque par des démonstrations contre notre aile droite ; mais ses efforts n'eurent pas de succès, et la journée se passa en tentatives infructueuses.

Le but principal des armées alliées était atteint. Nos démonstrations offensives avaient détourné le danger de ceux de nos corps qui se trouvaient séparés de la grande armée, et qui auraient pu succomber sous le nombre. C'eût été une entreprise plus qu'infructueuse que de tenter l'assaut de Dresde, où une grande partie de l'armée française venait de se concentrer. Séjourner plus long-temps dans la contrée inhospitalière de l'Erzgebirge, c'eut été exposer l'armée aux horreurs d'une disette affreuse.

Le général en chef résolut donc de faire repasser à ses troupes les frontières de la Bohême. Ce mouvement commença le 27 au soir, sous les yeux de l'ennemi, et fut continué le 28 avec le plus grand calme.

XXXIX.

Bulletin autrichien circonstancié de la bataille de Dresde.

Au quartier-général d'Altenbourg, le 29 août 1813.

Lorsque l'on fut sûr que Napoléon avait concentré la majeure partie de ses forces dans la Lusace et dans la Silésie, et que non seulement il menaçait, avec cette armée, le corps sous les ordres du général Blücher, mais qu'il avait même l'intention de pénétrer en Bohême par Gabel, on sentit la nécessité de faire promptement un mouvement sur l'Elbe, pour attaquer l'armée française sur ses derrières.

Les troupes autrichiennes, russes et prussiennes réunies en Bohême, quittèrent donc leurs cantonnemens, et traversèrent, le 22 août, l'Erzgebirge en quatre colonnes.

Quoique les chemins fussent rendus presque impraticables par des pluies continuelles peu ordinaires dans cette saison, le mouvement fut effectué promptement et dans le plus grand ordre.

Dès le 25, la majeure partie de l'armée alliée put se rassembler devant Dresde. Le général comte de Wittgenstein avait rencontré l'ennemi près de Giesshübel, et l'avait repoussé avec perte de sa position retranchée ; il l'avait contraint d'abandonner une seconde position au-dessous de Gollemberg, près d'Ober-Sedlitz, où se trouvaient, sous les ordres du maréchal Gouvion-St.-Cyr, les divisions Durutte et Claparède, et une partie de la division Bonnet. Ces corps français furent obligés de se replier sur Dresde à la hâte et en désordre.

Le 26 fut employé à nous instruire, par des reconnaissances poussées près des retranchemens, de la force et de l'attitude de l'ennemi : dans la matinée, le général Kleist réussit à déloger les Français du terrain dit le Grand-Jardin, situé au-dehors des faubourgs ; en conséquence de cet avantage, on avança vers la ville sur plusieurs points.

Devant la barrière de Freyberg se trouvait une flèche défendue par quatre pièces, qui furent démontées de suite par l'artillerie autrichienne.

Le feld-maréchal-lieutenant comte de Colloredo, avec sa bravoure accoutumée, emporta d'assaut un ouvrage semblable près de la barrière de Dippoldiswalde, malgré la plus vigoureuse résistance de l'ennemi. Les pièces que l'on y trouva, ainsi que les six autres que le comte de Colloredo prit également, furent pour la plupart enclouées. Ce général perdit trois chevaux dans l'attaque, et M. le lieutenant-colonel

Schneider, qui se précipita en brave, à travers une grêle de balles, à la tête du second bataillon de chasseurs, reçut deux blessures.

L'ennemi avait fait en même-temps une sortie sur notre aile gauche, où les divisions Weissenwolf et Metsko firent la résistance la plus courageuse, enlevèrent Lœbtau de vive force, et maintinrent leur conquête, malgré les attaques les plus fougueuses des Français. Le combat n'en devint que plus opiniâtre, et la canonade que plus vive; le feu prit à quelques maisons dans les faubourgs de Dresde.

Pendant le combat, nous apprîmes que Napoléon était arrivé à Dresde avec sa garde : on voyait sur toutes les routes des masses considérables de troupes défiler sur Dresde. Nous en conclûmes que l'armée française avait évacué la Silésie, et que le but principal de notre entreprise était atteint. Donner l'assaut à une ville défendue par ses remparts, ses fossés et une armée toute entière, c'eût été une témérité; réduire en cendres, sans aucun but, cette malheureuse capitale, c'eût été une cruauté : nous fîmes donc retirer nos troupes sur les hauteurs, près de la ville, et elles reprirent leur position.

Le 27, l'ennemi déploya des masses considérables contre notre aile gauche; et cette aile, malgré la courageuse résistance des divisions Bianchi et Creneville, commençait déjà à perdre du terrain, lorsque l'arrivée de la division Aloys-Lichtenstein rétablit le combat. Les régimens de l'archiduc Raynier et Luzignan, se livrant à leur ardeur, s'avancèrent trop et éprouvèrent des pertes considérables; ils furent entourés par trois régimens de cavalerie ennemie, et comme la pluie les empêchait de faire feu, ils ne purent se défendre qu'à la bayonnette. L'ennemi, soutenu par une artillerie formidable, essaya vainement, avec la même arme, d'enfoncer notre centre et de faire plier notre aile droite; tous ses efforts échouèrent contre la bravoure de nos troupes. Le général comte Wittgenstein chargea plusieurs fois la cavalerie des Français, et la culbuta à chaque charge.

Vers le soir, nous reçûmes la nouvelle que l'ennemi avait des colonnes considérables sur Pirna. Déjà un peu auparavant, le général Osterman, chargé du blocus de Kœnigstein, avait fait rapport que beaucoup de troupes passaient l'Elbe sur le pont près de cette forteresse : ce mouvement sur notre flanc, joint à l'impossibilité de subsister plus long-temps dans l'Erzgebirge, où il n'y a aucune ressource, nous forcèrent de faire un mouvement du côté de la Bohême. Le but de notre démonstration offensive était atteint. Les armées du général Blücher et du prince héréditaire de Suède avaient acquis la liberté d'avancer, et d'agir avec vigueur sur les flancs et sur les derrières de l'ennemi. Nous commençâmes donc, dans la nuit du 27, notre marche pour nous porter en Bohême : les routes rendues impraticables par la pluie, opposaient des difficultés sans nombre aux mouvemens de nos troupes.

Nous déplorons la perte du brave général Andrassy, et du général russe Milesino, qui ont été tués dans ces combats. Le feld-zeugmester comte Giulay, et les généraux d'artillerie Mariassy et Frierenberger ont été blessés ; les généraux Metsko et Seezeny ont disparu.

XL.

Bulletin russe de la bataille de Dresde.

(Supplément à la Gazette de Pétersbourg, du 14 septembre).

Quartier-général de Tœplitz, le 31 août 1813.

Le but principal du mouvement qu'a fait l'armée alliée pour se porter de Bohême en Saxe, était d'attirer, de la Silésie dans la Saxe, les forces principales de l'ennemi, après que les alliés eux-mêmes eurent disposé des troupes suffisantes sur la route de Chemnitz et de Leipsick; par là, on facilitait au prince héréditaire de Suède, qui se trouvait près de Brandebourg, et au général Blücher, que l'on avait laissé en Silésie, les moyens de battre les corps qui se trouvaient en face d'eux.

Après l'arrivée de l'armée principale devant Dresde, il fut ordonné une forte reconnaissance sur la ville, afin que l'ennemi n'ignorât pas l'intention où nous étions de le prendre à dos. Cette reconnaissance fut effectuée, le 26, avec le plus grand succès; et à cette occasion, le corps du prince de Wittgenstein prit à l'ennemi quatre pièces de canon. Le soir, l'ennemi sortit de la ville fort de 80,000 hommes, et se rangea en bataille sous la protection des batteries de la ville. Nous apprîmes des prisonniers, que le jour même Napoléon était arrivé avec toute sa garde, et avec la réserve de cuirassiers de Latour-Maubourg, pour renforcer le maréchal Gouvion de Saint-Cyr.

Le lendemain, l'ennemi attaqua nos positions sur plusieurs points, mais il fut repoussé partout. Le soir, la garde française attaqua notre flanc droit, mais elle fut forcée à la retraite par les hussards de-Grodno, et par un régiment de hussards prussiens; on lui fit environ 500 prisonniers. A l'approche de la nuit, l'ennemi se retira sous les murs de Dresde. Le feld-maréchal prince de Schwarzenberg ayant appris que le corps de Vandamme et celui de Victor (1) avaient passé l'Elbe, près de Kœnigstein, et menaçaient la route de Tœplitz, crut nécessaire de faire, avec toute l'armée, un mouvement par le flanc droit, de prendre position derrière les gorges qui séparent la Saxe de la Bohême, et d'attendre là l'ennemi à son passage dans les défilés.

XLI.

Rapports officiels du général Stewart, sur les événemens près de Dresde.

Du quartier-général de S. M. le roi de Prusse, à Zchist, le 26 août 1813.

Mes dernières dépêches ont instruit votre excellence que les armées alliées étaient décidées à quitter la Bohême, en passant par les gorges entre les montagnes, pour entrer en Saxe, afin d'agir offensivement sur le flanc et sur les derrières de l'ennemi, au cas qu'il parût vouloir se maintenir dans sa position en Lusace et sur la rive droite de l'Elbe.

---

(1) Ceci est faux; les deux corps en question se trouvaient à la bataille.

Le plan était que la grande armée russe, sous les ordres du général Barclay de Tolly, dont les corps de Wittgenstein et de Miloradowitsch font partie, ainsi que le corps prussien du général Kleist, et toute l'armée autrichienne, sous le prince de Schwartzenberg, déboucheraient de la Bohême pour prendre l'offensive; que le général Blücher, avec les corps prussiens sous les ordres du général Yorck, et les corps russes, sous les ordres des généraux Sacken et Langeron, se porteraient de la Silésie dans la Lusace, afin de menacer le front de l'ennemi. Le général Blücher avait l'ordre exprès d'éviter de livrer bataille, surtout à des forces supérieures. En conséquence de ce plan, le général se porta le 20, en trois colonnes, de *Liegnitz, Goldberg* et *Jauer* sur *Bunzlau* et *Lœwenberg*; le corps du général Sacken à la droite de *Bunzlau*; celui du général Yorck au centre, et celui du général Langeron sur la gauche. L'ennemi abandonna Bunzlau, détruisit les fortifications qu'il avait construites, et fit sauter le magasin de poudre. L'armée du général Blücher marcha en avant sur la Bober; mais elle fut attaquée le 21 par l'ennemi, qui marchait en forces sur Bunzlau et Lœwenberg. Bonaparte commandait en personne, et opposa 110,000 hommes au général Blücher. Les troupes alliées défendaient le terrain avec une grande bravoure; mais comme le général Blücher avait ordre d'éviter une bataille générale, il se retira, avec le plus grand ordre, sur *Hagnau*, *Pilgramsdorf*, *Hirschberg* et derrière la *Katzbach*; c'est là que ses troupes se trouvaient au départ des dernières dépêches. La perte du général Blücher est estimée à 2,000 hommes; il a fait un assez grand nombre de prisonniers, et l'ennemi a beaucoup souffert.

La grande armée de Bohême passa la frontière le 20 et le 21; les colonnes du comte Wittgenstein et du général Kleist marchèrent par les gorges de Peterswalde, et les Autrichiens par Commotau. L'ennemi rencontra les alliés sur les frontières, mais il fut chassé de toutes ses positions et contraint de se retirer sur Dresde, quoiqu'il défendît chaque pouce de terrain.

Les différentes colonnes des alliés devaient déboucher par les gorges à des époques déterminées, et calculées de manière que l'apparition des troupes ennemies eût été très-funeste aux Français, si les mouvemens avaient pu être exécutés avec autant de précision qu'on en avait mis à les combiner. Mais par l'impatience que les soldats montrèrent pour l'attaque, le corps de la droite s'engagea dans une affaire dès le 22. Les Français étaient commandés par le maréchal Gouvion-Saint-Cyr; leur corps fut soutenu par les troupes de *Kœnigstein* et du camp de *Lilienstein*, sous les ordres du général Bonnet, qui se montaient à 6,000 hommes au moins. Après un combat très-opiniâtre, le comte de Wittgenstein chassa l'ennemi de toutes ses positions, et fit 3 à 400 prisonniers. Les pertes des alliés furent peu considérables.

L'ennemi se retira à Kœnigstein, dans le camp retranché de Lilienstein, et dans les ouvrages devant Dresde. Les alliés le suivirent de tous les côtés, et Dresde est environné maintenant par leur armée principale.

Le 25, le régiment de hussards de Grodno, faisant partie du corps du comte de Wittgenstein, a eu une affaire très-chaude tout près de Dresde; il a pris à l'ennemi quatre pièces de canon et un mortier. Les troupes autrichiennes, russes et prussiennes ont campé la nuit dernière sur les hauteurs au-dessus de Dresde.

Ce matin, l'ennemi a abandonné le terrain qu'il occupait encore devant Dresde, ainsi que le *Grand-Jardin*; il s'est retiré dans les faubourgs et dans les retranchemens.

Tel est l'état des choses dans ce moment; mais chaque heure doit donner lieu à de nouveaux événemens; il y a peu d'exemples que deux grandes armées aient tenté des entreprises aussi hardies.

J'annonce avec plaisir à votre excellence, que deux régimens de hussards westphaliens ont passé du côté des alliés, et qu'ils brûlent de venger tous les maux que l'ennemi a fait souffrir à leur pays.

J'ai l'honneur, etc.

CHARLES STEWART.

Du quartier-général de S. M. l'empereur de Russie, Altenberg le 28 août.

L'ennemi ayant abandonné, le 26 au matin, le Grand-Jardin, et s'étant retiré dans ses fortifications et dans les faubourgs, on résolut d'attaquer en force la ville dont la possession était devenue très-importante. Les troupes légères du comte de Wittgenstein et du général Kleist avaient éprouvé des pertes en attaquant les jardins qui se trouvent en dehors de la ville sur sa droite, et l'ennemi avait construit avec tant d'art tous ses ouvrages avancés, qu'il était très-difficile de s'en rendre maître.

Les troupes se mirent en marche pour l'attaque, à quatre heures après-midi. Le corps du comte de Wittgenstein marchait en trois colonnes sur la droite du Grand-Jardin; le général Kleist traversa obliquement ce jardin avec une colonne; deux autres prirent sur la gauche : la colonne sur l'extrême gauche était commandée par le prince Auguste de Prusse. Sur la gauche de la ville, trois divisions autrichiennes, sous les ordres des comtes Colloredo et Maurice de Lichtenstein, s'appuient contre l'aile gauche des Prussiens qui attaquèrent le centre. Les opérations commencèrent par une canonnade terrible : les batteries étaient disposées en cercle autour de la ville; c'était un spectacle magnifique. Les beaux édifices de Dresde furent bientôt couverts de nuages de fumée; les troupes marchaient à l'assaut dans le plus grand ordre. Elles s'approchèrent de la ville de tous les côtés. Les Autrichiens emportèrent, avec une bravoure étonnante, une redoute avancée de 8 pièces; jamais je n'ai vu des troupes combattre avec plus d'intrépidité. Cet ouvrage, éloigné de trente toises du rempart principal, était très-fort et couvert de tous côtés par un feu croisé de mousquetterie, qui partait des maisons voisines avancées, que l'on avait crénelées; mais rien ne put arrêter le courage des Autrichiens. L'ennemi abandonna la redoute pour se retirer dans d'autres retranchemens, et garnir de troupes le *large mur de la ville* (1), où l'action continue du canon avait fait brèche.

---

(1) M. Stewart, à ce que paraît indiquer l'ensemble de son récit, parle ici du mur qui ceint les faubourgs;

L'ennemi, profitant des ressources que lui offrait une ville très-forte, empêcha nos troupes, qui avaient emporté avec tant de bravoure les ouvrages avancés qu'elles occupaient toujours, d'approcher davantage de la place. La nuit n'était pas éloignée; l'ennemi tenta une sortie avec toute la garde, forte au moins de 30,000 hommes; son intention était de cerner les alliés et de prendre l'une de leurs divisions en flanc et par derrière; son dessein fut deviné à l'instant; et, comme il était manifestement impossible de se rendre maître de la ville pendant la nuit, on fit reprendre aux troupes leur première position. Du côté où l'ennemi avait tenté la sortie, le prince Maurice de Lichtenstein prit de si bonnes mesures, qu'il prévint tout désordre. Se rendre maître de Dresde était une entreprise toute aussi difficile qu'importante; jamais on ne verra des troupes se battre avec plus de courage que ne firent celles qui se trouvaient devant Dresde, et je suis convaincu qu'elles se fussent emparées de la place, si, dans les circonstances où elles se trouvaient, la chose n'eût pas été *physiquement impossible*. Il n'y avait pas de brèche par où les troupes pussent pénétrer; et quoique peu avant la chute du jour

---

mais ce n'est là qu'un mur de clôture pour les jardins; il n'est ni large ni fort.

l'artillerie se fût avancée jusqu'à peu près cent pas des murs, il lui avait été impossible de les entamer.

Selon les calculs les plus exacts qu'il m'a ét possible de faire, les alliés doivent avoir perdu, dans cette journée, près de 4,000 hommes. Les Autrichiens sont ceux qui ont perdu le plus de monde.

La sortie de l'ennemi n'était que le prélude d'une bataille générale, qui commença le 27 au matin. Bonaparte, qui avait abandonné son armée en Lusace, se trouvait dans Dresde avec des forces considérables, que l'on peut évaluer à au moins 130,000 hommes. Il paraît qu'il avait l'intention d'attaquer les alliés, qui occupaient une ligne très-étendue sur les hauteurs autour de Dresde.

L'ennemi avait de grands avantages pour l'attaque. Il avait derrière lui Dresde, bien garni d'artillerie; ses communications n'étaient point coupées; s'il remportait un avantage sur quelque point, il était à même de le poursuivre; s'il était battu, il pouvait se retirer en toute sûreté, sans que les alliés osassent tenter de le poursuivre jusque sous le canon de la place. La pluie la plus abondante que l'on ait jamais vue, augmentait les difficultés contre lesquelles les alliés avaient à lutter; ils arrivaient dans leurs positions à marches forcées, à travers des gorges où les chemins étaient presque impraticables, et la disette de vivres extrême. Bonaparte fit avancer un nombre prodigieux de canons; et c'est surtout par la terrible canonnade qui eut lieu de part et d'autre, que se distingue cette bataille. Les cavaleries russe, prussienne et autrichienne firent des charges sur plusieurs points, et se couvrirent de gloire; mais des deux côtés, l'infanterie ne prit presque pas de part au combat. Le ciel était tellement couvert et la pluie si abondante, que les alliés avaient partout contre eux les circonstances les plus désavantageuses.

Vers midi eut lieu une catastrophe qui répandit le deuil dans l'armée toute entière. Le général Moreau, au moment où il s'entretenait avec l'empereur de Russie des opérations, fut atteint d'un boulet qui traversa le ventre de son cheval et lui emporta les deux jambes. La bonne cause perd en lui l'un de ses plus fermes appuis, et l'état militaire l'un de ses plus beaux ornemens. Son sort doit exciter partout les plus vifs regrets. Dans ce moment il n'est point encore mort (1).

---

(1) Autant que peut le savoir l'auteur, la nouvelle qui se répandit dans le temps que Moreau avait été blessé le 26, provient des bulletins français, où l'on dit que le premier coup de canon tiré des redoutes établies en avant

L'ennemi continua ses opérations contre la position des alliés jusqu'à ce qu'il eût reconnu l'inutilité de ses efforts.

---

de la ville le frappa mortellement. Ce récit passa dans les feuilles allemandes, et l'on ajouta que Moreau avait été blessé devant la redoute, près le jardin de Moczinski. Un journal autrichien, ainsi qu'une biographie de cet illustre général, qui a paru il y a quelque temps, disent également qu'il fut blessé le 26. Mais le témoignage du général Stewart est décisif; son récit se trouve confirmé par un habitant du village de Rœcknitz, témoin oculaire de l'événement. Voici ce que raconte cet homme : Moreau se trouvait, *le jour pluvieux de la bataille*, à cheval à côté de l'empereur de Russie, sur une hauteur, immédiatement derrière le village de Rœcknitz, non loin de la maison du témoin, lorsqu'il fut atteint d'un boulet, parti vraisemblablement d'une batterie de campagne. Le chirurgien de l'empereur Alexandre, à ce que je sais de bonne part, a indiqué aussi le 27 comme le jour où il donna des secours à l'infortuné général. On sait, par d'autres relations, que l'amputation fut faite le jour même de la blessure.

Les jambes coupées avaient été enterrées dans le jardin de la terre de Nœthnitz; mais en 1814 on les exhuma; on les plaça dans une urne, et le 4 novembre on les déposa solennellement dans le monument que l'on a élevé à Moreau, sur la place même où il fut blessé. On trouve une description de la cérémonie qui eut lieu à cette occasion, avec un portrait historique de l'illustre géné-

Cette bataille peut nous avoir coûté 6 à 7,000 hommes; la perte de l'ennemi doit être plus considérable. Dans une charge de la cavalerie russe contre l'infanterie, on fit un grand nombre de prisonniers, mais on ne put point emmener les pièces.

J'ai déjà exposé à votre excellence les principales difficultés contre lesquelles les armées alliées avaient à lutter. Comme elles se trouvaient en face de forces considérables, et qu'il était à présumer que Bonaparte jetterait un corps nombreux sur la rive gauche, du côté de Kœnigstein et de Pirna, pour s'emparer des gorges sur nos derrières, on donna, le 27, des ordres pour la retraite, et l'armée marcha en plusieurs colonnes.

Il est sans doute fâcheux qu'une armée si belle et si nombreuse, après s'être portée en avant, soit contrainte à faire un mouvement rétrograde,

---

ral, et des détails, puisés dans des sources authentiques, sur les dernières années de sa vie, dans une brochure intitulée : *F. Thr. A. Hasse, Johann-Victor Moreau, und seine todtenfeier. Dresden in der Arnoldischen buchhandlung*, 1816, in-8°. Pour les jeunes militaires et les amateurs de l'histoire, Jean-Victor Moreau, et la cérémonie funèbre qui fut célébrée en son honneur, par F. Chr. Hasse, à Dresde, dans la librairie d'Arnold, 1816, in-8°.

d'autant plus que ce mouvement pourra donner lieu à de fausses interprétations, et faire croire que l'ennemi a remporté des avantages signalés. Mais je puis assurer V. Exc., sur mon honneur et sur ma conscience, que malgré ce changement momentané du plan des opérations, l'armée est toujours animée du même esprit, qu'elle est disposée à se battre avec la plus grande opiniâtreté, et qu'elle brûle du désir de se mesurer encore avec l'ennemi.

Charles Stewart.

XLIV.

Le prince héréditaire de Suède aux Saxons.

Saxons!

L'armée réunie du nord de l'Allemagne a passé vos frontières. Cette armée ne fait point la guerre aux habitans de vos cantons ; elle ne dirige ses armes que contre vos oppresseurs. Vous devez faire des vœux pour le succès de nos entreprises, car elles ont pour but de rétablir votre prospérité, et de rendre à votre gouvernement son éclat et son indépendance.

Nous avons l'intention de traiter tous les Saxons comme nos amis. Vos propriétés seront respectées; l'armée observera la discipline la plus sévère, et l'on subviendra à ses besoins par les moyens les moins onéreux. N'abandonnez pas vos maisons; continuez de vous livrer à vos occupations habituelles; de grands événemens ne tarderont pas à vous mettre à l'abri d'une politique ambitieuse. Soyez les dignes fils des anciens Saxons, et si vous versez le sang allemand qui coule dans vos veines, répandez-le pour l'indépendance de l'Allemagne, et non pas pour un seul homme, auquel vous n'êtes attachés par aucun lien, par aucun intérêt commun.

La France est un pays vaste et florissant. Un conquérant des temps reculés se fût contenté d'un pareil empire. Les Français eux-mêmes désirent de rentrer dans les limites que leur trace la nature. Tout en servant le tyran, ils haïssent la tyrannie.

Dites-leur hardiment que votre volonté est d'être libres, et eux-mêmes vous admireront et vous encourageront à persévérer dans ce généreux dessein.

Au quartier général de Juterbock, ce 10 septembre 1813.

CHARLES-JEAN.

Aux Saxons.

Saxons!

Le moment est venu où vous allez être délivrés du joug français. Les armes victorieuses de mon puissant et clément souverain, et celles des alliés, ont fait reculer sur tous les points, avec des pertes énormes, l'oppresseur de l'indépendance germanique. L'époque de la fuite désastreuse par laquelle Napoléon nous échappa l'année dernière se renouvelle pour lui; vous recouvrerez votre prospérité, et l'Allemagne toute entière sera rendue à la liberté.

Les troupes françaises sont en pleine retraite; elles fuient vers leurs frontières. Vous n'avez plus à craindre les violences qui vous attachaient aux intérêts de Napoléon. Soyez les dignes descendans des anciens Saxons! tendez la main à vos frères; réunissez-vous à eux pour humilier celui qui outragea la nation allemande.

Saxons, vous pouvez nous regarder en toute assurance comme vos amis et vos libérateurs; car les souverains alliés ont imposé à leurs généraux l'obligation de respecter les propriétés, et d'adoucir, autant que possible, les maux de la guerre.

Freyberg, le 26 septembre (8 octobre) 1813.

Le général de S. M. l'empereur de Russie, chevalier de ses ordres,

Le baron DE KORRING.

XLV.

Soldats!

Pendant un règne de quarante-cinq ans, j'ai eu constamment à me louer de la fidélité et de la bonne conduite de mes troupes; mais dans les six mois qui viennent de s'écouler, j'ai été soumis à des épreuves qui ont rempli mon cœur d'amertume. Des militaires ont quitté isolément mon armée sans ma permission et contre ma volonté: dernièrement encore le major de Bünau a quitté, avec son bataillon, le poste qui lui était confié, et a conduit sous les drapeaux ennemis les hommes qu'il commandait. Un conseil de guerre prononcera l'arrêt des coupables, et leur propre conscience les jugera. Le souvenir de la sollicitude paternelle de leur souverain, qui fut souvent leur bienfaiteur, sera leur bourreau dans les momens de la réflexion.

Soldats! qui servez maintenant sous mes drapeaux, vous qui êtes revêtus des grades auxquels vous éleva ma confiance, c'est à vous que je m'adresse avec cet amour dont, depuis près d'un demi-siècle, j'ai donné tant de preuves à vos pères comme à vous-mêmes, et avec ce ton d'autorité que mes devoirs, comme souverain, m'ordonnent de prendre. Je vous somme de me donner, surtout dans ce moment, des preuves de votre attachement. Vous avez juré fidélité à ma personne et à ma cause. Vous me devez foi, attachement et obéissance. Si vous manquez à vos devoirs, vous devenez traîtres envers moi, et vous violez un engagement qui doit être sacré pour tout homme d'honneur. J'attends donc de vous, fidèles soldats qui m'entourez aujourd'hui, que vous ne quitterez point votre roi ni vos drapeaux. Le sentiment du devoir vous élèvera au-dessus de tous les motifs qui pourraient vous faire chanceler.

Le plus grand nombre d'entre vous n'était pas né lorsque je pris les rênes du gouvernement. Mon âge seul me donnerait sur vous les droits de père. C'est au cœur seul de ses enfans que votre père prétend parler. Je compte sur vous ; vous ne voudrez point empoisonner les derniers jours de votre souverain. Jusqu'à présent, l'Europe m'en est témoin, l'amour de mon peuple a fait mon orgueil ; qu'il embellisse encore le peu d'instans qui me restent.

Dresde, le 26 septembre 1813.

FRÉDÉRIC AUGUSTE.

XLVI.

Nous, Frédéric-Auguste, par la grâce de Dieu, roi de Saxe, etc.

Plusieurs généraux ennemis, et dans le nombre il en est que les circonstances ont rapproché du trône, et auxquels les devoirs de sujets devraient être sacrés, plusieurs généraux ennemis ont tenté en dernier lieu d'égarer notre peuple par des proclamations qu'ils répandaient, et à l'engager à prendre les armes contre la cause que leur souverain a épousée.

Nous ne craignons nullement que des provocations aussi indiscrètes produisent quelque effet sur la masse de notre peuple : les Saxons, de tout temps, ont été fidèles et dévoués à leur souverain. Pendant tout le cours de notre règne, nous n'avons eu qu'à nous louer de la confiance que nos sujets ont témoignée constamment dans les mesures que nous prenons pour leur bonheur. Pendant les orages des dernières années, ils nous ont donné plus d'une preuve de leur amour. Ils ne voudront point compromettre une réputation si glorieuse et si bien acquise de fidélité envers leur prince, réputation qui les a rendus respectables aux yeux de nos amis et de nos ennemis.

Mais quelques individus peuvent se laisser induire par des prestiges à des démarches criminelles qui seraient punies plus tard par un cruel repentir.

Nous rappelons à ces derniers que le devoir du sujet est de rester fidèle à son souverain, et de se montrer obéissant à ses décisions et aux mesures qu'il prescrit; que rien ne peut l'affranchir de ce devoir, commandé par la plus sainte de toutes les lois; nous leur rappelons qu'ils nous sont irrévocablement soumis par leur naissance, par leur séjour dans nos provinces, ou par les sermens qu'ils ont prêtés. La route du devoir est celle du véritable honneur. Le vrai patriote ne s'écarte jamais des voies du bon ordre; il respecte toujours les lois qui marquent à chacun la place qu'il doit occuper dans la société.

Quant à ceux que ces réflexions ne prémuniraient pas contre des démarches téméraires, nous leur déclarons que nous punirons avec une inflexible sévérité quiconque favoriserait les vues et les plans de l'ennemi, ou prendrait la moindre part à ses entreprises; nous feront tomber sur ces rebelles, traîtres à la patrie, toute la rigueur des lois.

Puisse notre peuple donner, dans ces jours de calamité, de nouvelles preuves de cet esprit d'ordre qui l'a constamment animé jusqu'à ce jour; puisset-il rester inébranlable dans la confiance qu'il a toujours eue en son roi, dont l'unique pensée a toujours été le bonheur des sujets que Dieu lui a confiés : il connaît les maux sous lesquels ils gémissent. La Providence, qui a répandu tant de bénédictions sur les premières années de notre règne, qui nous a déjà fait jouir une fois de la douce consolation de voir notre pays, qu'une guerre cruelle avait désolée, renaître plus florissant que jamais, saura ramener des jours tranquilles, où, libres de tout autre soin, nous pourrons, dans notre sollicitude paternelle, veiller uniquement au bonheur de nos sujets et travailler conjointement avec eux à guérir peu à peu les blessures profondes que nous ont faites des guerres inévitables.

Dresde, le 27 septembre 1813.

FRÉDÉRIC-AUGUSTE.

(L. S.) Jean Guill. DE ZESCHAU.

Charles-Auguste DE ZEZSCHWITZ.

LVII.

Extrait du rapport officiel émané du quartier-général de Francfort, en date du 13 novembre 1813.

Le 6 novembre 1813, le maréchal Gouvion-Saint-Cyr fit une sortie de Dresde pour se faire jour sur la route de Torgau; il repoussa d'abord, jusque sur les hauteurs de Reichenberg et de Wainsdorf, l'avant-garde du feld-maréchal-lieutenant de Wied-Runkel, qui commande le blocus de Dresde sur la rive droite de l'Elbe; mais là le prince l'attaqua avec tant de vigueur, qu'après un combat opiniâtre, il le força de rentrer dans la ville. Dans cette sortie, l'ennemi avait perdu plus de 800 hommes, tant tués que blessés. La landwehr russe s'est couverte de gloire dans cette journée, où elle a combattu avec le courage et la constance d'anciens soldats.

LVIII.

Extrait du rapport officiel émané du quartier-général de Francfort, en date du 13 novembre 1813.

Le 8 novembre parurent, aux avant-postes du corps assiégeant, le colonel Marion, du génie, et le colonel Perin, adjudant du général comte Lobau, afin de proposer, de la part du maréchal Gouvion-Saint-Cyr, une capitulation; mais le feld-zeugmeister, comte de Klenau, ne l'accepta point, parce qu'on demandait que la garnison put se retirer librement en France.

Dans l'après-dîner, le feld-zeugmeister comte de Klenau reçut, des représentans de la ville, la lettre ci-après, sous A.

Le général commandant fit parvenir aux membres de la famille royale, qui se trouvent à Dresde, l'invitation de se retirer de la place, si cela leur paraissait convenable. Il fut obligé d'abandonner à son malheureux sort la ville, dont la situation est peinte dans la lettre ci-après, avec les couleurs les plus sombres.

Il n'y a pas d'Allemand qui ne déplore les malheurs d'une des premières villes de l'Allemagne, d'une capitale qui était jadis le siége paisible et florissant des arts, et qui en renferme dans son sein tant de précieux trésors.

Mais ce ne sont point des Allemands qui lui ont préparé les maux sous lesquels elle gémit depuis des années ; et, dans ce moment encore, elle est entièrement entre les mains de l'ennemi.

A.

Chargés par le pays, par le cercle et la ville de Dresde, de faire des représentations respectueuses, qui tendent à conserver la capitale et à adoucir les maux qu'elle souffre, nous plaçons tout notre espoir dans la confiance que nous inspire la générosité des souverains alliés et de leurs généraux.

Le but de ces magnanimes souverains n'est pas de faire des conquêtes, mais d'assurer le bonheur des peuples et des villes ; de ranimer le commerce, de faire renaître l'opulence, et de resserrer les nœuds de la confiance réciproque, condition première de toute union durable. On aura égard à des motifs pris de l'intérêt même de l'administration, et puisés dans les sentimens de l'humanité.

Nous élevons notre voix en faveur de la capitale d'un pays qui a été ravagé par la guerre comme ne le fut jamais aucun autre pays ; d'une ville qui a souffert des maux inouis, et qui est à la veille d'une ruine complète, si Dieu ne touche, en sa faveur, les cœurs de ceux entre les mains desquels il a remis son sort.

Les suites funestes de la continuation du blocus ne retomberont pas sur l'armée française, qui possède encore des provisions considérables, et qui est sur le point de s'emparer du peu qui nous reste encore; mais sur les habitans. Des fièvres nerveuses, meurtrières, se répandent dans les familles, et la mauvaise nourriture les rend encore plus dangereuses. On tire parti de nos dernières ressources, et l'on nous menace des mesures les plus rigoureuses.

Dans peu, la dépopulation de la capitale répandra le deuil dans un pays dont les habitans espéraient renaître pour une vie plus heureuse.

La capitale est le cœur qui vivifie tout le pays ; lorsque les sources de la vie y sont desséchées, le corps tout entier succombe.

Les membres de la famille royale, qui se trouvent dans nos murs, partagent les maux que nous souffrons ; comme nous, ils sont exposés à la contagion.

Le cercle, épuisé depuis long-temps par les armées, ne sera bientôt plus en état de supporter les charges que nécessite le séjour des troupes de siége, malgré tout l'ordre que l'on met dans les réquisitions.

Nous avons lieu de croire que les commandans en chef français ne seront pas éloignés de signer une capitulation honorable ; mais nous sommes incapables de juger de quelle nature elle pourra être.

Nous croyons devoir nous flatter que les ménagemens qu'inspirent la présence des membres de la famille royale, et les malheurs du pays, du cercle et de la ville, pourront contribuer à l'heureuse issue des négociations ; que nous ne verrons pas anéantir la ville et toutes ses ressources avant sa reddition, et que l'on ne préférera pas l'éclat apparent d'un succès militaire, au salut du pays et de ses habitans.

Dresde, le 8 novembre 1813.

Henri-Victor-Auguste, Baron DE FERBER ;

Jean-Fréderic DE ZEZSCHWITZ ;

Le docteur Jean-Auguste BECK.

LIX.

On nous a communiqué officiellement qu'il a été conclu une convention entre M. le maréchal, comte de Gouvion-Saint-Cyr, et son excellence le général de la cavalerie au service d'Autriche, comte de Klenau, selon la teneur de laquelle la ville sera remise aux troupes des puissances alliées, et les troupes françaises la quitteront en différentes colonnes.

Nous ne différons pas d'en instruire les habitans de cette ville; nous les exhortons en même-temps à la tranquillité, et nous les engageons à faire encore preuve, dans cette circonstance, de ce même esprit, par lequel ils se sont honorablement distingués dans plus d'une situation malheureuse où nous nous sommes trouvés dans le courant de ces derniers mois.

Dresde, le 11 novembre 1813.

Le conseil municipal de Dresde.

LX.

Capitulation de la ville de Dresde.

Art. 1er. La garnison de Dresde sortira de la ville avec armes et bagages; les soldats déposeront leurs fusils devant les redoutes; MM. les officiers conserveront leurs épées.

A l'exemple de la capitulation accordée dans Mantoue à M. le feld-maréchal comte de Wrmser, un bataillon de 600 hommes conservera ses armes; deux pièces avec leurs caissons attelés; 25 gendarmes de la garde conserveront leurs chevaux et leurs armes; 25 gendarmes attachés aux divisions, conserveront également leurs chevaux et leurs armes.

Art. 2. Tous les prisonniers de guerre des puissances alliées qui se trouvent actuellement à Dresde seront remis en liberté aussitôt après que la capitulation aura été signée. Ils sont considérés comme échangés.

Art. 3. La garnison de Dresde est prisonnière de guerre, et sera conduite en France. M. le maréchal comte de Gouvion-Saint-Cyr garantit que ni les officiers ni les soldats ne combattront, avant leur échange, contre aucune des puissances alliées en guerre avec la France.

On dressera en double expédition une liste nominale de tous les généraux, officiers, sous-officiers et soldats.

Les généraux et officiers signeront de leur propre main la promesse de ne pas servir avant d'avoir été échangés dans les formes. La liste nominale des soldats contiendra les noms de ceux qui se trouvent présens sous les armes au moment de la signature.

On dressera également une liste des malades et des blessés.

Art. 4. M. le maréchal comte de Gouvion-Saint-Cyr s'engage à faire opérer incessamment l'échange de la garnison, contre un nombre égal de prisonniers des puissances alliées, grade pour grade.

Art. 5. Dès qu'on aura fait la remise d'un certain nombre de prisonniers des puissances alliées, un nombre égal de la garnison de Dresde peut rentrer en activité de service.

Art. 6. La garnison évacuera Dresde en six colonnes, dont chacune comprendra un sixième du nombre total. Les hommes recevront leurs vivres aux étapes et sur le pied autrichien. Les rations, les jours de marche et de repos sont fixés par un plan (1) approuvé par M. le général comte Klenau. La première colonne partira le 12 novembre, et les autres la suivront sur la même route, dans l'intervalle d'une marche.

Des gendarmes montés accompagneront chaque colonne pour y maintenir l'ordre.

---

(1) La marche aura lieu par Altenbourg, Gera, Koburg, Kitzingen, Mersfurt, Mergentheim, Bruchsal et Rastadt, sur Strasbourg.

Art. 7. Les malades et les blessés seront traités comme ceux des puissances alliées. Après leur guérison, ils seront renvoyés en France sous les mêmes conditions que la garnison. Les officiers de santé et les employés d'hôpitaux, nécessaires pour soigner les malades et les blessés, resteront, et seront traités de même que ceux des puissances alliées.

Art. 8. Les troupes polonaises, ou autres troupes alliées renvoyées en France, sont considérées comme des Français.

Art. 9. Les non combattans ne sont point considérés comme prisonniers : ils suivront la marche des troupes.

Art. 10. Les Français qui se trouvent actuellement à Dresde, sans être employés à l'armée, sont libres de suivre les troupes, sans cependant avoir droit au logement ni à la nourriture.

Ils peuvent à leur gré disposer de leurs propriétés reconnues comme telles.

Art. 11. Il sera expédié des passeports, pour leur patrie, à la légation française et aux légations des puissances alliées de la France.

Art. 12. Vingt-quatre heures après la signature de la présente capitulation, on fera, à l'armée de siége des puissances alliées, la remise des caisses militaires, des munitions de guerre, des canons, et de tout ce qui a rapport à l'artillerie et aux fortifications, des ponts et de leurs dépendances, des fourgons, caissons, etc., et des attelages. Cette remise sera faite entre les mains du commissaire nommé par M. le général commandant l'armée de siége; auquel on fera tenir un relevé des objets.

Art. 13. Le lendemain de la signature, la moitié des redoutes et des barrières des faubourgs, sur les deux rives, ainsi que deux portes de la Ville vieille et une porte de la Ville neuve, seront occupées par les troupes alliées de l'armée de siége.

Art. 14. MM. les généraux et officiers conservent leurs bagages et les chevaux qui leurs reviennent d'après les réglemens français; pendant la route il leur sera délivré des fourrages.

La forteresse de Sonnenstein sera remise six heures après la signature de la présente capitulation, et aux mêmes conditions. La garnison se rendra à Dresde, où elle se réunira avec sa division.

Rédigé et arrêté, d'une part, par MM. le colonel baron de Rothkirelz et Murawiew, chef d'état-major du corps d'armée des Russes et Autrichiens réunis, nommés à cet effet, par son excellence le général de la cavalerie, comte Tolstoï; et d'autre part, par MM. Marion, colonel du génie, et Perin, adjudant-commandant de M. le comte de Lobau, nommés à cet effet par M. le comte de Gouvion-Saint-Cyr, et pourvus par lui des pouvoirs nécessaires.

Herzogswalde, le 11 novembre 1813.

Le Baron DE ROTHKIRELZ, *colonel et chef d'état-major dans la* 14e. *division.*

Le colonel MURAWIEW.

Les articles ci-dessus seront signés par MM. les généraux commandant l'armée alliée devant Dresde, le comte de Klenau, le lieutenant-général comte de Tolstoi, et enfin, par M. le maréchal comte de Gouvion-Saint-Cyr. Ce n'est qu'alors qu'ils auront force et valeur.

Le lieutenant-général, comte TOLSTOI.
Le général de la cavalerie, comte DE KLENAU.

LXI.

Quartier-général de Francfort, le 17 novembre 1813.

Napoléon, en se retirant avec son armée dans les environs de Leipsick, avait laissé à Dresde le maréchal Saint-Cyr, afin de se conserver cette place forte pour le moment où le gain de la bataille qui se préparait lui permettrait de se reporter sur l'Elbe. La perte de cette bataille dut nécessairement entraîner la chute de Dresde. Pour hâter cette reddition, le général en chef prince de Schwarzenberg crut nécessaire de renforcer le général comte Tolstoi, que le général Benningsen avait laissé dans les environs de Dresde : il disposa pour cet effet de la division du général comte de Klenau, qui se mit en marche pour Dresde dès le 20 octobre. Cependant le maréchal Saint-Cyr était sorti de Dresde avec la plus grande partie de son corps, et s'était porté sur la rive gauche de l'Elbe ; mais il fut repoussé dans Dresde par les corps réunis des généraux de Klenau et Tolstoi, et renfermé dans cette place. Le maréchal Saint-Cyr sentit tout ce que sa position avait de critique, et le 6 il tenta d'attaquer le corps du feld-maréchal-lieutenant prince de Wied-Runkel, qui bloquait la ville sur la rive droite. L'intention de l'ennemi était de se frayer une route sur Torgau, et d'abandonner Dresde, qu'il ne pouvait plus défendre. La vigoureuse résistance des troupes sous les ordres du prince de Wied-Runkel déjoua toutes les attaques du maréchal Saint-Cyr, qui fut obligé de rentrer dans Dresde : sa position devint désespérée : sans vivres et sans munitions, il se vit obligé de proposer au général de Klenau une capitulation, sans y avoir été le moins du monde engagé de notre côté. Dans son propre projet de capitulation, il déclara son corps d'armée prisonnier de guerre; cependant sous la condition qu'il fût permis à ses troupes de retourner en France et de servir de nouveau contre les alliés six mois après la signature de la capitulation. Le général de Klenau lui écrivit qu'il n'avait aucun plein pouvoir pour accepter des conditions aussi défavorables, et qu'il avait à craindre qu'on ne le rendît responsable, s'il les acceptait. Cette réponse n'empêcha pas le maréchal Saint-Cyr de réitérer des propositions qu'en général expérimenté il prévoyait bien que le général en chef, prince de Schwarzenberg, n'agréerait pas. Par la capitulation, signée le 11, on permit à la garnison de se rendre en France, sous condition que pendant six mois elle ne servirait pas contre les alliés; on convint qu'elle sortirait de Dresde en six colonnes, du 12 au 17. Le désir d'épargner la ville et de donner une autre destination à ses troupes ont déterminé probablement le général de Klenau à signer une capitulation si contraire aux ordres positifs qu'il avait reçus antérieurement du feld-maréchal commandant en chef. Le maréchal commandant en chef s'est vu dans la nécessité de blâmer la conduite du général de Klenau, et de refuser son approbation à la capitulation. Le feld-maréchal-lieutenant, marquis de Chasteller, fut envoyé pour en instruire le maréchal Saint-Cyr, et pour remettre le corps ennemi en possession de Dresde et de tous les moyens de défense qu'il avait avant la signature de la capitulation.

NOTES
DU TRADUCTEUR.
(TOME II.)

Page 5, *lig.* 9. — L'auteur dit que le septième corps, commandé par Reynier, se trouvait à Eilenbourg le 9 octobre. C'est le sixième, commandé par M. le maréchal duc de Raguse, et qui depuis quinze jours manœuvrait autour de Leipsick dans un rayon de dix à douze lieues.

Page 13, *ligne* 7. — Ces vieux régimens arrivés d'Espagne ont pu souffrir le 14 ; mais ils ont beaucoup moins souffert que ne le prétend l'historien de cette campagne. Il aurait dû ne pas oublier d'ailleurs la journée du 10, où, dans les plaines de Lutzen, ces mêmes régimens, commandés par M. le vicomte de Montelégier, aujourd'hui aide-de-camp de Monseigneur le duc de Berry, enfoncèrent et taillèrent en pièces les meilleurs escadrons de la cavalerie ennemie, dont le nombre était infiniment supérieur à celui des Français. Les dragons de Latour et plusieurs autres ont certainement remarqué ce jour-là l'existence de cette cavalerie venue d'Espagne.

Page 17, *ligne* 8. — Le corps du maréchal Marmont n'avait pas quitté les fauxbourgs et les environs de Leipsick, depuis le 9 au soir qu'il était revenu d'Eilenbourg.

Il avait été placé à la gauche de l'armée pour observer la grande route de Halle. L'historien se trompe également sur la position du maréchal Augereau, qui formait l'extrême droite; mais on aurait trop à faire si on voulait rectifier toutes les erreurs de M. d'Odeleben.

Page 19, *ligne* 4. — C'est effectivement par-là qu'arrivaient les armées de Bernadotte et de Blücher; et Bonaparte, trompé par ses espions, l'ignorait complètement. Il fit pousser une reconnaissance sur ce point dans la soirée du 15 octobre. Nous avons entendu raconter par M. Viennet, le même qui paraît aujourd'hui consacrer tout son temps à la littérature, que, se trouvant alors aux avant-postes, il fut chargé de cette reconnaissance. Il eut à combattre contre de l'infanterie prussienne, et il en fit son rapport. Napoléon, qui ne voulait pas absolument qu'il y eût des masses d'infanterie de ce côté, envoya deux démentis formels au capitaine Viennet, le premier à minuit, par un officier d'ordonnance, le second à huit heures du matin le 16, par un général-aide-de-camp, qui, s'étant assuré lui-même, par ses propres yeux, de la présence de ces masses, courut en toute hâte confirmer le rapport et le résultat de la reconnaissance de la veille. Il n'était plus temps. Ces masses, fortes de 60 milles hommes, précédées de plus de cent pièces d'artillerie, accablèrent en moins de cinq heures le maréchal duc de Raguse, qui en avait à peine 16 milles à leur opposer. C'est-là que périt l'élite des artilleurs de marine.

Page 20, *ligne* 15. — La prise de cette redoute a offert une particularité remarquable. Un régiment d'infanterie légère était en position devant elle; Bonaparte arrive sous le feu terrible qu'elle faisait. Quel est ce régiment? dit-il à l'officier qui le commandait. — Le 22e. léger, répond celui-ci. — Cela n'est pas possible, réplique Napoléon; il ne resterait pas les bras croisés à se laisser mitrailler. — A ces mots, le régiment s'ébranle, et la redoute est enlevée. Six mille Autrichiens la défendaient.

Page 27, *ligne* 20. — C'est le général Bertrand qui a attaqué lui-même, sur ce point, pour dégager la route de Weissenfels; opération qu'il a terminée dans la journée du 16, et l'ennemi n'a plus osé y reparaître pendant les trois journées suivantes.

Page 28, *ligne* 18. — Le beau mérite! ils étaient plus de 400 mille hommes contre 112 milles Français. Le roi de Saxe, qui, du haut d'une tour, observait les mouvemens des deux armées, ne pouvait concevoir qu'une poignée de braves, serrés contre les murailles de Leipsick, et formant le centre d'un demi-cercle, pût résister si long-temps aux quatre lignes d'artillerie, d'infanterie et de cavalerie qui en formaient la circonférence.

Page 31, *ligne* 22. — Quoiqu'en aient dit les bulletins officiels, les Saxons ont tous passé à l'ennemi dans la journée du 18. Le général Reynier, croyant que ce corps exécutait, sans ordre, un mouvement en avant, s'élança à la tête de la colonne, en criant : Où allez-vous? que faites-vous? Le plus morne silence régnait dans les rangs. Les officiers et les soldats baissaient la tête. Le général saxon conservait seul toute l'audace d'une perfidie ouverte. Enfin, quelques jeunes officiers supplièrent le général Reynier de se retirer, en lui disant : « N'ajoutez pas à notre infamie celle de vous emmener à » l'ennemi. » Reynier se retira, et quelques minutes après le corps des Saxons fit volte face, et signala sa défection par un feu terrible d'artillerie. Le 20 octobre, ceux de leurs officiers qui étaient membres de la légion d'honneur, en cachaient la décoration sous leurs vêtemens pour la dérober aux regards des chefs, qui leur avaient défendu de la porter, et la montraient avec orgueil, sur leur poitrine, aux prisonniers français qu'ils rencontraient dans les rues de Leipsick.

Page 41, *ligne dernière*. — La rupture du pont fut déterminée par quelques coups de fusils tirés du haut des remparts de Leipsick par le bataillon saxon que Napoléon avait laissé sur la place, en lui disant de défendre le roi des premières fureurs de l'ennemi. Il l'avait quitté en lui serrant la main, et lui disant : « Adieu, nous nous reverrons. » Le sergent de génie voyant cette fusillade, crut la ville prise, et fit sauter le pont. Il y eut tout au plus 14,000 hommes de pris par cet accident, parmi lesquels il faut compter le corps entier du prince Poniatowski. La perte eût été égale, quand même le pont eût été conservé. Il n'était plus possible de défendre les jardins ; l'ennemi pénétrait de toutes parts. Un officier avait répandu l'alarme sur le boulevard de Leipsick, encombré de chariots, de canons, de voitures, et de régimens qui défilaient à travers les intervalles. Cet officier donnait en criant l'ordre de couper les jarrets des chevaux de trait. Il était inconcevable que deux ou trois divisions françaises eussent défendu si long-temps les faubourgs contre tant d'ennemis et tant de canons. Les généraux Reynier et Lauriston furent pris au bord du fleuve. Macdonald l'avait passé sur son cheval ; mais comme l'Elster est étroitement encaissé dans cette partie, on prétendait que le maréchal n'avait pu gravir la rive opposée qu'en abandonnant son cheval et en s'accrochant aux branches d'un arbre. Poniatowski avait également lancé le sien dans le fleuve; cet animal, un peu fougueux, fut effrayé de la chute; il chercha à prendre terre avec ses pieds de derrière; le maréchal polonais roidit la bride, et le cheval le renversant sous lui, fut entraîné par le courant et le noya. Ses funérailles furent celles d'un héros. Vainqueurs et vaincus, tous les peuples de l'Europe y assistèrent, et oublièrent leur inimitié pour gémir sur le cercueil de Poniatowski. Napoléon se sauva par la porte d'un jardin. Si le hasard ne lui eût offert cette issue, il est incontestable qu'on l'eût fait prisonnier. Les deux portes de Halle et de Weissenfels étaient encombrées, et la fusillade y était déjà parvenue.

Page 47, ligne 17. — Il y avait si peu de haine contre les Français, que les prisonniers demeurés à Leipsick furent tous assi bien traités que les vainqueurs. Ces dévastations, dont parle M. le baron d'Odeleben, étaient l'ouvrage de l'Europe entière; et les Saxons eux-mêmes pillaient assez bien leurs compatriotes quand l'occasion s'en présentait. La faute en est sans doute à l'auteur de cette guerre; et l'usage nouvellement adopté de la faire sans magasins, entraînera à l'avenir le même désordre et les mêmes dévastations, jusqu'au moment où les peuples sauront défendre leurs territoires et, les fermer aux soldats de l'étranger.

Page 160, ligne 19. — Le plan des alliés était effecvement de nous fatiguer par des marches et des contremarches pénibles; mais comme leurs victoires ne pouvaient qu'accélérer la destruction de nos divisions, en les poussant l'une sur l'autre et en les forçant de s'agglomérer sur un point unique, il est hors de doute que toutes les fois que les corps ennemis battaient en retraite, ils y étaient contraints par le courage de nos troupes : Blücher et les autres chefs ennemis n'auraient point volontairement retardé le résultat de leurs manœuvres, et le succès de leurs combinaisons. C'est se jouer de ses lecteurs, que d'attribuer toutes ces retraites à la seule volonté des généraux ennemis qui les faisaient; c'est qu'ils étaient franchement et rudement battus. Une fausse manœuvre de Vandamme sauva la Bohême, sur les frontières de laquelle nous étions arrivés. Une crue extraordinaire du Bober fit perdre à Macdonald et à Lauriston le fruit de leurs victoires en Silésie, et à l'armée entière, celui de la belle bataille de Dresde.

Toutes ces notes ont été communiquées par le même officier français qui a fourni celles du premier volume, sur le Récit des événemens militaires.

FIN.

OUVRAGES NOUVEAUX.

De la Noblesse féodale et de la Noblesse nationale, par Ch. **** T. *****, ancien consul à Léipsick. in-8 : prix, 1 fr. 50 c.

Essais sur quatre grandes questions politiques, par M. C. A. Scheffer. in-8 : prix, 1 fr. 50 c.

Cet ouvrage se fait remarquer par un grand patriotisme, et ne le cède en rien, sous ce point de vue, à celui de M. Salvandi, intitulé : *la Coalition et la France*. Les journaux n'en ont pas rendu compte.

Tableau politique de l'Allemagne, par M. C. A. Scheffer. in-8 : prix, 2 fr. Il ne reste plus que quelques exemplaires de cet ouvrage extraordinaire, dont les journaux n'ont jamais parlé.

Voltaire jugé par les Faits, par M. Lebrun Tossa. 1 vol. in-8 : orné de gravures allégoriques ; prix, 2 fr.

Jugement philosophique sur J.-J. Rousseau et Voltaire, par M. Azaïs. in-8 : prix, 1 fr. 50 c.

De l'union en France, par M. Emmanuel Bouin (ouvrage très-piquant). In-8° ; prix, 1 fr. 50 c.

La Henriade travestie en vers burlesques, avec des notes critiques ; par Fougeret de Monbron. 1 vol. in-12 : prix, 2 fr.

Lettre de Fouché, duc d'Otrante, au duc de Vellington, avec des Observations par M. de Villeneuve, (ouvrage très-piquant.) Prix, 1 fr. 50 c.

Lettre à M. le vicomte de Châteaubriand, concernant un pamphlet intitulé : *De la Monarchie selon la Charte*; par le chevalier de l'Union, général, baron Jubé. In-8 : prix, 1 fr. 25 c.

Nouvelle lettre du chevalier de l'Union à M. le vicomte de Châteaubriand, sur sa nouvelle proposition ; suivie d'une analyse du tableau politique de l'Allemagne, par Scheffer. In-8 : prix, 1 fr. 50 c.

La Harpe peint par lui-même, ouvrage contenant des détails inconnus sur sa conversion, sur son exil à Corbeil, en 1804 ; ses jugemens sur les écrivains les plus célèbres de son temps ; terminé par une Exposition impartiale de la Philosophie du dix-huitième Siècle, par un membre de l'académie Française, 1 vol. in-18 : prix, 1 fr. 50 c.

De la monarchie selon la Charte, par M. le vicomte de Châteaubriand, pair de France, chevalier de l'ordre royal et militaire de Saint-Louis, etc. 1 vol. in-8 : prix, 3 fr.

De l'État présent de l'Europe, et de l'accord entre la légitimité et le système représentatif, par Charles Théremin, ancien consul à Leipsick. 1 vol. in-8 : prix, 3 fr., et 6 fr. en papier vélin. — Cet ouvrage est très estimé.

Formosus niger, de la police. in-8 : prix, 1 fr. 50 c.

Budjet de 1817; Lois sur les finances, du 25 mars 1817; conforme à l'édition officielle de l'imprimerie royale, 1 vol. in-8 : prix, 1 fr. 50 c., cette édition est la plus complète qui ait paru.

Adresse à la Chambre des Députés, sur le pouvoir législatif et l'influence du Budjet de 1817, sur le bonheur public et la prospérité nationale. Par Alexandre Crevel. In 8 : prix, 75 c. Cet écrit présente des vues neuves et prononcées.

Essai philosophique sur le grand art de gouverner un État, par Alexandre Crevel, ancien négociant. 1 gros vol. in-8, avec un tableau : prix, 5 fr. Cet ouvrage se distingue par des vues profondes et un excellent patriotisme. Le discours du Chinomane ne doit pas être du goût de tout le monde, car il n'épargne personne dans ses tableaux.

La Médecine politique, ou système physique et moral des corps politiques, adressé aux ministres du roi; par Alexandre Crevel, auteur de *l'Essai philosophique sur le grand Art de gouverner un État*. 1 vol. in-8 : prix, 2 fr. 50 c.

Le Mal et le Remède, Discours où l'on prouve contre M. de Châteaubriand, 1°. que les élections de 1816 ont été *libres*; 2°. que les députés sont élus *légalement*; 3°. et que la représentation nationale est *légitime*; par P. M. Regnault de Warin. 1 vol. in-8 : prix, 1 fr. 50 c.

Le Règne de Louis XVII, contenant des détails sur *la Régence de Monsieur*, diverses particularités, publiées pour la première fois, concernant les principaux événemens, depuis la mort de Louis XVI jusqu'à celle de Louis XVII; les stratagêmes employés pour dérober de grandes victimes à la faux révolutionnaire, MM. de Verdun, de Fontanes, le poëte Delille, et plusieurs autres; par un ancien professeur d'histoire, en l'Université royale de France. 1 volume in-8 : prix, 3 fr.

Opinion de M. le comte Levoyer d'Argenson, député du Haut-Rhin, sur le projet d'adresse au Roi. In-8 : prix, 60 c. Cet ouvrage est écrit avec force et sans partialité.

Joseph II, empereur d'Allemagne peint par lui-même, avec un précis historique, par M. Rioust. 2 vol. in-12 : prix, 5 fr. (Cet ouvrage est très intéressant.)

BAUDOUIN FRÈRES, ÉDITEURS.

HISTOIRE

DE LA

GUERRE DE LA PÉNINSULE

SOUS NAPOLÉON,

PRÉCÉDÉE D'UN

TABLEAU POLITIQUE ET MILITAIRE

DES PUISSANCES BELLIGÉRANTES.

PAR

LE GÉNÉRAL FOY.

PUBLIÉS

PAR Mme LA COMTESSE FOY.

4 volumes in-8°. Prix : 6 f. 50 c. le volume.
Le 1er paraîtra le 15 Avril.

Tout sentir, tout voir, tout retenir et tout peindre, voilà le général Foy. Son cœur, facilement ému, battait plus tôt et plus souvent que celui des autres hommes ; son esprit était ardent et curieux, son coup-d'œil rapide et sûr. Il avait la mémoire des lieux, celle des faits et celle des impressions, la plus utile peut-être dans une organisation aussi heureuse et aussi mobile que la sienne. A ces présens de la nature se joignaient en lui la passion de l'étude, le goût de l'observation, l'habitude de fixer chaque jour ses opinions ou ses jugemens sur le papier, et le talent de les exprimer avec une vive éloquence.

Riche de tous ces avantages, des fruits d'une immense lecture, le général Foy avait vu la République et ses orages, la guerre de la liberté et ses prodiges, la guerre du génie et les batailles d'un autre Alexandre ; familier avec l'Histoire ancienne et moderne, il connaissait à fond l'Europe militaire, civile et politique, ses armées, ses peuples, ses mœurs et ses princes. Avec de telles provisions de faits, d'idées et de principes, on devine sans peine tout ce que le récit de la guerre de la Péninsule a pu devenir sous la plume de l'écrivain.

Avant de les mettre aux prises sur le théâtre de leur sanglante querelle, le général Foy considère d'abord les quatre puissances qui vont entrer en lice, et dont les deux premières, la France et la Grande-Bretagne, se disputent l'empire du monde. Ainsi, après un tableau énergique et rapide de notre antique rivalité avec les Anglais, il se hâte de nous montrer notre glorieuse patrie improvisant, avec des laboureurs et des artisans, les quatorze armées qui mirent à leurs pieds les vieux soldats de Frédéric et les généraux de son école. On sent que le cœur du général

Foy palpite au seul nom de ses premiers compagnons d'armes, qui se dévouaient, comme des Curtius, à leur pays, sans lui rien demander, pas même les récompenses de la gloire. Que les volontaires de Valmy et de Jemmapes, que les conscrits de Fleurus sont beaux dans les récits du général Foy! Il semble admirer en eux des Spartiates et des Français en même temps. Quel portrait il trace de leurs officiers, *vaillans comme Lahire et Dunois, sobres et durs à la fatigue, parce qu'ils étaient les fils du laboureur et de l'artisan, marchant à pied à la tête des compagnies, courant les premiers au combat et sur la brèche, ne pensant jamais à eux-mêmes, s'imposant gaiement toutes les privations, et donnant l'exemple de toutes les vertus civiles et militaires!* Comme il regrette cette jeune élite du peuple français, moissonnée par le glaive des combats! Qu'il est vraiment peintre dans le tableau de notre impétueuse attaque, et *surtout au moment où la grêle des balles et des boulets ennemis venant à s'épaissir, un hymne de la liberté entraînait nos colonnes*, auxquelles *le général en chef montrait au bout d'une épée son chapeau, surmonté du panache tricolore*, comme *le signe du ralliement* et *l'ordre de la victoire!* Qu'on aime à lui entendre caractériser tour à tour, en quelques mots, le vainqueur de Fleurus, ce modeste Jourdan, ce général citoyen, revêtu d'une gloire sans tache; le géant de la bataille d'Héliopolis, Kléber, dont la tête s'élevait au-dessus de nos rangs comme un drapeau; le libérateur de l'Alsace, ce Hoche, à *l'ame de feu, au caractère indomptable, qui n'eût jamais ployé sous un maître, et qui semblait né pour commander, vaincre et gouverner.*

Un homme survient qui efface tout-à-coup les renommées contemporaines; jadis appliqué à l'étude des sciences mathématiques, *s'il eût continué à résoudre des problèmes, il aurait été Newton ou Lagrange.* Voilà sur quelle échelle de proportion le général Foy mesure la hauteur du premier homme du siècle. Capitaine, consul, empereur, Napoléon est apprécié par le général Foy avec la plus franche admiration, mais avec la plus entière indépendance; si devant ce prodige de génie et de gloire, le général Foy n'a point ployé les genoux, c'est qu'il avait dans le cœur le culte d'une autre idole, le culte de la liberté qui se laisse regarder en face, et que l'on sert debout. Le général Foy rend aussi la plus éclatante justice à l'armée toujours nationale qui a toujours combattu pour la France en combattant sous les aigles de Napoléon.

L'Angleterre, interrogée avec soin dans ses annales, sur les champs de bataille, et dans deux voyages consacrés à l'étudier, a fourni de grands traits au général Foy. Il parle de cette puissance en homme qui connaît bien son génie, ses ressources, et cette politique, semblable à celle qui donna aux Romains l'empire du monde. Après ces hautes considérations, la comparaison des soldats et des officiers anglais avec les nôtres est un portrait national du caractère différent des deux peuples.

Le Portugal et l'Espagne nous apparaissent aussi avec leur physionomie distincte et parfaitement caractérisée. Le général Foy en disant que *le Portugal, vis-à-vis de l'Angleterre, ressemble à une chaloupe entraînée dans le sillon du vaisseau qui la remorque,* ajoute avec raison qu'il existe cependant des oppositions de toute espèce entre le génie des deux nations. Ce qu'il rapporte des sentimens d'indépendance des patriotes portugais menacés alors de l'attaque des Français et du secours des Anglais, explique encore aujourd'hui la situation morale du pays entre l'Espagne et l'Angleterre. Rien de plus intéressant que la narration du général Foy sur un peuple que nous connaissons mal. Le départ de la famille royale pour le Brésil nous paraît une des scènes les plus dramatiques de l'histoire moderne. C'est avec la même chaleur de pinceau que l'éloquent écrivain retrace, soit la marche de notre armée s'avançant à grands pas, malgré la fatigue, la faim et toutes les privations, dans un pays affreux et stérile, soit l'entrée de Junot avec une poignée d'hommes pâles et exténués de misère, au milieu d'une population immense et frémissante qui pouvait nous ensevelir dans son sein.

On peut juger, par cette esquisse, de ce que promet le tableau de l'époque, où figurent encore une autre nation, mécontente, malheureuse et pleine de passions ardentes comme les feux de son climat ; des grands qui frémissent sous le joug d'un parvenu ; un roi sans dignité comme sans pouvoir ; une reine accusée dans l'opinion ; un Godoy, son amant, le favori du roi et le véritable maître de l'État. Puis viennent, après la conspiration du fils contre le père, l'insurrection du 2 mai, le soulèvement de toute l'Espagne et la terrible guerre qui nous a ravi l'empire de l'Europe.

Voilà les élémens de l'ouvrage du général Foy ; il se compose de deux volumes d'introduction consacrés à nous bien faire connaître la force, la situation, la politique, la nationalité des quatre puissances qui vont paraître dans la lice, les armes à la main. Les deux autres volumes sont remplis par le récit de la guerre de la Péninsule, récit distribué en neuf livres d'une égale étendue. L'ouvrage, accompagné de cartes du pays relevées sous les yeux du général Foy, corrigé par lui à plusieurs reprises, et dont il existe trois copies, est écrit tout entier de sa main, ainsi que les autres monumens qu'il a laissés à sa mort.

P.-F. TISSOT.

P. S. Nous allons offrir à nos lecteurs les Sommaires des deux livres du premier volume ; ils donneront une idée des matières qui y sont traitées, tout en regrettant que l'espace ne nous permette point de publier ceux des autres volumes.

SOMMAIRES

DES PREMIER ET SECOND LIVRES DU TABLEAU POLITIQUE ET MILITAIRE
DES PUISSANCES BELLIGÉRANTES.

LIVRE PREMIER.

État de la France en 1799. — Napoléon Bonaparte s'empare de l'autorité. — Son entraînement vers le pouvoir absolu. — Gouvernement consulaire. — Paix générale. — Rappel des émigrés. — Monarchie impériale. — Goût de Napoléon pour la noblesse. — Institution d'une noblesse nouvelle. — Passion de Napoléon pour la guerre. — Campement de l'armée sur les côtes de l'Océan. — Esprit public de l'armée. — Campagne de 1805, en Autriche. — Campagnes de 1806 et 1807, en Prusse et en Pologne. — Paix de Tilsitt. — Situation de l'armée française à la fin de 1807. — Conscription militaire. — Mœurs et habitudes de l'armée. — Par qui et comment le pouvoir était exercé dans l'armée. — Avancement. — Récompenses. — Subordination. — Organisation militaire. — Infanterie. — Manière de combattre au temps de la République. — Changemens opérés pendant le séjour de l'armée dans les camps des côtes de l'Océan. — Cavalerie. — Artillerie. — Génie. — État-major. — Établissement des corps d'armée. — Garde impériale. — Administration des armées. — Législation militaire. — Science de la guerre. — Napoléon.

LIVRE SECOND.

Politique de l'Angleterre à l'égard de la France. — Déclaration de guerre. — Insurrection d'Irlande. — Evénemens militaires. — Paix d'Amiens. — Projet de descente de la part des Français. — Campagnes de 1805, 1806 et 1807. — Système continental. — Ministère Britannique. — Tableau de l'armée anglaise. — Recrutement. — Direction et commandement des forces militaires. — Discipline, mœurs et habitudes. — Nomination aux emplois et avancement. — Officiers-généraux. — Récompenses militaires. — Mariages. — Éducation des soldats. — Religion.

— Justice. — Administration régimentaire. — Infanterie. — Troupes étrangères. — Cavalerie. — Départemens de l'ordonnance. — Artillerie. — Ingénieurs. — État-major. — Administration de l'armée. — Service de Santé. — Considérations générales.

ON SOUSCRIT

SANS RIEN PAYER D'AVANCE

CHEZ BAUDOUIN FRÈRES, ÉDITEURS,

RUE DE VAUGIRARD, N. 17;

DELAUNAY, LIBRAIRE, AU PALAIS-ROYAL.

En retirant le premier volume on paiera le dernier : le premier paraîtra le 15 avril.

En s'inscrivant directement chez les Éditeurs, on recevra l'ouvrage à domicile le jour de la mise en vente.

Il paraîtra un Atlas de plusieurs cartes dessinées et gravées sous les yeux du général Foy, et un portrait d'après Horace Vernet.

J. Tastu, Imprimeur et Éditeur.

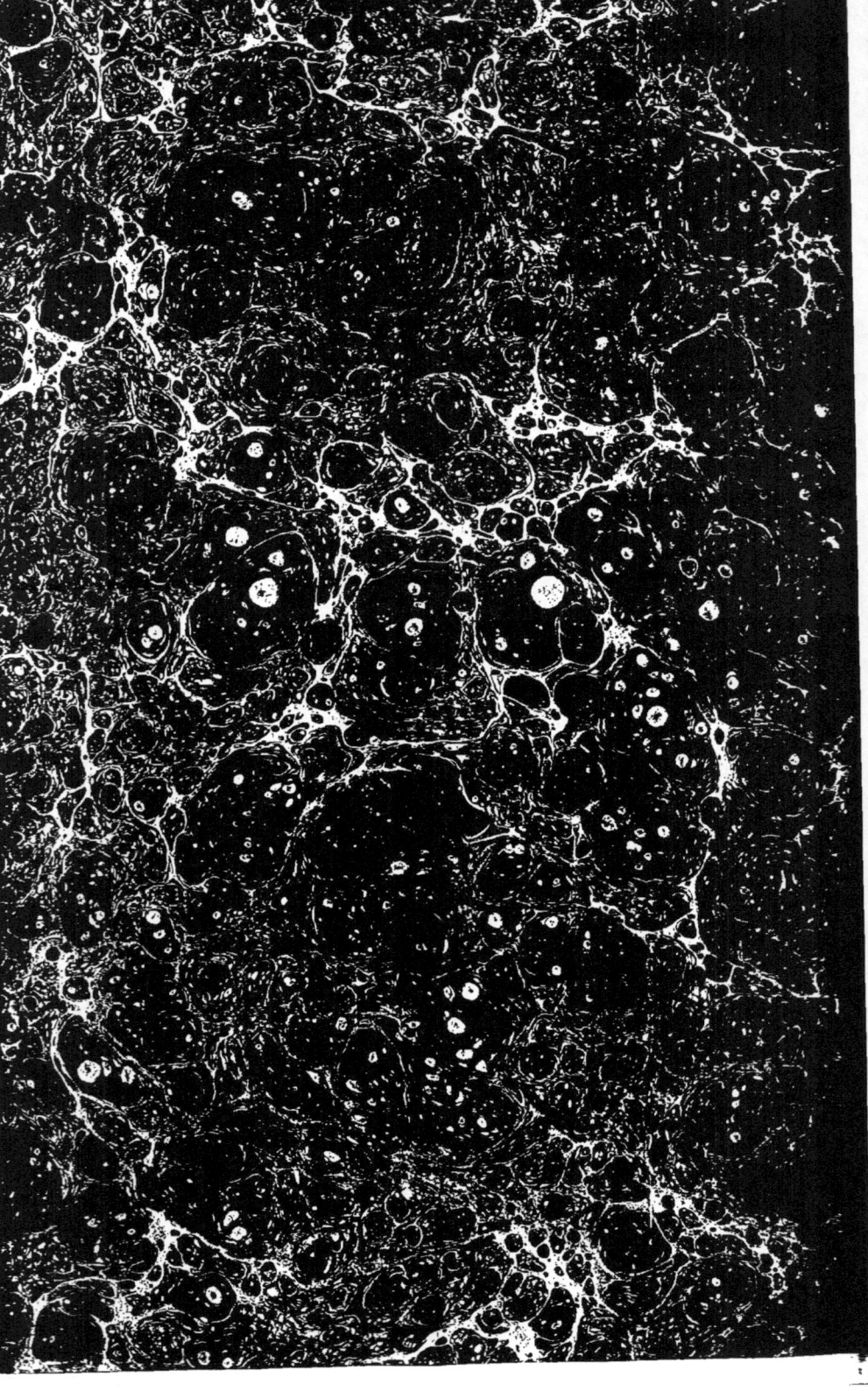

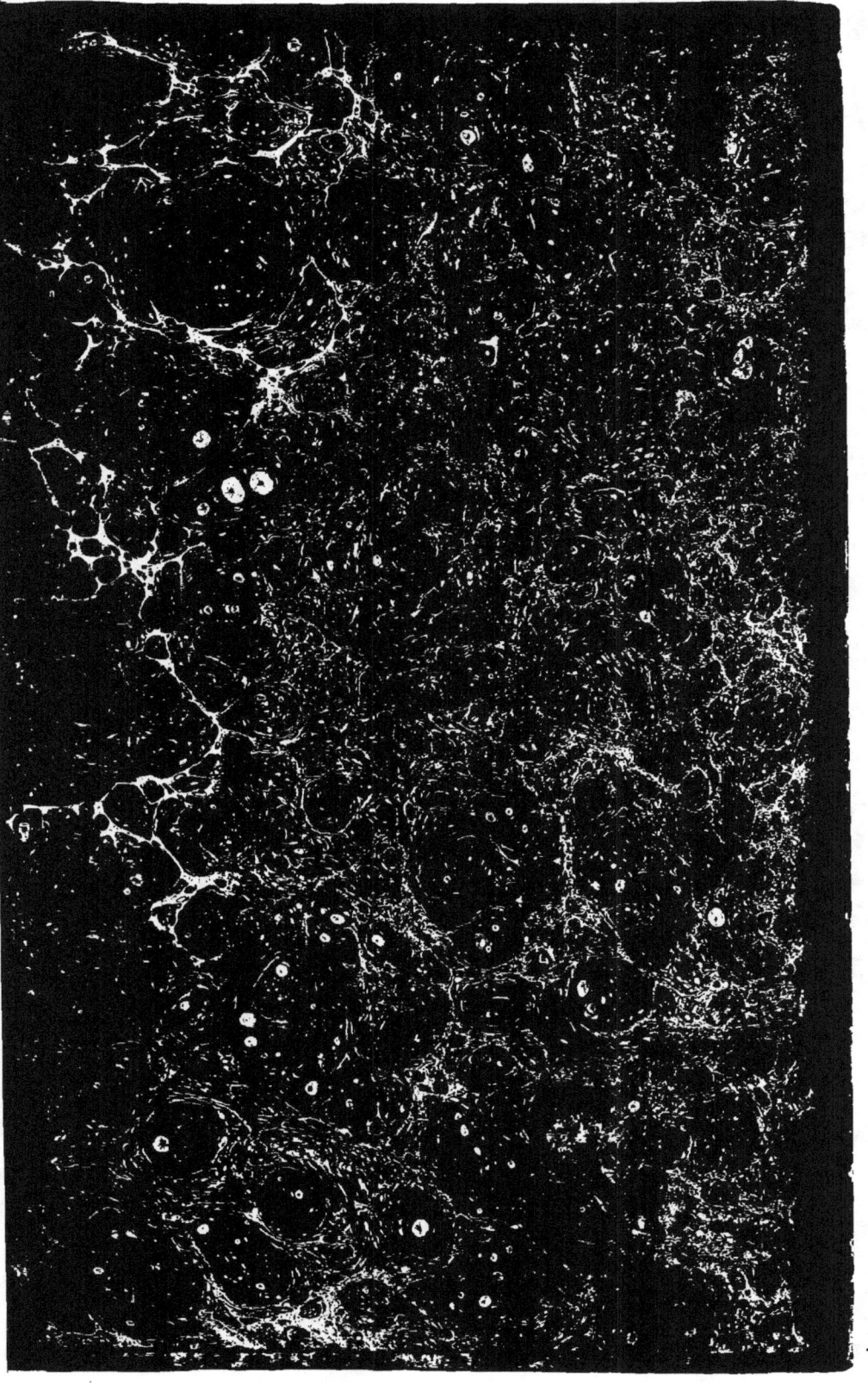

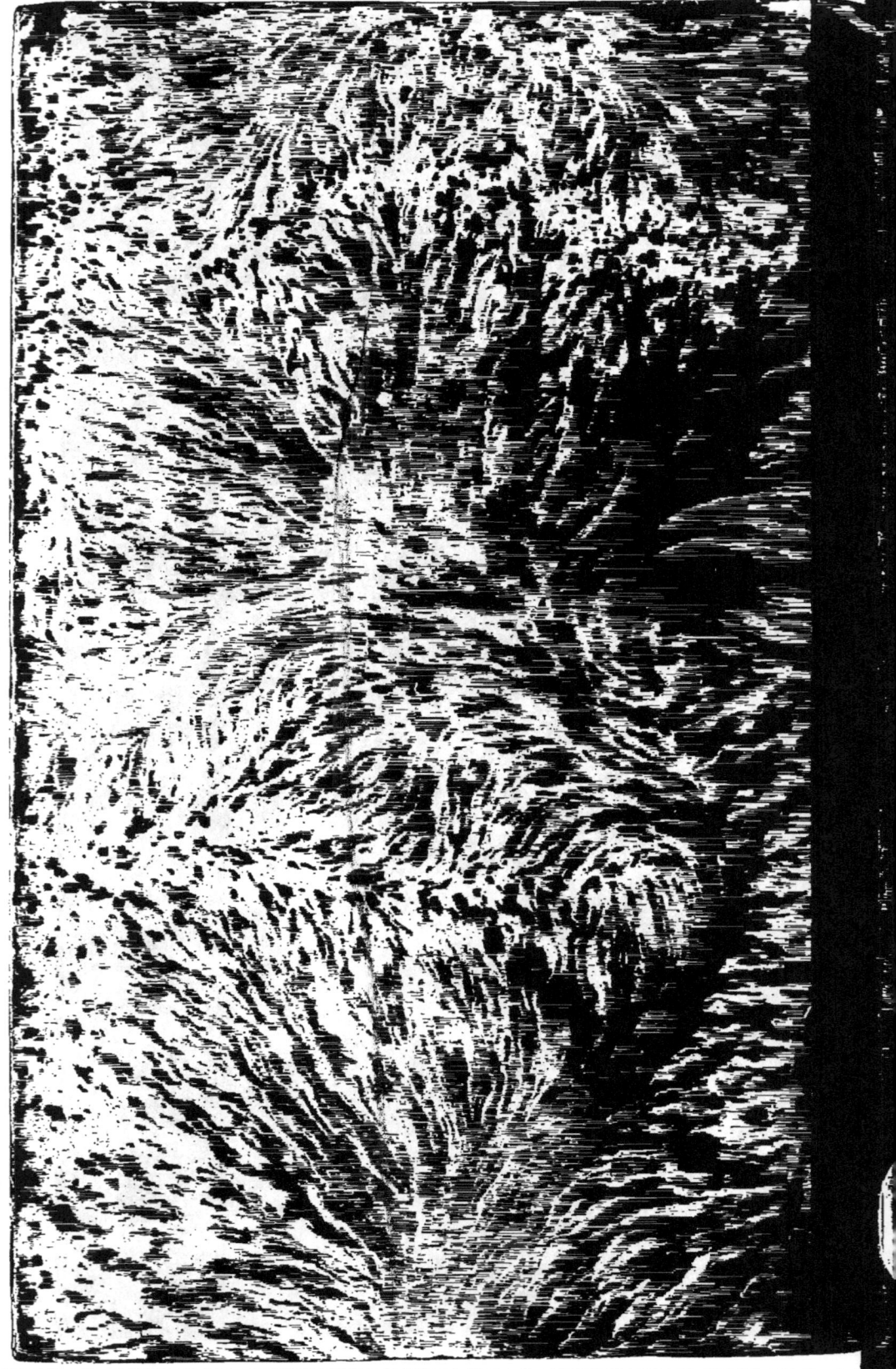

www.ingramcontent.com/pod-product-compliance
Lightning Source LLC
Chambersburg PA
CBHW060058190426
43202CB00030B/2676